~ 미래와 통하는 책 ~

동양북스 외국어 베스트 도서

700만 독자의 선택!

새로운 도서,
다양한 자료
동양북스
홈페이지에서
만나보세요!

www.dongyangbooks.com
m.dongyangbooks.com

※ 학습자료 및 MP3 제공 여부는 도서마다 상이하므로 확인 후 이용 바랍니다.

홈페이지 도서 자료실에서 학습자료 및 MP3 무료 다운로드

PC

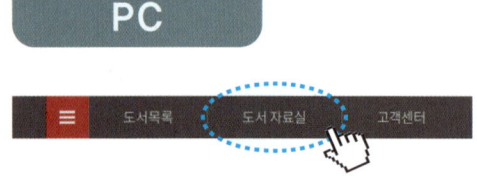

❶ 홈페이지 접속 후 도서 자료실 클릭
❷ 하단 검색 창에 검색어 입력
❸ MP3, 정답과 해설, 부가자료 등 첨부파일 다운로드

* 원하는 자료가 없는 경우 '요청하기' 클릭!

MOBILE

* 반드시 '인터넷, Safari, Chrome' App을 이용하여 홈페이지에 접속해주세요. (네이버, 다음 App 이용 시 첨부파일의 확장자명이 변경되어 저장되는 오류가 발생할 수 있습니다.)

❶ 홈페이지 접속 후 ☰ 터치

❷ 도서 자료실 터치

❸ 하단 검색창에 검색어 입력
❹ MP3, 정답과 해설, 부가자료 등 첨부파일 다운로드

* 압축 해제 방법은 '다운로드 Tip' 참고

가장 쉬운
독일어 첫걸음의 모든것

김미선 지음

동양북스

초판 29쇄 | 2024년 4월 20일

지은이 | 김미선
발행인 | 김태웅
기획 편집 | 김현아
디자인 | 남은혜, 김지혜
일러스트 | 피터몬
마케팅 총괄 | 김철영
온라인 마케팅 | 김은진
제　작 | 현대순

발행처 | (주)동양북스
등　록 | 제 2014-000055호
주　소 | 서울시 마포구 동교로22길 14(04030)
구입문의 | 전화 (02)337-1737　팩스 (02)334-6624
내용문의 | 전화 (02)337-1763　dybooks2@gmail.com

ISBN 978-89-8300-782-7　13750

ⓒ김미선, 2011

▶ 본 책은 저작권법에 의해 보호를 받는 저작물이므로 무단 전재와 복제를 금합니다.
▶ 잘못된 책은 구입처에서 교환해드립니다.
▶ 도서출판 동양북스에서는 소중한 원고, 새로운 기획을 기다리고 있습니다.

http://www.dongyangbooks.com

머리말

    이 책은 독일어를 시작하는 분들을 위해서 만들었습니다. 독일어를 배우려는 까닭은 다양할 것입니다. 그저 외국어가 좋아서 공부를 시작할 수도 있겠고, 독일 유학을 준비하거나 독일 문학을 전공하려는 분, 독일 음악이나 축구를 좋아해서 독일어를 배우려는 분도 있을 것입니다. 동기는 다양하지만 좀 더 쉽게 독일어의 세계로 들어가고 싶은 마음은 같겠지요. 물론 언어에 왕도는 없습니다. 'Übung macht den Meister(연습이 대가를 만든다)'라는 말처럼 부단한 노력이 따라야 합니다. 그렇다 하더라도 좀더 쉽게 독일어를 시작할 수 있는 방법은 없을지 고민하면서 책을 만들었습니다.

    회화편에는 일상생활 안에서 일어나는 기초적인 대화를 담았습니다. 5과까지 회화 아래쪽에 우리말로 달아놓은 발음은 참고로 제시한 것이니 그대로 읽지 마시고 MP3를 잘 들으면서 원어민의 발음을 따라하시기 바랍니다. 기본적인 문장을 반복하여 듣고 말하기를 연습함으로써 더 깊이 있는 대화로 나갈 수 있는 토대가 될 수 있을 것입니다.

    문법편에서는 기초적인 대화에 필요한 문법을 정리해두었습니다. 문법 지식 자체보다 회화에 필요한 표현 위주로 정리하려고 노력했습니다. 문법을 공부할 때도 문장 전체를 읽고 암기하여 회화에 응용할 수 있도록 연습하는 것이 좋습니다. 문법은 우선 한 번 처음부터 끝까지 가벼운 마음으로 공부한 뒤에 회화편에서 나오는 표현에서 궁금한 것이 있을 때 다시 찾으면서 다져가는 것이 좋겠습니다.

    독일어에 관심을 가진 분들이 쉽고 가벼운 마음으로 독일어를 시작하는 데 이 책이 작으나마 자극이 되고 도움이 될 수 있기를 바랍니다.

    책이 나올 수 있도록 도움을 주신 출판사 관계자분들께 감사드립니다.

지은이 김미선

이 책의 차례

머리말 · 3
이 책의 차례 · 4
일러두기 · 6

발음편 · 7

회화편 · 17

Lektion 01	Guten Tag!	안녕하세요! · 20
Lektion 02	Woher kommen Sie?	어디에서 오셨습니까? · 30
Lektion 03	Meine Familie	나의 가족 · 40
Lektion 04	Was machen Sie?	무슨 일을 하십니까? · 50
Lektion 05	Gegenstände in Haus	집안의 물건들 · 60
Lektion 06	Im Restaurant	레스토랑에서 · 72
Lektion 07	Auf dem Markt	시장에서 · 82
Lektion 08	Verabredung	시간 약속 · 92
Lektion 09	In der Stadt	시내에서 · 102
Lektion 10	Sehenswürdigkeiten	관광명소 · 112
Lektion 11	Im Kaufhaus	백화점에서 · 124
Lektion 12	Am Bahnhof	기차역에서 · 134
Lektion 13	Wetter	날씨 · 144
Lektion 14	Mein Tag	나의 하루 · 154
Lektion 15	Freizeit und Hobby	여가 시간과 취미 · 164
Lektion 16	An der Universität	대학에서 · 174
Lektion 17	Telefon und Post	전화와 우편 · 186
Lektion 18	Reservierung	예약하기 · 196
Lektion 19	Einladung	초대 · 206
Lektion 20	Gesundheit	건강 · 216

Contents

문법편 · 229

Lektion 01	명사와 관사 · 230
Lektion 02	동사 현재형 변화 I (기본동사와 규칙동사) · 236
Lektion 03	동사 현재형 변화 II (불규칙 동사) · 242
Lektion 04	명사의 격 변화 · 248
Lektion 05	인칭대명사, 소유대명사 · 254
Lektion 06	분리 동사와 비분리 동사 · 260
Lektion 07	형용사 어미변화 · 266
Lektion 08	형용사의 비교급과 최상급 · 274
Lektion 09	의문문과 부정문 · 280
Lektion 10	수사, 척도 및 시간 · 286
Lektion 11	전치사 I · 294
Lektion 12	전치사 II · 300
Lektion 13	동사의 시제 · 308
Lektion 14	조동사 · 316
Lektion 15	재귀동사, 비인칭동사 · 324
Lektion 16	명령형 · 332
Lektion 17	접속사 · 338
Lektion 18	부정형 (zu 없는 부정형, zu 부정형) · 346
Lektion 19	관계대명사 · 352
Lektion 20	수동태 · 358
Lektion 21	접속법 · 364

회화편 연습문제 정답 · 374
문법편 연습문제 정답 · 376

이 책의 활용법

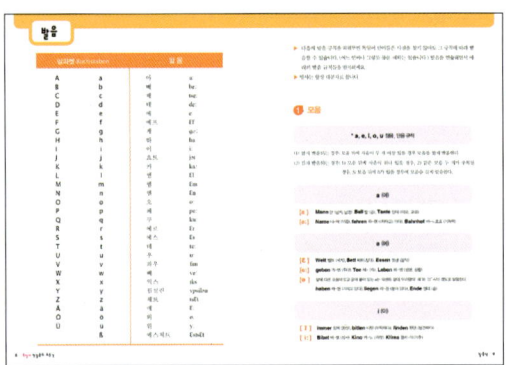

발음편

독일어의 가장 기초가 되는 문자와 발음을 익히는 페이지입니다. 본문의 회화편과 문법편을 들어가기 전에 이 부분을 공부하셔야 합니다. MP3의 정확한 발음을 듣고 따라하는 연습을 해보세요.

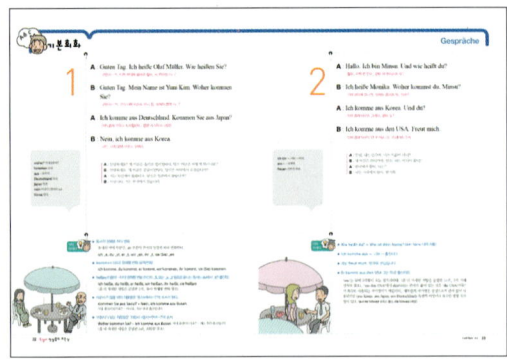

회화편

기본회화 – 가장 기본이 되는 회화문이 각 과마다 여섯 개 있습니다. 각각 해설이 있어 이해가 쉽습니다.

대화 – 앞에서 배운 기본회화의 문법과 표현이 적용된 응용대화문입니다.

연습문제 – 5과마다 한 번씩 총 4회의 연습문제가 실려 있습니다. 앞에서 배운 내용을 문제를 풀어보며 실력을 점검하세요.

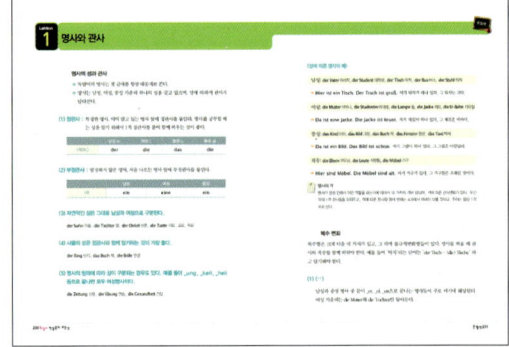

문법편

문법편에서는 회화편에서 미처 다루지 못한 부분이나 다루었다 하더라도 설명이 미약했던 부분을 더욱 자세하게 설명하여, 문법의 기초를 확실하게 다질 수 있도록 했습니다. 각 과마다 연습문제가 실려 있어 마지막으로 실력을 점검할 수 있습니다.

발음편

♥ 독일어의 알파벳을 익힙시다.

기초 글자

모음

자음

발음

알파벳 Buchstaben		발음	
A	a	아	a:
B	b	베	be:
C	c	체	tse:
D	d	데	de:
E	e	에	e:
F	f	에프	ɛf
G	g	게	ge:
H	h	하	ha
I	i	이	i:
J	j	요트	jɔt
K	k	카	ka:
L	l	엘	ɛl
M	m	엠	ɛm
N	n	엔	ɛn
O	o	오	o:
P	p	페	pe:
Q	q	쿠	ku:
R	r	에르	ɛr
S	s	에스	ɛs
T	t	테	te:
U	u	우	u:
V	v	파우	fau
W	w	베	ve:
X	x	익스	ɪks
Y	y	웁실런	ʏpsilɔn
Z	z	체트	tsɛt
Ä	ä	애	ɛ:
Ö	ö	외	ø:
Ü	ü	위	y:
	ß	에스체트	ɛstsɛt

▶ 다음의 발음 규칙을 외워두면 독일어 단어들은 사전을 찾지 않아도 그 규칙에 따라 발음할 수 있습니다. (어느 언어나 그렇듯 물론 예외는 있습니다.) 발음을 연습하면서 아래의 발음 규칙들을 암기하세요.
▶ 명사는 항상 대문자로 씁니다.

1 모음

* a, e, i, o, u 장음, 단음 규칙

(1) 짧게 발음되는 경우: 모음 뒤에 자음이 두 개 이상 있을 경우 모음을 짧게 발음한다.
(2) 길게 발음되는 경우: 1) 모음 뒤에 자음이 하나 있을 경우, 2) 같은 모음 두 개가 중복될 경우, 3) 모음 뒤에 h가 있을 경우에 모음을 길게 발음한다.

a (아)

[a] **Mann** 만 (남자, 남편), **Ball** 발 (공), **Tante** 탄테 (이모, 고모)
[a:] **Name** 나-메 (이름), **fahren** 파-렌 ((차타고) 가다), **Bahnhof** 바-ㄴ호프 (기차역)

e (에)

[ɛ] **Welt** 벨트 (세계), **Bett** 베트(침대), **Essen** 엣센 (음식)
[e:] **geben** 게-벤 (주다), **Tee** 테- (차), **Leben** 레-벤 (생명, 생활)
[ə] 앞에 다른 모음이 있고 끝에 붙어 있는 e는 악센트 없이 우리말의 '에'와 '으' 사이 정도로 발음한다.
     haben 하-벤 (가지고 있다), **liegen** 리-겐 (놓여 있다), **Ende** 엔데 (끝)

i (이)

[I] **immer** 임머 (항상), **bitten** 비텐 (부탁하다), **finden** 핀덴 (발견하다)
[i:] **Bibel** 비-벨 (성서), **Kino** 키-노 (극장), **Klima** 클리-마(기후)

o (오)

- [ɔ] Onkel 옹켈 (삼촌, 백부), kommen 콤멘 (오다), Monster 몬스터 (괴물)
- [o:] Sohn 존- (아들), Brot 브로-트 (빵), Dose 도-제 (깡통)

u (우)

- [ʊ] unten 운텐 (아래에), dunkel 둥켈 (어두운), Umzug 움축 (이사)
- [u:] gut 구-트 (좋은), Blume 블루-메 (꽃), Ruhe 루-에 (고요, 안정)

y (위)

- [ʏ] Ypsilon 윕실론 (Y) Symptom 쥠프토-ㅁ (증세), Mythologie 뮈톨로기- (신화(학))
- [y:] Lyrik 뤼-릭 (서정시), typisch 튀-피쉬 (전형적인)
- [j] Yoghurt 요-구어트 (요구르트), Yoga 요-가 (요가)

ä (애)

- [ɛ] März 매어츠 (3월), Kälte 캘테 (추위)
- [ɛ:] erklären 애어클래-렌 (설명하다), Käse 캐-제 (치즈), ähnlich 애-니리히 (닮은), Träne 트래-네 (눈물)

ö (외)

- [œ] öffnen 외프넨 (열다), können 쾨넨 (~할 수 있다)
- [ø:] möglich 뫼-클리히 (가능한), hören 회-렌 (듣다), Lösung 뢰-중 (해답), höflich 회-플리히 (예의바른)

ü (위)

[ʏ] **fünf** 퓐프 (다섯, 5), **Glück** 글뤽 (행운), **Schlüssel** 슐륏셀 (열쇠)

[y:] **Frühling** 프륄-링 (봄), **Gemüse** 게뮈-제 (채소), **grüßen** 그뤼-센 (인사하다)

eu, äu [ɔʏ] '오이'와 '어이' 중간 정도로 발음한다.

Deutsch 도이취 (독일어), **heute** 호이테 (오늘), **Freund** 프로인트 (친구),
Bäume 보이메 (나무들, Baum의 복수), **träumen** 트로이멘 (꿈꾸다)

ai, ay, ei [aI] (아이)

Kaiser 카이저 (황제), **Bayern** 바이에른 (바이에른), **bleiben** 블라이벤 (머물다),
heißen 하이센 (이름이 ~이다)

au[au] (아우)

faul 파울 (게으른), **genau** 게나우 (정확한), **Ausland** 아우슬란트 (외국)

ie (이:, 이에)

주로 [i:](이:)로 발음된다. [Iə](이에)로 발음되는 경우도 있다. '이에'에서 끝의 '에'를 더 약하게 발음한다.

[i:] **lieben** 리-벤 (사랑하다), **ziehen** 치-엔 (당기다), **Dienstag** 디-ㄴ스탁 (화요일)

[Iə] **Familie** 파밀-리에 (가족), **Ferien** 페-리엔 (휴가), **Asien** 아-지엔 (아시아)

2 자음

(주의: 우리말 발음을 적을 때 [f]와 [p]를 'ㅍ'으로 적고, [b]와 [v]를 'ㅂ'으로 적을 수밖에 없지만 영어에서의 발음을 생각하면서 구분해서 발음해야 합니다.)

b

단어 처음이나 모음 앞에서는 [b](우리말의 'ㅂ'), 단어 끝이나 자음 앞에서는 [p](우리말의 'ㅍ')로 발음한다.

- **[b]** **Beruf** 베루-프 (직업), **Bruder** 브루-더 (형제), **geben** 게-벤 (주다)
- **[p]** **gelb** 겔프 (노란), **Herbst** 헤어프스트 (가을), **lieb** 리-ㅍ (사랑스런)

c

c로 시작되는 단어는 거의 외래어이기 때문에 각각 발음을 외워두는 편이 좋다.

- **[k]** **Café** 카페, **Cola** 콜라
- **[s]** **Cent** 센트
- **[ts]** **circa** 치르카 (약, 대략)

ch

ch는 a, o, u, au 뒤에서는 [x](흐)로 발음하고, 그 외에는 [ç](히)로 발음한다. 예외적으로 (주로 외래어의 경우) [k](ㅋ)나 [ʃ](슈)로 발음될 때도 있다.

- **[ç]** 혀끝을 앞쪽 아랫니 뒤에 대면서 '히'를 발음한다.

    Milch 밀히 (우유), **Küche** 퀴헤 (부엌), **endlich** 앤틀리히 (마침내)

- **[x]** 우리나라 사람들이 독일어를 배울 때 힘들어하는 발음 중 하나이다. 입천장 뒤쪽의 연구개에서 '흐' 소리를 낸다. 'ㅋ'보다 약간 뒤쪽.

    suchen 주-ㅋ헨 (찾다), **Nacht** 낙흐트 (밤), **kochen** 콕헨 (요리하다)

- **[k]** **Charakter** 카락터 (성격), **Christ** 크리스트 (그리스도)

- **[ʃ]** **Chef** 셰프 (우두머리, 사장)

ck

[k] (우리말의 'ㅋ')

packen 팍켄 (짐을 꾸리다), dick 딕 (두꺼운), gucken 국켄 (들여다보다)

chs

[ks] ('ㅋㅅ')

sechs 젝스 (6), wachsen 박센 (성장하다), Wechsel 벡셀 (변화, 교환)

d

단어 처음이나 모음 앞에서는 [d](우리말의 'ㄷ'), 단어 끝이나 자음 앞에서는 [t](우리말의 'ㅌ')로 발음한다.

[d] bilden 빌덴 (만들다), Kinder 킨더 (아이들, Kind의 복수), drei 드라이 (3)

[t] Bild 빌트 (그림), Fahrrad 파-라트 (자전거), Hand 한트 (손)

dt, th

[t] (우리말의 'ㅌ')

Stadt 슈타트 (도시), Theater 테아터 (극장), Thema 테마 (주제)

ds, ts, tz

[ts] (츠) 우리말 'ㅉ'와 'ㅊ'의 중간 정도로 발음한다.

abends 아-벤츠 (저녁에), Geburtstag 게부어츠탁 (생일), sitzen 짓첸 (앉아 있다), Katze 카체 (고양이)

f

[f] (프) 영어의 f처럼 발음한다.

folgen 폴겐 (따르다), Freiheit 프라이하이트 (자유), Flughafen 플룩하-펜 (공항)

g

단어 처음이나 모음 앞에서는 [g](우리말의 'ㄱ'), 단어 끝이나 자음 앞에서는 [k]('ㅋ')로 발음한다. 단어 끝에 _ig 로 올 때는 [ç](히)로 발음한다.

[g] **fragen** 프라-겐 (묻다), **gern** 게른 (기꺼이), **Glas** 글라-스 (컵),

[k] **Tag** 타-ㅋ (날, 낮), **Weg** 베-ㅋ (길), **Zug** 추-ㅋ (기차)

[ç] **fertig** 페어티히 (끝난, 완성된), **ledig** 레디히 (미혼인), **Honig** 호-니히 (꿀)

h

모음 뒤에 오는 h는 발음되지 않고 앞의 모음만 길게 발음한다.

[h] (우리말의 'ㅎ')
  Hund 훈트 (개), **hallo** 할로 (여보세요), **helfen** 헬펜 (돕다)

[묵음] **gehen** 게-엔 (가다), **sehen** 제-엔 (보다), **Hahn** 하-ㄴ (수탉)

j

[j] j는 항상 다른 모음과 함께 나온다. 'ja'는 '야', 'jo'는 '요', 'je'는 '예', 'ju'는 '유'.
  Japan 야판 (일본), **Junge** 융에 (소년), **Juli** 율리 (7월)

k

[k] (우리말의 'ㅋ')
  klein 클라인 (작은), **klug** 클루-ㅋ (영리한), **Kühlschrank** 퀴-ㄹ슈랑크 (냉장고)

l

[l] 영어의 L처럼 발음한다.
  leider 라이더 (유감스럽게도), **laufen** 라우펜 (달리다), **Löffel** 뢰펠 (스푼)

m

[m] (우리말의 'ㅁ')

malen 마-렌 (그리다), **Mond** 모-ㄴ트 (달), **Mund** 문트 (입)

n

[n] (우리말의 'ㄴ')

Nase 나-제 (코), **Nord** 노르트 (북쪽), **Namen** 나-멘 (이름)

ng

[ŋ] 우리말의 'ㅇ' 받침처럼 발음한다.

fangen 팡엔 (잡다), **singen** 징엔 (노래하다), **Finger** 핑어 (손가락)

nk

[ŋk] ('ㅇㅋ')

danken 당켄 (감사하다), **links** 링크스 (왼쪽에), **trinken** 트링켄 (마시다)

p

[p] (우리말의 'ㅍ')

Paradies 파라디-스 (낙원), **Platz** 플라츠 (광장, 좌석), **Prüfung** 프뤼-풍 (시험)

ph

[f] (f와 똑같이 발음한다.)

Physik 피직 (물리학), **Philosophie** 필로조피 (철학)

pf

[pf] p와 f를 동시에 발음한다. 자음이 두 개이므로 앞의 모음은 짧게 발음한다.

Apfel 앞펠 (사과), **Pflicht** 플리히트 (의무), **Pflanze** 플란체 (식물)

qu

[kv] ('크브')

Quittung 크비퉁 (영수증), **Quelle** 크벨레 (샘, 원천), **bequem** 베크벰 (편안한)

r

단어의 끝에 위치한 r는 모음화하여 [ɐ](어)로 발음한다. 다른 모음이 앞에 있고 끝에 '_er'가 있으면 '_er'를 한꺼번에 [ɐ](어)로 발음한다.

[r] **Rose** 로제 (장미), **rechts** 레히츠 (오른쪽에), **schreiben** 슈라이벤 (쓰다)

[ɐ] **ihr** 이어 (너희), **Bier** 비어 (맥주), **Mutter** 무터 (어머니), **Fehler** 페-러러 (실수)

s

s가 모음 앞에 있으면 [z](즈)

[s] (우리말의 'ㅅ')

morgens 모르겐스 (아침에), **Skizze** 스키체 (스케치, 초안), **Fenster** 펜스터 (창문)

[z] (즈) 목청이 울리는 유성음으로 '즈' 소리를 낸다.

Saft 자프트 (주스), **langsam** 랑잠 (느린), **Sonntag** 존탁 (일요일)

ss, ß

[s] (우리말의 'ㅅ')

Wasser 봐써 (물), **vergessen** 페어게쎈 (잊다), **groß** 그로-스 (큰), **Fußball** 푸쓰발 (축구)

sch

[ʃ] (슈)

　　schnell 슈넬 (빠른), Fisch 피쉬 (물고기), geschieden 게쉬-덴 (이혼한)

sp-

sp, st가 단어나 음절 처음에 있을 때 [ʃp](슈프), [ʃt](슈트)로 발음한다.

[ʃp] (슈프)

　　spielen 슈피-ㄹ렌(시합하다, 놀다), Sport 슈포르트 (스포츠), spazieren 슈파치-렌(산책하다)

st-

[ʃt] (슈트)

　　steigen 슈타이겐 (오르다), stimmen 슈팀멘 (옳다, 투표하다), Straße 슈트라-세 (도로)

t

(우리말의 'ㅌ') 외래어의 경우 -tio, -tie, -tia 등에서 t가 [ts](츠)로 발음된다.

[t] 　trennen 트레넨 (가르다, 나누다), bunt 분트(다채로운), Titel 티텔 (제목, 칭호)

[ts] 　Station 슈타치오-ㄴ (정거장), Nation 나치오-ㄴ (민족, 국가), Patient 파치엔트 (환자)

tsch

[tʃ] '취'와 '츄'의 중간 정도로 발음한다.

　　Deutschland 도이췰란트 (독일), Tschüs 취-스 ((헤어질 때) 안녕~!), Peitsche 파이췌 (채찍)

Buchstaben

v

주로 [f]로 발음되며 [v](브)로 발음되는 경우도 있다.

[f]   **Vater** 파-터 (아버지), **viel** 피-ㄹ (많은), **vermieten** 페어미-텐 (세를 주다)

[v]   **privat** 프리바트 (개인적인), **Klavier** 클라비어 (피아노), **Vase** 바-제 (꽃병)

w

[v]   (브)

       wieder 비-더 (다시), **etwas** 에트바스 (어떤 것), **warum** 바룸 (왜?)

x

[ks]   (크스)

       Text 텍스트, **exakt** 엑삭트 (정확한), **Axt** 악스트 (도끼)

z

[ts]   (우리말의 'ㅊ') '쯔'와 '츠' 중간 정도로 발음한다.

       Zimmer 침머 (방), **Zeit** 차이트 (시간), **bezahlen** 베차-ㄹ렌 (지불하다)

회화편 Lektion 01~20

♥ 기본회화문을 반복하여 듣고 독일어로 말해봅시다.

기본회화
대화
연습문제

Lektion 01

Guten Tag!

안녕하세요!

학습 목표

인사말
안부 묻기
명사의 성
인칭대명사
sein 동사

 기본회화

1

A : Guten Morgen, Herr Meyer!
구텐 모-르겐, 헤어 마이어!

B : Guten Morgen, Frau Schmidt!
구텐 모-르겐, 프라우 슈미트!

A : 안녕하세요, 마이어 씨!
B : 안녕하세요, 슈미트 부인!

gut 좋은
der Morgen 아침
der Herr 신사
Herr ~ ~씨
die Frau 여자, 부인
Frau ~ ~부인

 기억 하세요!

★ 오전 10시 전에 만났을 때는 'Guten Morgen!'이라고 인사한다.

★ 명사는 항상 대문자로 쓴다.

★ 명사는 남성, 중성, 여성 중 하나의 성을 갖고 있고 성에 따라 관사가 다르다. 명사를 외울 때 성을 함께 암기해야 하기 때문에 단어 설명에서 명사 앞에 정관사를 붙여서 성을 나타낼 것이다. 남성은 'der', 여성은 'die', 중성은 'das'. (좀 더 자세한 사항은 문법편 1과와 4과, 관사와 명사변화 참조)

Gespräche

2

A : Guten Tag, Frau Fischer!
구텐 타-ㅋ, 프라우 피셔!

B : Guten Tag, Herr Schmidt! Wie geht es Ihnen?
구텐 타-ㅋ, 헤어 슈미트! 비 게트 에스 이-넨?

A : Danke, gut. Und Ihnen?
당케, 굳-. 운트 이-넨?

B : Auch gut, danke!
아욱흐 굳-, 당케!

A : 안녕하세요, 피셔 부인!
B : 안녕하세요, 슈미트 씨! 어떻게 지내세요?
A : 고마워요, 잘 지내요. 당신은요?
B : 저도 잘 지내요. 고마워요!

> der Tag 낮, 날
> wie 어떻게
> Es geht ~ gut. ~가 잘 지내다
> Ihnen Sie (당신)의 3격형
> danken 감사하다.
> Danke! 감사합니다, 고마워
> und 그리고
> auch 역시

 기억하세요!

★ 낮 시간에는 'Guten Tag!'이라고 인사한다.

★ 안부를 물을 때는 'Wie geht es Ihnen?'(어떻게 지내세요?)이라고 묻는다. 문장 구조와 문법을 배우기 전에 우선 여기에서는 문장 그대로 암기해두자! 잘 지낸다고 대답을 한 후에는 'Und Ihnen?'이라는 말로 상대방의 안부를 되묻는 것이 예의이다. 'Und Ihnen?'(당신은 어때요?)은 'Und wie geht es Ihnen?'을 줄인 말이다. (명사와 인칭대명사의 격 변화에 대한 내용은 다음에 자세히 설명할 것이다. Ihnen(존칭 Sie의 3격형)에 대한 좀 더 자세한 사항은 문법편 5과, 인칭대명사 변화 참조)

 기본회화

3

A : Guten Abend, Bernd!
구텐 아-벤트, 베른트!

B : Guten Abend, Karin! Wie geht's?
구텐 아-벤트, 카린! 비 게-츠?

A : Danke, gut. Und dir?
당케, 굳-. 운트 디어?

B : Auch gut, danke. Tschüss!
아욱흐 굳-, 당케. 취스!

> der Abend 저녁
> dir du (너)의 3격형
> auch 역시, 또한
> Tschüss 안녕, 잘 가!

A : 안녕, 베른트!
B : 안녕, 카린! 잘 지내?
A : 고마워, 잘 지내. 너는?
B : 나도 잘 지내. 잘 가!

 기억 하세요!

★ 저녁 6시 이후에 만났을 때 'Guten Abend!'라고 인사한다. 늦은 밤 시간에 만났더라도 이 인사말을 사용한다. 'Gute Nacht!'는 '잘 자!', '안녕히 주무세요!'라는 인사이다. (die Nacht 밤)

★ 서로 이름을 부르는 친한 사이의 대화에서는 안부를 물을 때 'Wie geht es dir?'라고 한다. (기본회화 2에서의 'Wie geht es Ihnen?'과 구분할 것) 간단히 줄여서 'Wie geht's?'라고도 한다.

★ 'Wie geht es Ihnen?'이나 'Wie geht's?'라는 질문에 대해서는 자신의 상황에 따라 다음과 같이 대답할 수 있다.

'Sehr gut.' 아주 잘 지내요. (sehr 매우)

'Gut.' 잘 지내요.

'Es geht.' 그럭저럭 지내요.

'Nicht so gut.' 그리 잘 지내지 못해요. (nicht (영어의 not) ~이 아니다)

Gespräche

4

A : Auf Wiedersehen, Theo!
아우프 비-더제-ㄴ, 테오!

B : Tschüs, Anita!
취스, 아니타!

| **A** : 잘 가, 테오!
| **B** : 잘 가, 아니타!

> das Wiedersehen 재회, 다시 만남

★ 'Auf Wiedersehen'과 'Tschüs(=Tschüss)'는 헤어질 때 하는 인사이다. 헤어질 때 그밖에 'Bis morgen!'(내일 만나), 'Bis bald!'(곧 만나), 'Tschau!'(이탈리아어의 'ciao')와 같은 인사말을 할 수 있다. (bis ~까지 / morgen 내일 / bald 곧)

 기본회화

5

A : Gute Nacht, Mama!
구테 낙흐트, 마마!

B : Gute Nacht, Leo!
구테 낙흐트, 레오!

A : 안녕히 주무세요, 엄마!
B : 잘 자라, 레오!

die Nacht 밤

★Guten Morgen, Guten Tag, Gute Nacht에서 gut_뒤에 붙는 어미가 다른 것은 뒤에 오는 명사의 성이 다르기 때문이다. (der Morgen과 der Tag은 남성명사, die Nacht는 여성명사) 형용사가 명사를 수식할 때 뒤에 오는 명사의 성과 격에 따라 형용사 어미가 달라지는데 우선 인사말은 그대로 외워두기!

Gespräche

6

A : Guten Tag! Wie heißen Sie?
구텐 타-ㅋ! 비 하이쎈 지-?

B : Ich heiße Kim Minhee.
이히 하이쎄 김 민희.

A : Wie, bitte?
비, 비테?

B : Minhee Kim. M-i-n-h-e-e K-i-m. Kim ist mein Familienname. Minhee ist mein Vorname.
민희 김. 엠-이-엔-하-에-에 카-이-엠. 킴 이스트 마인 파밀리엔나-메. 민희 이스트 마인 포어나-메.

> wie 얼마나, 어떻게
> heißen 이름이 ~이다.
> Wie, bitte? 뭐라고요?
> der Name 이름
> ist ~이다
> (영어의 be동사와 같은 sein 동사의 3인칭 단수 현재형)
> mein 나의
> der Familienname 성(姓)
> der Vorname 이름

A : 안녕하세요. 이름이 어떻게 되시지요?
B : 김민희입니다.
A : 뭐라고요?
B : 김민희입니다. 엠-이-엔-하-에-에 카-이-엠. 김이 성이고 민희가 이름입니다.

★ 관청이나 은행 등에서 이름을 말할 때 성과 이름을 구분해서 말해주어야 할 경우가 있다.

★ 의문문은 'Wie heißen Sie?'에서처럼 '의문사+동사+주어 ~ ?' 순서가 된다. 의문사가 없을 때는 '동사+주어~?'로 묻는다. (영어의 do와 같은 대동사 없이 곧바로 동사를 사용한다.)
Heißen Sie Peter Schmidt? (당신 이름이 페터 슈미트입니까?)

★ Wie heißen Sie? = Wie ist Ihr Name? 이름이 무엇입니까? (Ihr Name 당신의 이름)

★ 서로 친한 사이인지 격식을 차리는 사이인지에 따라서 상대를 가리키는 2인칭 대명사가 du와 Sie 두 가지로 나뉘어 사용된다. 가족과 친구 등 친한 사이에는 나이가 많고 적음에 상관없이 상대방을 'du'로 지칭한다. 인사말을 연습할 때 두 가지 모두 연습해둘 것 (좀 더 자세한 사항은 문법편 5과, 인칭대명사 참조)

 대화

A : Entschuldigung, sind Sie Herr Meyer?
엔트슐디궁, 진트 지 헤어 마이어?

B : Ja. Ich heiße Klaus Meyer.
야. 이히 하이쎄 클라우스 마이어.

A : Guten Tag, Herr Meyer. Ich heiße Mira Park.
구텐 타－ㅋ, 헤어 마이어. 이히 하이쎄 미라 박.

B : Guten Tag. Freut mich.
구텐 타－ㅋ. 프로이트 미히.

A : Freut mich auch. Willkommen in Seoul.
프로이트 미히 아욱흐. 빌콤멘 인 서울.

B : Vielen Dank.
필렌 당크.

Gespräch

A : 실례지만 마이어 씨인가요?
B : 예. 제 이름이 클라우스 마이어입니다.
A : 안녕하세요, 마이어 씨. 제 이름은 박미라입니다.
B : 안녕하세요. 반갑습니다.
A : 저도 반갑습니다. 서울에 오신 것을 환영합니다.
B : 감사합니다.

Entschuldigung. = Entschuldigen Sie.
실례합니다, 죄송합니다
ja 그렇다 (영어의 yes) **Sie** 당신 **ich** 나
(Es) freut mich. 반갑습니다 **auch** 또한, 역시
willkommen 환영받는 **viel** 많은 **Dank** 감사
Vielen Dank. 고맙습니다.

기억
하세요!

★ 인칭대명사

    ich 나, du 너, er 그, 그것(남성), es 그것(중성), sie 그녀, 그것(여성),
    wir 우리, ihr 너희, sie 그들, 그것들, Sie 당신(들)

★ sein 동사의 현재형 변화: 영어의 be동사와 같은 의미인 독일어의 'sein' 동사가 인칭에 따라 변형한다. (좀 더 자세한 사항은 문법편 2과 참조) ich bin, du bist, er ist, wir sind, ihr seid, sie (Sie) sind

★ '당신을 만나게 되어 기쁩니다.'는 'Es freut mich, Sie kennenzulernen.'이라고 말한다. 우선은 간단히 'Freut mich.'로 외워둘 것!

★ Vielen Dank! = Danke schön! = Ich danke Ihnen. 감사합니다.

Lektion 01

Lektion

02

Woher kommen Sie?

어디에서 오셨습니까?

학습 목표

이름 말하기
국적
동사의 현재형 변화
의문문

기본회화

1

A : Guten Tag. Ich heiße Olaf Müller. Wie heißen Sie?
구텐 타-ㅋ. 이히 하이쎄 올라프 뮐러. 비 하이쎈 지-?

B : Guten Tag. Mein Name ist Yuni Kim. Woher kommen Sie?
구텐 타-ㅋ! 마인 나메 이스트 유니 킴. 보헤어 콤멘 지-?

A : Ich komme aus Deutschland. Kommen Sie aus Japan?
이히 콤메 아우스 도이췰란트. 콤멘 지 아우스 야판?

B : Nein, ich komme aus Korea.
나인, 이히 콤메 아우스 코레아.

> woher? 어디로부터?
> kommen 오다
> aus ~로부터
> Deutschland 독일
> Japan 일본
> nein 아니다 (영어의 no)
> Korea 한국

A : 안녕하세요? 제 이름은 올라프 뮐러입니다. 당신 이름은 어떻게 되시나요?
B : 안녕하세요. 제 이름은 김윤이입니다. 당신은 어디에서 오셨습니까?
A : 저는 독일에서 왔습니다. 당신은 일본에서 왔습니까?
B : 아닙니다. 저는 한국에서 왔습니다.

★ 동사의 현재형 어미 변화
　동사의 어미 부분인 _en 부분이 주어의 인칭에 따라 변화한다.
　ich _e, du _st, er _t, wir _en, ihr _t, sie (Sie) _en

★ **kommen** (오다) 현재형 변화 (규칙변화)
　ich komme, du kommst, er kommt, wir kommen, ihr kommt, sie (Sie) kommen

★ **heißen** (이름이 ~이다) 현재형 변화 (어간이 _ß, 또는 _s, _z 등으로 끝나는 동사는 du에서 _t만 붙인다.)
　ich heiße, du heißt, er heißt, wir heißen, ihr heißt, sie heißen
　(좀 더 자세한 사항은 문법편 2과, 동사 현재형 변화 참조)

★ 의문사가 없을 때의 의문문은 '동사+주어~?'의 순서가 된다.
　Kommen Sie aus Seoul? - Nein, ich komme aus Busan.
　서울 출신이신가요? – 아니요, 저는 부산 출신입니다.

★ 의문사가 있는 의문문은 '의문사 +동사+주어~?'의 순서.
　Woher kommen Sie? - Ich komme aus Busan. 어디 출신이신가요? – 저는 부산 출신입니다.
　(좀 더 자세한 사항은 문법편 9과, 의문문 참조)

Gespräche

2

A : Hallo. Ich bin Minsu. Und wie heißt du?
할로. 이히 빈 민수. 운트 비 하이스트 두?

B : Ich heiße Monika. Woher kommst du, Minsu?
이히 하이쎄 모니카. 보헤어 콤스트 두, 민수?

A : Ich komme aus Korea. Und du?
이히 콤메 아우스 코레아. 운트 두?

B : Ich komme aus den USA. Freut mich.
이히 콤메 아우스 덴 우 에스 아. 프러이트 미히.

A : 안녕, 나는 민수야. 너는 이름이 뭐니?
B : 내 이름은 모니카야. 민수, 너는 어디서 왔니?
A : 한국에서 왔어. 너는?
B : 나는 미국에서 왔어. 반가워.

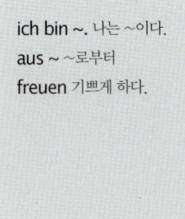

ich bin ~. 나는 ~이다.
aus ~ ~로부터
freuen 기쁘게 하다.

★ Wie heißt du? = Wie ist dein Name? (dein Name 너의 이름)

★ Ich komme aus ~. 나는 ~ 출신이다.

★ (Es) freut mich. 반가워. 반갑습니다.

★ Er kommt aus den USA 그는 미국 출신이다.

'aus'는 뒤에 3격형이 오는 전치사이다. (좀 더 자세한 사항은 문법편 11과, 3격 지배 전치사 참조). 'aus den USA'에서 den이라는 관사가 붙어 있는 것은 'die USA(미국)'가 복수로 사용되는 국가명이기 때문이다. 대부분의 국가명은 중성으로서 관사 없이 사용되지만 (aus Korea, aus Japan, aus Deutschland) 특별히 여성이나 복수인 몇몇 국가명이 있다. (aus der Schweiz 스위스 출신. die Schweiz (여성))

 기본회화

3

A : Ist Stefan Deutscher?
이스트 슈테판 도이춰?

B : Nein, er kommt aus der Schweiz.
나인, 에어 콤트 아우스 데어 슈바이츠.

A : Wo wohnt er jetzt?
보 본-트 에어 예츠트?

B : Er wohnt im Studentenheim.
에어 본-트 임 슈투덴텐하임.

Deutscher 독일 남자
die Schweiz 스위스
wo? 어디에?
wohnen 살다
jetzt 지금
das Studentenheim
= das Studentenwohnheim
대학생 기숙사
in ~ 안에 (im = in dem, 문법편 12과, 3,4격 지배 전치사 참조)

A : 슈테판은 독일 사람이니?
B : 아니야, 스위스에서 왔어.
A : 슈테판은 지금 어디에 살고 있어?
B : 기숙사에 살고 있어.

★ **wohnen** (살다) 현재형 변화 (규칙)
ich wohne, du wohnst, er wohnt, wir wohnen, ihr wohnt, sie wohnen

★ 의문사
wo 어디에?
woher 어디로부터?
wohin 어디로?

Gespräche

4

A : Hallo, ich bin Mira. Wie heißt du?
할로, 이히 빈 미라. 비 하이스트 두?

B : Hallo, ich bin Jens. Kommst du aus Korea?
할로, 이히 빈 옌스. 콤스트 두 아우스 코레아?

A : Ja, ich bin Koreanerin. Und du? Kommst du aus Deutschland?
야. 이히 빈 코레아너린. 운트 두? 콤스트 두 아우스 도이칠란트?

B : Nein, ich komme aus Wien. Ich bin Österreicher.
나인. 이히 콤메 아우스 빈-. 이히 빈 외스터라이허.

A : 안녕. 나는 미라야. 너는 이름이 뭐니?
B : 안녕. 나는 옌스야. 너 한국에서 왔니?
A : 그래, 나는 한국 사람이야. 너는? 너는 독일에서 왔니?
B : 아니. 나는 빈에서 왔어. 나는 오스트리아 사람이야.

> **Koreanerin** 한국여자
> **Wien** 빈 (비엔나)
> **Österreicher** 오스트리아사람
> **Österreich** 오스트리아

 ★ 국적을 나타내는 단어

	남성	여성
한국인	Koreaner	Koreanerin
독일인	Deutscher	Deutsche
오스트리아인	Österreicher	Österreicherin
스위스인	Schweizer	Schweizerin
일본인	Japaner	Japanerin
중국인	Chinese	Chinesin
미국인	Amerikaner	Amerikanerin
프랑스인	Franzose	Französin
영국인	Engländer	Engländerin

Lektion 02

기본회화

5

A : Herr Park, wo wohnen Sie jetzt?
헤어 박, 보 보-넨 지- 예츠트?

B : Ich wohne in Seoul. Und Sie? Wohnen Sie auch in Seoul?
이히 보-네 인 서울. 운트 지-? 보-넨 지- 아욱흐 인 서울?

A : Nein, ich wohne in Suwon.
나인, 이히 보-네 인 수원.

A : 박 선생님, 지금 어디에 사십니까?
B : 저는 서울에 삽니다. 당신은요? 당신도 서울에 삽니까?
A : 아닙니다. 저는 수원에 살고 있습니다.

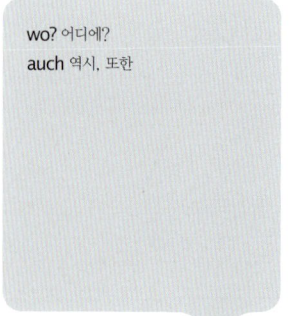

wo? 어디에?
auch 역시, 또한

★ 의문문은 크게 아래 두 가지로 나눌 수 있다.

(1) W-Frage

의문사 wo, woher, wer, wie, was 등으로 시작하는 의문문을 W-Frage라고 한다. 의문사에 대한 내용을 답하면 된다. (die Frage 질문)

Wo wohnst du? - Ich wohne in Seoul. 너 어디에 사니? – 서울에 살아.

(2) Ja/Nein-Frage

의문사 없이 '동사+주어 …?'로 묻는 의문문에는 ja(그렇다), nein(아니다)으로 답한다.

Kommt er aus Korea? - Ja, er kommt aus Korea.
그는 한국 출신이니? – 그래, 그는 한국 출신이야.

Gespräche

6

A : Wo wohnst du, Mira?
보 본스트 두, 미라?

B : Jetzt wohne ich in Berlin.
예츠트 보–네 이히 인 베를린.

A : Wohnen deine Eltern auch in Berlin?
보–넨 다이네 엘터른 아욱흐 인 베를린?

B : Nein, sie wohnen in Frankfurt. Mein Vater arbeitet dort.
나인, 지 보–넨 인 프랑크푸르트. 마인 파터 아르바이테트 도르트.

> dein 너의
> die Eltern 부모님
> mein 나의
> der Vater 아버지
> arbeiten 일하다
> dort 그곳에(서)

A : 미라, 너 어디에 살고 있니?
B : 나는 지금 베를린에 살고 있어.
A : 너의 부모님도 베를린에 사시니?
B : 아니, 부모님은 프랑크푸르트에 사셔. 아버지께서 그곳에서 일하시거든.

★ Jetzt wohne ich in Berlin. 부사인 'jetzt'가 문장 처음에 왔기 때문에 주어와 동사가 도치된다. 주어를 처음에 쓰면 'Ich wohne jetzt in Berlin.'이 된다.

★ mein, dein과 같은 소유대명사에 대해서는 3과에서 좀 더 자세히 다룰 것이다. (문법편 5과, 소유대명사 참조)

★ arbeiten처럼 어간이 _t, _d 등으로 끝나는 동사는 현재형이 du _est, er _et, ihr _et로 어미 변화한다. (문법편 2과, 동사 현재형 변화 참조)

　　ich arbeite, du arbeitest, er arbeitet, wir arbeiten, ihr arbeitet, sie (Sie) arbeiten

Lektion 02　37

 대화

A : Sind Sie Deutscher?
진트 지 도이춰?

B : Nein, ich bin Engländer. Ich heiße Michael Gordon. Wie heißen Sie?
나인, 이히 빈 앵랜더. 이히 하이쎄 마이클 고든. 비 하이쎈 지-?

A : Mein Name ist Bora Kim. Ich komme aus Korea.
마인 나메 이스트 보라 킴. 이히 콤메 아우스 코레아.

B : Sie sprechen gut Deutsch.
지 슈프레헨 굳 도이춰.

A : Nein, nicht so gut. Ich wohne seit zwei Jahren hier in Deutschland.
나인, 니히트 조 굳. 이히 보-네 자이트 츠바이 야-렌 히어 인 도이췰란트.

B : Was machen Sie hier in München? Arbeiten Sie hier?
바스 막헨 지 히어 인 뮌헨? 아르바이텐 지 히어?

A : Nein, ich studiere.
나인, 이히 슈투디-레.

B : Ich bin auch Student. Was studieren Sie?
이히 빈 아욱흐 슈투덴트. 바스 슈투디-렌 지?

A : Ich studiere deutsche Literatur.
이히 슈투디-레 도이춰 리터라투어.

Gespräch

A : 독일인이신가요?
B : 아니요. 나는 영국인입니다. 내 이름은 마이클 고든입니다. 당신 이름은요?
A : 저는 김보라입니다. 저는 한국에서 왔습니다.
B : 독일어를 잘하시네요.
A : 아니요, 그리 잘하지 못합니다. 여기 독일에 산 지 2년 됩니다.
B : 이곳 뮌헨에서 무슨 일을 하십니까? 여기에서 일하시나요?
A : 아니요, 대학에 다닙니다.
B : 저도 대학생입니다. 전공은 무엇인가요?
A : 저는 독일 문학을 공부하고 있습니다.

> der Engländer 영국인 sprechen 말하다
> nicht ~이 아니다 (영어의 not) so 그렇게 seit ~ ~이래로
> Jahre Jahr의 복수 das Jahr, _e 연(年), 해, ~살
> machen 하다 hier 여기 arbeiten 일하다
> studieren 대학에 다니다, 전공하다
> der Student 대학생 (die Studentin 여자 대학생)
> auch 역시, 또한 deutsch 독일의, 독일인의
> die Literatur 문학

기억
하세요!

★ seit ~ ~ 이래로 (3격 지배 전치사) (문법편 11과, 3격 지배 전치사 참조)

seit zwei Jahren 2년 전부터 (seit가 3격을 지배하고, 복수 3격형에는 _n을 붙인다는 규칙 때문에 복수형 Jahre에 _n이 붙어 Jahren이 되었다. 좀 더 자세한 사항은 문법편 4과, 명사의 격변화 참조), seit einem Jahr 1년 전부터

★ sprechen (말하다) 현재형 변화 (불규칙 변화) (문법편 3과, 동사의 현재형 불규칙 변화 참조)

ich spreche, du sprichst, er spricht, wir sprechen, ihr sprecht, sie sprechen

Lektion 02 39

Lektion
03

Meine Familie

나의 가족

학습 목표

가족관계
소유대명사
의문사 wer, was
haben 동사
부정문
인칭대명사의 3격

기본회화

1

A : Was ist das?
봐쓰 이스트 다스?

B : Das ist mein Familienfoto.
다스 이스트 마인 파밀리엔포토.

A : Wer ist das?
베어 이스트 다스?

B : Das sind meine Eltern.
다스 진트 마이네 엘터른.

| A : 그게 뭐니?
| B : 내 가족 사진이야.
| A : 이건 누구시니?
| B : 내 부모님이셔.

was 무엇
mein 나의
das Foto, _s 사진
das Familienfoto 가족 사진
wer 누구
Eltern 부모님

★ 지시대명사 das는 사람, 사물에 관계없이, 그리고 단수, 복수에 관계없이 sein동사의 주어로 사용된다.
　　'Was ist das?' (그것은 무엇입니까?) 'Wer ist das?' (그 사람은 누구입니까?)

★ 'Was ist das?', 'Wer ist das?'에 대답할 때, 뒤에 오는 단어가 단수일 때는 'Das ist ~(단수).', 복수일 때는 'Das sind ~(복수).'가 된다.

★ 소유대명사의 형태
　　ich - mein(나의), du - dein(너의), er/es - sein(그의, 그것의), sie - ihr(그녀의, 그들의)
　　wir - unser(우리의), ihr - euer(너희들의), Sie - Ihr(당신의)

★ 소유대명사 뒤에 오는 명사의 성과 격에 따라서 소유대명사의 어미가 변화한다. (좀 더 자세한 사항은 문법편 5과, 소유대명사 참조)
　　mein Vater (남성) 나의 아버지, meine Mutter (여성) 나의 어머니
　　mein Foto (중성) 나의 사진, meine Eltern (복수) 나의 부모님

Gespräche

2

A : Wer ist das?
베어 이스트 다스?

B : Das hier ist mein Vater und das ist meine Mutter.
다스 히어 이스트 마인 파-터 운트 다스 이스트 마이네 무터.

A : Deine Eltern sind noch jung. Und ist das dein Bruder?
다이네 엘터른 진트 녹흐 융. 운트 이스트 다스 다인 브루-더?

B : Ja, das ist mein Bruder.
야, 다스 이스트 마인 브루-더.

A : 이건 누구시니?
B : 여기 이분이 아버지시고 이분이 어머니이셔.
A : 부모님이 아직 젊으시네. 그리고 이 사람은 네 오빠니?
B : 그래, 내 오빠야.

> wer 누구?
> der Vater 아버지
> die Mutter 어머니
> dein 너의
> noch 아직
> jung 젊은
> der Bruder, ¨ 남자 형제

기억하세요! (앞으로 단어 설명에서 명사의 복수를 알아두어야 할 경우에 'der Bruder, ¨'와 같이 표시할 것이다. 단어를 외울 때는 'der Bruder-Brüder'로 암기한다.)

Lektion 03

기본회화

3

A : Haben Sie Kinder?
하벤 지 킨더?

B : Ja, ich habe einen Jungen und ein Mädchen.
야, 이히 하베 아이넨 융엔 운트 아인 매트헨.

A : Wie alt sind sie?
비 알트 진트 지?

B : Mein Sohn ist 15 Jahre alt und meine Tochter ist 13.
마인 존- 이스트 퓐프첸 야레 알트 운트 마이네 톡흐터 이스트 드라이첸.

A : 자녀가 있습니까?
B : 예, 아들 하나 딸 하나가 있습니다.
A : 그 애들은 몇 살입니까?
B : 아들은 열다섯 살이고 딸은 열세 살입니다.

> haben 갖고 있다 (영어의 have동사)
> Kinder 아이들, Kind의 복수
> der Junge 소년, 남자 아이
> das Mädchen 소녀, 여자 아이
> alt 늙은, 나이가 ~인
> der Sohn 아들
> die Tochter 딸

★ haben 동사의 현재형 (암기해둘 것!)
  ich habe. du hast, er hat, wir haben, ihr habt, sie (Sie) haben

★ haben 동사 뒤에는 명사의 4격형이 온다. 영어의 a, an에 해당하는 부정관사 ein의 남성 1격은 ein, 남성 4격은 einen, 중성 1격과 4격은 ein, 여성 1격과 4격은 eine이다. (좀 더 자세한 사항은 문법편 4과, 관사 변화 참조)
  Ich habe einen Bruder. 나는 남자 형제가 하나 있다.
  Er hat ein Auto. 그는 자동차를 갖고 있다. (das Auto 자동차)
  Hast du eine Schwester? 너는 여자 형제가 하나 있니?

★ Er hat einen Jungen und ein Mädchen. = Er hat einen Sohn und eine Tochter. 그는 딸 하나와 아들 하나가 있다.

★ '나는 ~살입니다.'는 'Ich bin ~ Jahre alt.'라고 말한다.
  Wie alt sind Sie? 당신 나이가 어떻게 됩니까? (Wie alt bist du? 너 몇 살이니?)
  - Ich bin 20 Jahre alt. 나는 스무 살입니다.

Gespräche

4

A : Haben Sie Geschwister?
하벤 지 게슈비스터?

B : Ja, ich habe einen Bruder. Und Sie?
야, 이히 하베 아이넨 브루더. 운트 지-?

A : Ich habe eine Schwester.
이히 하베 아이네 슈베스터.

B : Was macht deine Schwester?
봐스 막흐트 다이네 슈베스터?

A : Sie ist noch Schülerin.
지 이스트 녹흐 쉴러린.

A : 형제자매가 있으신가요?
B : 예, 남자 형제가 하나 있습니다. 당신은요?
A : 저는 여자 형제가 있습니다.
B : 그녀는 무슨 일을 합니까?
A : 아직 학생입니다.

> Geschwister 형제자매
> (복수로만 사용)
> die Schwester, _n 여자 형제, 자매
> machen 하다
> noch 아직
> die Schülerin, _nen 여학생
> (der Schüler 학생)

★ 대학생은 der Student (die Studentin 여대생)라고 하고, 고등학생 이하의 학생은 der Schüler (die Schülerin 여학생)라고 한다.

★ 'Geschwister(형제자매)'처럼 복수로만 사용되는 명사들이 있다.
die Eltern 부모님, die Großeltern 조부모님, die Leute 사람들, die Ferien 방학, 휴가

# 기본회화

5

A : Hast du Geschwister?
하스트 두 게슈비스터?

B : Nein, ich habe keine Geschwister.
나인, 이히 하베 카이네 게슈비스터.

A : Du bist allein und einsam, nicht wahr?
두 비스트 알라인 운트 아인잠, 니히트 바~?

B : Nein, ich bin nicht einsam. Ich habe Cousinen und Vettern.
나인, 이히 빈 니히트 아인잠. 이히 하베 쿠지넨 운트 페터른.

> kein(e) ~ ~이 아니다, ~ 하지 않다
> (명사를 부정할 때 사용)
> allein 홀로
> einsam 외로운, 고독한
> nicht ~이 아니다
> wahr 진실인
> Cousinen Cousine(사촌 자매)의 복수
> Vettern Vetter(사촌 형제)의 복수

A : 너는 형제자매가 있니?
B : 아니, 형제자매가 없어.
A : 혼자이고 외롭구나, 그렇지?
B : 아니, 나는 외롭지 않아. 사촌들이 있어.

 ★ 부정문 (문법편 9과, 부정문 참조)

(1) ein+명사, 또는 관사 없는 명사를 부정할 때는 kein_을 사용한다. 뒤에 오는 명사의 성과 수, 격에 따라서 어미가 변화한다.

Er hat eine Schwester. - Ich habe keine Schwester. 그는 자매가 있다. - 나는 자매가 없다.
Er hat einen Bruder. - Ich habe keinen Bruder. 그는 형제가 있다. - 나는 형제가 없다.
Er hat ein Auto. - Ich habe kein Auto. 그는 자동차가 있다. - 나는 자동차가 없다.

(2) 동사, 형용사를 부정할 때는 nicht (영어의 not)를 사용한다.

Er arbeitet. - Ich arbeite nicht. 그는 일한다. - 나는 일하지 않는다.
Er ist einsam. - Ich bin nicht einsam. 그는 외롭다. - 나는 외롭지 않다.

★ '~, nicht wahr?' '~하지? 그렇지 않니?'라는 부가의문문.

Gespräche

6

A : Wer ist das?
베어 이스트 다스?

B : Das ist meine Tante.
다스 이스트 마이네 탄테.

A : Ist sie die Schwester von deiner Mutter?
이스트 지 디 슈베스터 폰 다이너 무터?

B : Nein, sie ist die Schwester von meinem Vater.
나인, 지 이스트 디 슈베스터 폰 마이넴 파터.

A : Siehst du deine Tante oft?
지-스트 두 다이네 탄테 오프트?

B : Nein, leider nicht so oft.
나인, 라이더 니히트 조 오프트.

> **A** : 저 사람은 누구니?
> **B** : 우리 고모야.
> **A** : 엄마의 여자 형제시니?
> **B** : 아니, 아버지의 여자 형제야.
> **A** : 고모를 자주 보니?
> **B** : 아니, 유감스럽게도 그렇게 자주 만나지 못해.

die Tante, _n 이모, 고모, 숙모
von ~ ~의
sehen 보다
oft 자주
leider 유감스럽게도

★ von은 3격을 지배하는 전치사이다. 장소의 출발을 의미하는 '~로부터'의 의미로 사용되며, 영어의 of처럼 소유를 의미하기도 한다. 관사나 dein(너의), mein(나의)과 같은 소유대명사가 von 뒤에 사용될 때 명사의 성과 격에 따라서 어미가 변화한다. (좀 더 자세한 사항은 문법편 11과, 3격 지배 전치사와 5과, 소유대명사 참조)

★ sehen 현재형 변화 (불규칙변화) – ich sehe, du siehst, er sieht, wir sehen, ihr seht, sie sehen

(가족관계 단어)
    der Vater 아버지 - die Mutter 어머니 (die Eltern 부모님)
    der Mann 남편 - die Frau 아내 (das Ehepaar 부부)
    der Sohn 아들 - die Tochter 딸 (die Kinder 자녀)
    der Bruder 형제 - die Schwester 자매 (die Geschwister 형제자매)
    der Großvater 할아버지 - die Großmutter 할머니 (die Großeltern 조부모님)
    der Enkel 손자 - die Enkelin 손녀 (das Enkelkind, _er 손자, 손녀)
    der Onkel 삼촌, 큰아버지 - die Tante 이모, 고모, 숙모
    der Vetter (der Cousin) 사촌 형제 - die Kusine (die Cousine) 사촌 자매
    der Schwiegervater 시아버지, 장인 - die Schwiegermutter 시어머니, 장모
    der Schwiegersohn 사위 - die Schwiegertochter 며느리
    der Schwager 처남, 매부, 동서, 시동생, 시아주버니 - die Schwägerin 시누이, 올케, 동서, 처형, 제제, 형수

 대화

A : Du hast da ein Foto. Wer ist das?
두 하스트 다 아인 포토. 베어 이스트 다스?

B : Das sind meine Großeltern.
다스 진트 마이네 그로쓰엘터른.

A : Sind sie die Eltern von deinem Vater?
진트 지 디 엘터른 폰 다이넴 파터?

B : Nein, sie sind die Eltern von meiner Mutter.
나인, 지 진트 디 엘터른 폰 마이너 무터.

A : Wo wohnen sie?
보 보-넨 지?

B : Sie wohnen in Incheon. Aber sie kommen oft zu uns und bleiben einige Tage bei uns.
지 보-넨 인 인천. 아버 지- 콤멘 오프트 추 운스 운트 블라이벤 아이니게 타-게 바이 운스.

A : Wie alt sind deine Großeltern?
비 알트 진트 다이네 그로쓰엘터른?

B : Mein Opa ist 72 Jahre alt und meine Oma ist 70.
마인 오파 이스트 츠바이운트짚치히 야-레 알트 운트 마이네 오마 이스트 짚치히.

Gespräch

A : 사진을 갖고 있구나. 이분들은 누구셔?
B : 우리 할아버지 할머니이셔.
A : 너희 아버지의 부모님이시니?
B : 아니, 어머니의 부모님이셔.
A : 조부모님은 어디에 사시는데?
B : 인천에 살고 계셔. 하지만, 자주 우리 집에 오셔서 며칠 머무르셔.
A : 조부모님 연세는 어떻게 되니?
B : 할아버지는 72세이시고 할머니는 70세이셔.

die Großeltern 조부모님
der Opa (=Großvater) 할아버지
die Oma (=Großmutter) 할머니   aber 그러나
zu ~로 (3격 지배 전치사)   bleiben 머무르다
einige (+복수) 몇몇의 ~   der Tag, _e 날, 낮
bei ~의 집에 (3격 지배 전치사)

기억
하세요!

★ zu, bei는 3격 지배 전치사이므로 뒤에 명사나 인칭대명사의 3격형이 와야 한다. (문법편 11과, 전치사 참조)

Er kommt zu mir. 그가 내게로 온다.
Er wohnt bei mir. 그가 내 집에 살고 있다.

★ 인칭대명사의 3격형 (문법편 5과, 인칭대명사 참조)

ich - mir, du - dir, er - ihm, sie - ihr, es - ihm
wir - uns, ihr - euch, sie - ihnen, Sie - Ihnen

Lektion 03

Lektion

04

Was machen Sie?

무슨 일을 하십니까?

학습 목표

직업 묻고 대답하기
불규칙동사 gefallen
sein 동사와 haben 동사의 과거형

 기본회화

1

A : Was sind Sie von Beruf?
봐스 진트 지 폰 베루-프?

B : Ich bin Arzt. Und Sie?
이히 빈 아르츠트. 운트 지-?

A : Ich bin Studentin. Ich studiere Medizin.
이히 빈 슈투덴틴. 이히 슈투디-레 메디친.

A : 당신은 직업이 무엇입니까?
B : 저는 의사입니다. 당신은요?
A : 저는 대학생입니다. 저는 의학을 전공하고 있습니다.

der Beruf 직업
der Arzt, ¨e 의사
die Studentin, _nen 여자 대학생
die Medizin 의학

 기억 하세요!

★ 직업을 물을 때 'Was sind Sie (von Beruf)?'(당신 직업이 무엇입니까?)라고 하면 된다.

Was ist dein Vater (von Beruf)? 너의 아버지는 직업이 무엇이니?
- Er ist Lehrer. 선생님이셔.

Was ist Ihre Tochter (von Beruf)? 당신 딸의 직업은 무엇입니까?
- Sie ist Ärztin. 의사입니다.

Gespräche

2

A : Was macht Herr Mayer?
바스 막흐트 헤어 마이어?

B : Er ist Angestellter. Er arbeitet bei Siemens.
에어 이스트 안게슈텔터. 에어 아르바이테트 바이 지멘스.

A : Und was ist Frau Mayer von Beruf?
운트 바스 이스트 프라우 마이어 폰 베루프?

B : Sie ist Lehrerin.
지 이스트 레-러린.

> **A** : 마이어 씨는 무슨 일을 합니까?
> **B** : 회사원입니다. 그는 지멘스사에서 일하고 있습니다.
> **A** : 마이어 부인의 직업은 무엇입니까?
> **B** : 선생님입니다.

> der Angestellte,
> ein Angestellter 회사원
> arbeiten 일하다
> bei ~옆에, ~의 집에, ~(회사)에
> (3격 지배 전치사)
> die Lehrerin 여선생님

★ **Was machen Sie?** 당신은 무슨 일을 합니까?'는 직업을 물을 수도 있고, '지금 무엇을 하고 있습니까?'라는 질문으로도 사용된다.

★ **Ich arbeite bei ~**(회사이름). 나는 ~에서 일하고 있다.

★ **der Lehrer** 선생님 – **die Lehrerin** 여선생님
직업이나 국적을 나타내는 많은 단어들이 남성형에 _in을 붙여 여성형을 만든다.

　　der Student 대학생 - die Studentin
　　der Arzt 의사 - die Ärztin
　　der Koreaner 한국인 - die Koreanerin

 기본회화

3

A : Sie sprechen gut Koreanisch, Herr Schuster. Was machen Sie in Seoul?
지 슈프레헨 굳 코레아니쉬, 헤어 슈스터. 바스 막헨 지 인 서울?

B : Ich studiere Koreanistik.
이히 슈투디레 코레아니스틱.

A : Wie gefällt Ihnen das Leben hier in Korea?
비 게팰트 이-넨 다스 레-벤 히어 인 코레아?

B : Das gefällt mir sehr gut. Die Koreaner sind sehr nett.
다스 게팰트 미어 제어 굳. 디 코레아너 진트 제어 네트.

> sprechen 말하다 gut 좋은, 잘
> Koreanisch 한국어
> studieren 전공하다, 대학에 다니다.
> Koreanistik 한국학
> gefällt gefallen동사의 3인칭 단수 형태 (gefallen +3격 ~의 마음에 들다)
> Ihnen 당신에게 (존칭 Sie의 3격형)
> das Leben 삶, 생활
> mir ich의 3격형   sehr 매우
> Koreaner 한국인   nett 친절한

A : 슈스터 씨, 한국어를 잘하시네요. 서울에서 무슨 일을 하십니까?
B : 한국학을 공부하고 있습니다.
A : 여기 한국에서의 생활은 마음에 드십니까?
B : 아주 마음에 듭니다. 한국 사람들이 매우 친절해요.

 기억하세요!

★ gefallen은 현재형에서 불규칙으로 변화하는 동사이다. 위의 문장에서 주어가 'das Leben'이라는 3인칭 단수이기 때문에 gefällt가 된다. (문법편 3과, 현재형 불규칙 변화 참조)

ich gefalle, du gefällst, er gefällt, wir gefallen, ihr gefallt, sie gefallen

★ gefallen 동사를 써서 '~이 ~의 마음에 들다.'라고 표현할 때 '~이'가 주어로서 1격이 되고, '~의'는 3격 목적어가 된다.

Das Auto gefällt ihm. 그 차가 그의 마음에 든다.

Die Möbel gefallen ihr. 가구들이 그녀의 마음에 든다.

Wie gefällt Ihnen das Zimmer? 그 방이 얼마나 당신 마음에 드십니까?
- Es gefällt mir gut. 아주 내 마음에 듭니다.

Wie gefällt dir die Jacke? 그 재킷이 얼마나 네 마음에 드니?
- Die gefällt mir sehr gut. 그것이 아주 마음에 든다.

Gespräche

4

A: Hast du einen Freund?
하스트 두 아이넨 프러인트?

B: Ja, ich habe einen Freund.
야, 이히 하베 아이넨 프러인트.

A: Was macht dein Freund?
바스 막흐트 다인 프러인트?

B: Er ist Student. Aber er ist nicht hier, er ist in Deutschland.
에어 이스트 슈투덴트. 아버 에어 이스트 니히트 히어, 에어 이스트 인 도이췰란트.

A: Studiert er in Deutschland?
슈투디어르트 에어 인 도이췰란트?

B: Ja, er studiert dort Wirtschaftswissenschaft.
야, 에어 슈투디어르트 도르트 비르트샤프츠비쎈샤프트.

> der Freund _e 친구
> (die Freundin 여자 친구)
> dort 그곳에
> die Wirtschaftswissenschaft
> 경제학

A: 남자 친구 있니?
B: 그래, 남자 친구 있어.
A: 네 남자 친구는 무슨 일을 하는데?
B: 대학생이야. 그런데 여기에 없어. 독일에 있지.
A: 독일에서 대학에 다녀?
B: 그래, 그곳에서 경제학을 공부하고 있어.

★ 등위접속사: und(그리고), aber(그러나), oder(또는)와 같은 접속사는 뒤에 '주어+동사 ...'의 정치 문장이 온다. (좀 더 자세한 사항은 문법편 17과, 접속사 참조)

Ich kaufe jetzt Blumen und (ich) besuche ihn. 나는 지금 꽃을 사고 그를 방문한다.
Ich bin müde, aber ich muss noch arbeiten. 나는 피곤하지만 더 일해야 한다.

Lektion 04 55

 기본회화

5

A : Oma, was machst du da? Suchst du etwas?
오마, 바스 막스트 두 다? 죽스트 두 에트바스?

B : Ich suche meine Brille.
이히 죽헤 마이네 브릴레.

A : Ist das hier deine Brille?
이스트 다스 히어 다이네 브릴레?

B : Oh, ja. Vielen Dank!
오, 야. 필-렌 당크!

A : 할머니, 거기서 뭐하고 계세요? 뭔가를 찾고 계세요?
B : 안경을 찾고 있단다.
A : 여기 이것이 할머니 안경인가요?
B : 아, 그래. 고맙구나.

> da 거기, 저기
> suchen 찾다 (+4격)
> die Brille 안경

 ★ suchen ~을 찾다, 수색하다, 구하다 / finden ~을 발견하다, 찾아내다, ~을 ~라고 생각하다

Er sucht seinen Hund. 그는 그의 개를 찾고 있다.

Ich kann die Brille nicht finden. 나는 안경을 찾을 수가 없다.

Gespräche

6

A : Was macht dein Bruder?
바스 막흐트 다인 브루더?

B : Er arbeitet als Architekt. Und was macht deine Schwester?
에어 아르바이테트 알스 아히텍트. 운트 바스 막흐트 다이네 슈베스터?

A : Sie ist Designerin.
지 이스트 디자이너린.

B : Ist sie schon verheiratet?
이스트 지 숀 페어하이라테트?

A : Nein, sie ist noch ledig und sehr hübsch. Sie hat keinen Freund. Hat dein Bruder eine Freundin?
나인, 지 이스트 녹흐 레디히 운트 제어 휩쉬. 지 핫 카이넨 프러인트. 핫 다인 브루더 아이네 프로인딘?

B : Er hatte eine. Aber jetzt hat er keine Freundin mehr.
에어 하테 아이네. 아버 예츠트 핫 에어 카이네 프로인딘 메어.

> **A** : 네 형은 무슨 일 하니?
> **B** : 건축가로 일하고 있어. 네 언니는 무슨 일을 하지?
> **A** : 디자이너야.
> **B** : 언니 결혼하셨니?
> **A** : 아니, 아직 미혼이고 아주 예뻐. 그런데 남자 친구가 없어. 네 형, 여자 친구 있니?
> **B** : 여자 친구가 있었어. 하지만 지금은 없어.

> als ~로서
> Designerin 디자이너 (여성형)
> schon 벌써
> verheiratet 결혼한, 기혼인
> ledig 미혼인
> hübsch 예쁜
> die Freundin, _nen 여자 친구
> hatte haben 동사의 과거형
> 부정(nicht, kein) + mehr
> 이제는 더 이상 ~하지 않다

★ hatte(haben 과거형)의 변화 (문법편 13과, 과거형 참조)

ich hatte, du hattest, er hatte, wir hatten, ihr hattet, sie hatten

Ich hatte früher ein Fahrrad. 예전에 나는 자전거 한 대가 있었다. (früher 예전에)

Gestern hatten wir viel Zeit. 어제 우리는 시간이 많았다. (gestern 어제 / die Zeit 시간)

 대화

A : Sind Sie vielleicht Deutscher?
<small>진트 지 필라이히트 도이춰?</small>

B : Ja, ich komme aus Deutschland. Sie sprechen Deutsch! Freut mich.
<small>야, 이히 콤메 아우스 도이칠란트. 지 슈프레헨 도이취! 프러이트 미히.</small>

A : Freut mich auch. Ich heiße Bora Kim. Und Sie?
<small>프러이트 미히 아욱흐. 이히 하이쎄 보라 킴. 운트 지?</small>

B : Ich heiße Bernd Schmidt.
<small>이히 하이쎄 베른트 슈미트.</small>

A : Was machen Sie hier in Seoul?
<small>봐스 막헨 지 히어 인 서울?</small>

B : Ich bin Tourist.
<small>이히 빈 투리스트.</small>

A : Haben Sie schon etwas Schönes in Seoul erlebt?
<small>하벤 지 숀 에트바스 쉐네스 인 서울 에어렙트?</small>

B : Ja, ich war in Palästen. Die waren sehr schön. Sie sprechen gut Deutsch. Welche Sprachen sprechen Sie noch?
<small>야, 이히 바 인 팔래스텐. 디 바렌 제어 쉔. 지 슈프레헨 굳 도이취. 벨혜 슈프락헨 슈프레헨 지 녹흐?</small>

A : Ich spreche Koreanisch, Deutsch, Englisch und ein bisschen Japanisch.
<small>이히 슈프레헤 코레아니쉬, 도이취, 앵리쉬 운트 아인 비스헨 야파니쉬.</small>

B : Wunderbar!
<small>분더바!</small>

Gespräch

A : 혹시 독일인이십니까?
B : 네, 독일에서 왔습니다. 독일어를 하시는군요. 반갑습니다.
A : 저도 반갑습니다. 제 이름은 김보라입니다. 당신은요?
B : 저는 베른트 슈미트입니다.
A : 여기 서울에서 무슨 일을 하십니까?
B : 저는 관광객입니다.
A : 서울에서 좋은 경험 하셨나요?
B : 예, 저는 궁궐들에 가보았습니다. 궁궐들이 아주 아름다웠어요. 독일어를 잘하시는데요.
    어떤 언어를 또 하시나요?
A : 한국어, 독일어, 영어, 그리고 일본어를 약간 합니다.
B : 굉장하네요.

vielleicht 혹시, 아마 Deutsch 독일어 auch 또한, 역시
der Tourist 관광객 etwas Schönes 멋진 어떤 것
erleben 체험하다 der Palast ¨e 왕궁
welch(e) ~? 어떤 ~? die Sprache, _n 언어
Englisch 영어 Japanisch 일본어
wunderbar 놀라운, 멋진, 굉장한

★ etwas Schönes 멋진 어떤 것

'etwas 어떤 것'(영어의 something)과 'nichts 아무것도 ~하지 않다'(영어의 nothing)가 형용사와 연결될 때는 etwas와 nichts뒤에 형용사를 대문자로 쓰고 _es를 붙인다.

etwas Gutes 좋은 어떤 것, nichts Neues 새로운 어떤 것도 ~하지 않다

★ haben + ... p.p. 현재완료형 (좀 더 자세한 사항은 문법편 13과, 현재완료형 참조)

Ich habe viel Schönes erlebt. 나는 멋진 많은 일을 체험했다.

★ war: sein 동사의 과거형 (문법편 13과, 과거형 참조)

ich war, du warst, er war, wir waren, ihr wart, sie waren

Wo warst du gestern? 너 어제 어디 있었니? (어디 갔었니?)

- Ich war zu Hause. 나 집에 있었어.

Lektion 04

Lektion 05

Gegenstände in Haus

집안의 물건들

학습 목표

사물의 이름
명사의 1격과 4격
3,4격 지배 전치사
조동사 können, möchte, wollen

# 기본회화

1

A : Was suchen Sie?
봐스 죽헨 지?

B : Ich kann meine Tasche nicht finden.
이히 칸 마이네 타쉐 니히트 핀덴.

A : Hier unter dem Tisch liegt eine Tasche. Ist das Ihre Tasche?
히어, 운터 뎀 티쉬 릭트 아이네 타쉐. 이스트 다스 이-레 타쉐?

B : Oh, ja. Danke schön.
오, 야. 당케 쉔.

A : 무엇을 찾고 계십니까?
B : 내 가방을 찾을 수가 없네요.
A : 여기, 탁자 아래에 가방이 놓여 있군요. 이것이 당신 가방인가요?
B : 아, 그러네요. 감사합니다.

---

suchen 구하다, 찾다
kann 조동사 können (~할 수 있다)
die Tasche _n 가방
finden 발견하다
unter ~아래에
liegen 놓여 있다, 누워 있다

★ 조동사 können ~할 수 있다. (문법편 14과, 조동사 참조)
(현재형 변화 ich kann, du kannst, er kann, wir können, ihr könnt, sie können)

können은 단독으로 쓸 수도 있고 부정형동사와 함께 조동사로 쓸 수도 있다. 조동사 뒤에 이어지는 부정형(원형) 동사는 문장의 맨 끝에 위치한다.

Das kann ich. 나는 그것을 할 수 있다.

Peter kann gut schwimmen. 페터는 수영을 잘 할 수 있다. (schwimmen 수영하다)

★ unter ~ 아래에, ~ 아래로 (좀 더 자세한 사항은 문법편 12과, 3,4격 지배 전치사 참조)

Die Zeitung liegt unter dem Tisch. 신문이 탁자 아래에 놓여 있다.

Er legt die Zeitung unter den Tisch. 그는 신문을 탁자 아래에 놓는다. (legen ~을 (어디로) 놓다)

Gespräche

2

A : Sind das deine Schlüssel, Julia?
진트 다스 다이네 슐뤼쎌, 율리아?

B : Nein, das sind nicht meine Schlüssel.
나인, 다스 진트 니히트 마이네 슐뤼쎌.

A : Wem gehören diese denn?
벰 게회렌 디제 덴?

B : Wahrscheinlich gehören sie Gisela. Sie sucht ihre Schlüssel.
바샤인리히 게회렌 지 기젤라. 지 죽흐트 이레 슐뤼쎌.

> der Schlüssel, _ 열쇠
> wem wer(누구?)의 3격형
> gehören ~(3격) ~의 소유이다
> diese 이것들
> denn (의문문에서) 대체, 도대체
> wahrscheinlich 아마, 십중팔구
> ihr 그녀의

A : 이것이 네 열쇠들이니? 율리아.
B : 아니야, 내 열쇠가 아닌데.
A : 대체 누구의 것이지?
B : 아마 그것은 기젤라 것일 거야. 기젤라가 열쇠를 찾고 있어.

★ Schlüssel은 단수, 복수형이 같다. 여기에서는 복수로 쓰였기 때문에 deine Schlüssel, ihre Schlüssel이 되었고, 동사도 sind를 사용했다. 단수로 쓰는 경우는 다음과 같은 문장이 된다.

Ist das dein Schlüssel? (1격) 이거 네 열쇠니?
Das ist ihr Schlüssel. (1격) 그것은 그녀의 열쇠이다.
Sie sucht ihren Schlüssel. (4격) 그녀가 그녀의 열쇠를 찾고 있다.

★ gehören ~의 것이다 (3격 지배 동사)

Das Auto gehört meinem Vater. 그 자동차는 내 아버지 것이다.
Gehört Ihnen das Haus? - Ja, das gehört mir.
그 집이 당신 소유입니까? – 예, 내 것입니다.
Gehören dir die Bücher? - Nein, die gehören mir nicht.
그 책들이 네 것이니? – 아니, 내 것이 아니야.

기본회화

3

A : Das ist ein großer Tisch. Ist der neu?
다스 이스트 아인 그로써 티쉬. 이스트 데어 노이?

B : Ja, der ist neu. Den habe ich gestern gekauft.
야, 데어 이스트 노이. 덴 하베 이히 게스턴 게카우프트.

A : Wo ist der alte Tisch?
보 이스트 데어 알테 티쉬?

B : Der steht am Fenster.
데어 슈테-트 암 펜스터.

A : 큰 탁자구나. 새것이니?
B : 응 새것이야. 어제 샀어.
A : 예전 탁자는 어디에 있니?
B : 창가에 있어.

> groß 큰
> der Tisch, _e 탁자
> neu 새로운
> gestern 어제
> kaufen 사다
> stehen 있다. 서 있다
> am = an dem, an ~에. ~으로
> das Fenster 창문

★ an은 3,4격 지배 전치사. 여기에서는 정지 상태의 위치를 나타내기 때문에 뒤에 3격이 쓰였다. 운동의 방향을 나타낼 때는 an 뒤에 4격이 온다.
(좀 더 자세한 사항은 문법편 12과, 3, 4격 지배 전치사 참조)

Er wohnt am See. 그는 호숫가에 산다. (der See 호수 / am = an dem) (an + 3격)

Wir fahren heute an den See. 우리는 오늘 호숫가로 간다. (an + 4격) (heute 오늘)

★ 'Ist der neu?'에서 der는 der Tisch를 대신하는 지시대명사.

★ Den habe ich gestern gekauft.: 'haben +... p.p.'의 현재완료형. 회화에서 과거의 사실을 보통 현재완료형으로 표현한다. (좀 더 자세한 사항은 문법편 13과, 현재완료형 참조) Den은 den Tisch를 대신하는 지시대명사로 남성 der의 4격형.

Gespräche

4

A : Wie ist der Sessel?
비 이스트 데어 제쎌?

B : Der ist sehr schön. Hast du den im Kaufhaus gekauft?
데어 이스트 제어 쉔. 하스트 두 덴 임 카우프하우스 게카우프트?

A : Nein, den hat mir Julia geschenkt.
나인. 덴 핫 미어 율리아 게솅크트.

B : Ist der bequem?
이스트 데어 베크벰?

A : Ja, der ist sehr bequem.
야, 데어 이스트 제어 베크벰.

B : Ich möchte auch einen solchen Sessel haben.
이히 뫼히테 아욱흐 아이넨 졸헨 제쎌 하-벤.

> der Sessel, _ 안락의자, 1인용 소파
> das Kaufhaus 백화점
> schenken 선물하다
> bequem 편안한
> möchte ~하고 싶다
> solch 그러한

A : 이 안락의자 어때?
B : 아주 멋지네. 백화점에서 샀어?
A : 아니야, 율리아가 내게 선물한 거야.
B : 편안하니?
A : 그래, 아주 편안해.
B : 나도 그런 안락의자 하나 갖고 싶다.

 기억하세요!

★ Den hat mir Julia geschenkt. (현재완료형) den은 den Sessel을 대신하는 지시대명사로 사용되었다.

★ möchte

möchte 어미변화 : ich möchte, du möchtest, er möchte,
　　　　　　　　　wir möchten, ihr möchtet, sie möchten

1) möchte가 단독으로 쓰일 경우 : 'möchte + 4격' ~을 원하다. 먹고 싶다. 마시고 싶다.

　Ich möchte ein Stück Kuchen. 케이크 한 조각 먹고 싶다. (das Stück 조각 / der Kuchen 케이크)

　Ich möchte eine Tasse Kaffee. 커피 한 잔 하고 싶다. (die Tasse 찻잔 / der Kaffee 커피)

2) 뒤에 원형이 올 경우 : 'möchte + ... Inf.' ~하고 싶다.

　Ich möchte jetzt etwas trinken. 나는 지금 무언가를 마시고 싶다. (etwas 어떤 것, trinken 마시다)

 기본회화

5

A : Wohin möchtest du den Schrank stellen?
보힌 뫼히테스트 두 덴 슈랑크 슈텔렌?

B : Stellen wir den Schrank ans Fenster.
슈텔렌 비어 덴 슈랑크 안스 펜스터.

A : Wohin möchtest du den Fernseher stellen?
보힌 뫼히테스트 두 덴 페른제어 슈텔렌?

B : Den möchte ich in die Ecke stellen.
덴 뫼히테 이히 인 디 엑케 슈텔렌.

wohin 어디로
der Schrank 장롱
stellen 세우다
der Fernseher, _ 텔레비전
die Ecke 구석, 모퉁이

A : 장롱을 어디에 놓고 싶니?
B : 장롱을 창가에 놓자.
A : 텔레비전은 어디에 놓고 싶니?
B : 그것은 구석에 놓고 싶어.

 기억 하세요!

★ ans Fenster 창가로, in die Ecke 구석으로

an과 in은 3, 4격 지배 전치사. 여기에서는 동작의 방향을 의미하기 때문에 뒤에 4격형을 써야 한다. (문법편 12과, 전치사 참조)

★ 정관사 1격과 4격 (좀 더 자세한 사항은 문법편 4과, 명사의 격변화 참조)

남성 1격 der, 4격 den / 중성 1격과 4격 das / 여성 1격과 4격 die / 복수 1격과 4격 die

Der Tisch (Das Haus / Die Wohnung) ist groß.
(주어는 1격) 탁자가 (집(주택)이 / 집(아파트)이) 크다.

Die Bücher sind sehr teuer. 그 책들은 비싸다. (주어 – 1격)

Er zeigt mir den Tisch (das Haus / die Wohnung / die Bücher)
(4격 목적어) 그가 내게 그 탁자를 (그 집을 / 그 집을 / 그 책들을) 보여준다.

Gespräche

6

A : Ist Ihr Zimmer schon möbliert?
이스트 이어 찜머 숀 뫼블리어트?

B : Ja, das Zimmer hat ein Bett, eine Lampe, einen Tisch und einen Stuhl. Aber ich brauche noch einen Stuhl.
야, 다스 찜머 핫 아인 벧, 아이네 람페, 아이넨 티쉬 운트 아이넨 슈툴-. 아버 이히 브라우헤 녹흐 아이넨 슈툴-.

A : Brauchen Sie sonst noch etwas?
브라우헨 지 존스트 녹흐 애트바스?

B : Ja, ich brauche einen Kühlschrank und ein Regal.
야, 이히 브라우헤 아이넨 퀄-슈랑크 운트 아인 레갈.

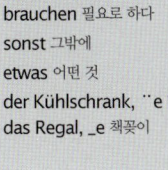

möbliert 가구가 비치된
das Bett, _en 침대
die Lampe, _n 전등
der Stuhl, ¨e 의자
brauchen 필요로 하다
sonst 그밖에
etwas 어떤 것
der Kühlschrank, ¨e 냉장고
das Regal, _e 책꽂이

A : 당신 방에 가구가 비치되어 있나요?
B : 예. 제 방에 침대, 전등, 탁자와 의자가 있습니다. 그러나 의자 하나가 더 필요합니다.
A : 그 밖에 다른 것이 또 필요하신가요?
B : 예. 냉장고와 책꽂이가 필요합니다.

★ haben + 4격(einen 남성 / ein 중성 / eine 여성) ~을 가지고 있다.

★ brauchen +4격 ~을 필요로 하다.
　　Ich brauche deine Hilfe. 나는 너의 도움이 필요해.

Lektion 05

 대화

A : Endlich habe ich ein Zimmer. Mein Zimmer ist schön, nicht wahr?
엔틀리히 하베 이히 아인 찜머. 마인 찜머 이스트 쉔, 니히트 바?

B : Ja, das Zimmer ist sonnig und auch ruhig.
야, 다스 찜머 이스트 조니히 운트 아욱흐 루이히.

A : Aber leider ist es nicht möbliert. Ich muss noch einiges kaufen.
아버 라이더 이스트 에스 니히트 뫼블리어트. 이히 무스 녹흐 아이니게스 카우펜.

B : Ist der Tisch neu?
이스트 데어 티쉬 노이?

A : Ja. Wie findest du den neuen Tisch?
야, 비 핀데스트 두 덴 노이엔 티쉬?

B : Den finde ich schön. Vor allem gefällt mir die Farbe.
덴 핀데 이히 쉔. 포어 알램 게팰트 미어 디 파르베.

A : Ich will morgen einen Fernseher kaufen. Kommst du zum Kaufhaus mit?
이히 빌 모르겐 아이넨 페른제-어 카우펜. 콤스트 두 쭘 카우프하우스 밑?

B : Ich habe zu Hause einen kleinen Fernseher. Den brauche ich nicht. Ich schenke ihn dir.
이히 하베 쭈 하우제 아이넨 클라이넨 페른제-어. 덴 브라우헤 이히 니히트. 이히 솅케 인 디어.

A : Oh, vielen Dank.
오, 필렌 당크.

Gespräch

A : 드디어 방을 갖게 되었어. 내 방 멋있지?
B : 그래. 햇볕도 잘 들고 조용하네.
A : 그런데 유감스럽게도 가구가 비치되어 있지 않아. 아직도 몇 가지를 사야 해.
B : 탁자는 새 것이니?
A : 그래. 새 탁자 어때?
B : 멋지네. 특히 색이 마음에 든다.
A : 내일은 텔레비전을 하나 사려고 해. 백화점에 같이 갈래?
B : 집에 작은 텔레비전이 하나 있는데. 나는 그것이 필요 없어. 너에게 선물할게.
A : 아, 그래, 정말 고마워.

endlich 마침내   sonnig 해가 잘 드는   ruhig 조용한
leider 유감스럽게도   will (wollen) ~하고자 하다
einiges 몇 가지, 약간   vor allem 무엇보다도
gefallen (+3격) ~의 마음에 들다   mir ich의 3격형
die Farbe 색깔   morgen 내일
zu Hause 집에   schenken (+3격 +4격) ~에게 ~을 선물하다
ihn 남성 er의 4격형   dir du의 3격형

★ 명사는 '3격+4격', 대명사는 '4격+3격' 순서로 쓴다. (좀 더 자세한 사항은 문법편 5과, 인칭대명사 참조)

   Ich schenke dem Kind das Buch. 내가 그 아이에게 그 책을 선물한다.
   Ich schenke es ihm. 내가 그것을 그에게 선물한다.

★ nicht wahr? 맞지 않니? 그렇지 않니?
   독일어에는 영어와 같은 부가의문이 없고, 문장 끝에 'nicht wahr?'라고 붙이면 된다.
   Du warst gestern im Kino, nicht wahr? 너 어제 극장에 갔었지?

★ 조동사 wollen (~하고자 하다)의 현재형 변화 (문법편 14과. 조동사 참조)

   ich will, du willst, er will, wir wollen, ihr wollt, sie wollen
   Ich will in Deutschland studieren. 나는 독일에서 공부하려고 한다.
   Was willst du am Wochenende machen? 너는 주말에 무엇을 하려고 하니? (das Wochenende 주말)

Lektion 05   69

연습문제 Lektion 01~05

⟨1⟩ 다음 대화를 완성해보세요.

1 A : Wie heißen Sie?

   B : _____

2 Herr Schmidt : Wie geht es Ihnen, Herr Kim?

   Herr Kim : _____

3 A : Woher kommen Sie?

   B : _____

4 A : Sind Sie Japanerin?

   B : _____

5 A : Wo wohnst du?

   B : _____

6 A : Wohnt Peter in Berlin?

   B : _____

7 A : Arbeiten Sie hier?

   B : _____

8 A : Sind Sie Student(in)?

   B : _____

Übungen

⟨2⟩ 다음 질문에 독일어로 대답해보세요.

1. Haben Sie Geschwister?

2. Sind Sie verheiratet? Haben Sie Kinder? (verheiratet 기혼인, ledig 미혼인)

3. Wie alt sind Sie?

4. Wie gefällt es Ihnen in Berlin?

5. Sprechen Sie gut Englisch?

6. Was gibt es in Ihrem Zimmer?

7. Wo hast du die Tasche gekauft? (das Kaufhaus 백화점)

8. Wohin möchten Sie den Tisch stellen? (das Fenster 창문)

Lektion
06

Im Restaurant

레스토랑에서

학습 목표

식당에서 음식 주문하기
부정관사의 4격
인칭대명사의 4격
현재완료형

# 기본회화

1

<Im Cafe>

A(Kellner) : Was möchten Sie?

B : Ich möchte ein Stück Käsekuchen.

A : Möchten Sie etwas trinken?

B : Eine Tasse Tee, bitte.

---

das Stück, _e 조각
der Käse 치즈
der Kuchen 케이크
trinken 마시다
die Tasse,_n 찻잔
der Tee 차

〈카페에서〉
A(웨이터): 무엇을 드시겠습니까?
B : 치즈케이크 한 조각 하겠습니다.
A : 음료 드시겠습니까?
B : 차 한잔 주십시오.

★ "Was möchten Sie?"는 "무엇을 드시겠습니까?" 또는 "무엇을 원하십니까?"라는 질문이다. 이 질문에 대한 대답은 "Ich möchte 4격."으로 하면 된다. "Ich möchte ein Glas Wein."(와인 한잔 하겠습니다.) 좀 더 간단하게는 "~, bitte!"라고 말할 수 있다. "Ein Glas Wein, bitte." (das Glas 컵 / der Wein 포도주)

Gespräche

2

A: Ich hätte gern eine Tasse Kaffee. Und du? Was möchtest du?

B: Ich möchte einen Apfelsaft.

A: Ich möchte auch einen Saft trinken. Dann bestelle ich einen Orangensaft und einen Kaffee.

> **A**: 나는 커피 한잔 마시고 싶어. 너는? 너는 무엇으로 할래?
> **B**: 나는 사과 주스 마실게.
> **A**: 나도 주스 마시고 싶네. 그러면 나는 오렌지 주스와 커피를 주문해야겠다.

der Kaffee 커피
der Apfel 사과
der Saft 주스
der Apfelsaft 사과 주스
die Orange 오렌지
der Orangensaft 오렌지 주스
dann 그러면, 그리고 나서
bestellen 주문하다

★ einen Apfelsaft에서 einen은 남성 4격 부정관사.

★ 부정관사의 1격과 4격

　ein(남성) - einen, ein(중성) - ein, eine(여성) - eine

★ "hätten gern + 4격"도 "möchte + 4격"과 마찬가지로 "~을 먹고(마시고, 가지고) 싶다"는 의미로 사용한다. "Was hätten Sie gern?"(무엇을 원하십니까? 무엇을 드시겠습니까?)이라고 물으면, "Ich hätte gern + 4격", "Ich möchte (nehme, bekomme) +4격" 등으로 대답한다. (nehmen 받다, 들다 / bekommen 받다)

★ hätten (haben의 접속법 2식) 동사변화: ich hätte, du hättest, er hätte, wir hätten, ihr hättet, sie hätten (문법편 21과 참조)

Lektion 06　75

기본회화

3

A(Kellner): Ein Kakao, bitte schön!

B : Nein, nicht für mich!

A : Sie bekommen keinen Kakao?

B : Ich habe einen Tee bestellt.

A : Oh, entschuldigen Sie! Der Tee kommt sofort!

B : Ja, aber schnell, ich warte schon 20 Minuten.

---

der Kakao 코코아
für (4격 지배 전치사) ~을 위하여
bekommen 얻다, 받다
Entschudigen Sie! 죄송합니다. 실례합니다.
sofort 즉시 / schnell 빨리
warten 기다리다
die Minute, _n 분

A(웨이터): 코코아 나왔습니다.
B : 제 것이 아닌데요.
A : 코코아가 아니시라고요?
B : 저는 차를 주문했습니다.
A : 아, 죄송합니다. 곧 차가 나올 것입니다.
B : 네, 그런데 빨리 좀 주세요. 벌써 20분이나 기다리고 있잖아요.

 기억하세요!

★ **für mich**: für가 4격 지배 전치사이므로 ich의 4격형 mich가 와야 한다. (문법편 11과, 4격 지배 전치사, 5과 인칭대명사 참조)

★ 인칭대명사의 1격과 4격

ich - mich, du - dich, er - ihn, es - es, sie - sie,
wir - uns, ihr - euch, sie - sie, Sie - Sie

für mich 나를 위해서 / für dich 너를 위해서 / für Sie 당신을 위해서 / für uns 우리를 위해서
Peter, Telefon für dich! 페터, 네 전화야. (와서 전화 받아!)

★ **Ich habe einen Tee bestellt.** (현재완료형 문장, haben +... p.p. / bestellen 주문하다 - bestellte - bestellt) (문법편 13과, 현재완료형 참조)

Gespräche

4

A : Was hätten Sie gern?

B : Ich hätte gern Hähnchen mit Pommes. Und Spagetti für meinen Freund.

A : Was möchten Sie trinken?

B : Eine Cola und ein Mineralwasser. bitte!

A : Gut, danke!

> das Hähnchen 구운 닭고기
> mit ~과 함께, ~을 가지고
> Pommes = Pommes frites 감자튀김
> die Spagetti (Pl.) 스파게티
> das Wasser 물
> das Mineralwasser 미네랄워터

A : 무엇을 드시겠습니까?
B : 저는 감자튀김 곁들인 닭고기로 할게요. 그리고 제 친구를 위해서는 스파게티 주십시오.
A : 음료는 무엇으로 하시겠습니까?
B : 콜라와 미네랄워터 주십시오.
A : 좋습니다. 고맙습니다.

★ Ich möchte ... Inf.(동사원형) 나는 ~하고 싶다.

★ Was möchten Sie trinken?'에서는 möchten이 조동사로 쓰인 것으로 문장 맨 뒤에 원형 동사가 온다.

Möchten Sie etwas (essen)? - Ja, Ich möchte Spagetti (essen).
Möchtest du ein Bier (trinken)?

★ 레스토랑 메뉴에서 흔히 보게 되는 음식 이름으로는 Hähnchen mit Pommes(감자튀김 곁들인 닭고기), Schnitzel(커틀릿), Hackbraten(잘게 간 고기를 구운 요리), Kalbsleber(송아지 간으로 만든 요리), Eisbein(돼지 족발과 비슷한 요리), Gulasch(쇠고기 스튜) 등이 있다.

 기본회화

5

A : Schmecken die Spagetti gut?

B : Ja, sehr gut. Und wie schmeckt dir das Hähnchen?

A : Das schmeckt auch gut.

B : Dieses Restraurant gefällt mir gut.

A : 스파게티 맛있어?
B : 응, 아주 맛있어. 닭고기는 맛이 어때?
A : 닭고기도 맛있어.
B : 이 레스토랑 마음에 든다.

schmecken 맛이 ~하다, 맛있다
dieses 이것, 이 ~
gefallen (+3격) ~의 마음에 들다
mir ich의 3격형

★ 'die Spagetti 스파게티'는 항상 복수로 쓴다.

★ dies_ (이 ~)는 정관사처럼 변화한다. dieser (m.), dieses (n.), diese (f.), diese (Pl.)
　　dieser Student 이 학생, dieses Buch 이 책, diese Lampe 이 전등, diese Schuhe 이 구두

Gespräche

6

A : Was essen Sie gern?

B : Ich esse gern Fleisch. Und was essen Sie gern?

A : Mein Lieblingsessen ist Fisch. Fisch ist gesund. Essen Sie gern Fisch?

B : Nein, nicht so gern.

> gern 즐겨, 기꺼이
> das Fleisch 고기
> das Lieblingsessen 좋아하는 음식
> gesund 건강한, 건강에 좋은
> der Fisch 생선

A : 당신은 무엇을 즐겨 드십니까?
B : 저는 육류를 즐겨 먹습니다. 당신은 무엇을 즐겨 드십니까?
A : 제가 좋아하는 음식은 생선입니다. 생선은 건강에 좋지요. 생선을 즐겨 드시나요?
B : 아뇨, 그다지 즐겨 먹지 않습니다.

★ 명사 앞에 'Lieblings~'를 붙이면 '좋아하는~'이라는 뜻이 된다. das Lieblingsbuch 즐겨 읽는 책, die Lieblingsmusik 좋아하는 음악, die Lieblingsfarbe 좋아하는 색깔

★ essen 대신에 trinken 동사를 넣으면 어떤 음료를 즐겨 마시는지 물어볼 수 있다.
  Was trinkst du gern? 너는 무엇을 즐겨 마시니?
  Trinken Sie gern Wein? 와인 즐겨 마십니까?

★ essen 현재형 동사변화 (불규칙 동사)
  ich esse, du isst, er isst, wir essen, ihr esst, sie essen

 대화

Gast : Herr Ober! Kann ich bitte die Speisekarte haben?

Ober : Hier, bitte schön. - Möchten Sie jetzt bestellen?

Gast : Ja, ich hätte gern ein Schnitzel.

Ober : Sie bekommen ein Schnitzel. Und was möchten Sie trinken?

Gast : Einen Rotwein, bitte. Was möchtest du, Franz?

Franz : Ich habe nicht viel Hunger. Ich nehme nur eine Suppe und einen Kaffee.

(Nach dem Essen)

Gast : Wir möchten zahlen!

Ober : Zusammen oder getrennt?

Gast : Zusammen, bitte.

Ober : 35, 50 Euro, bitte.

Gast : Hier, 38 Euro. Stimmt so!

Ober : Danke schön!

Gespräch

손님 : 웨이터! 메뉴판 좀 주세요!
웨이터 : 여기 있습니다. – 지금 주문하시겠습니까?
손님 : 예, 저는 슈니첼로 하겠습니다.
웨이터 : 슈니첼이요. 그리고 음료는 무엇으로 하시겠습니까?
손님 : 적포도주 한 잔 주세요. 너는 무엇을 먹을래, 프란츠?
프란츠 : 나는 배가 많이 고프지 않아. 수프 하나와 커피 한 잔만 할게.

(식사 후)

손님 : 계산하겠습니다.
웨이터 : 같이 할까요, 따로 계산할까요?
손님 : 같이 해주세요.
웨이터 : 35유로 50센트입니다.
손님 : 여기 38유로입니다. 됐습니다. (거스름돈은 팁입니다.)

der Ober = der Kellner 웨이터 die Speisekarte 메뉴판
bestellen 주문하다 das Schnitzel 커틀릿
der Wein 와인 der Rotwein 적포도주
der Hunger 배고픔, 허기 die Suppe 수프
zahlen 지불하다 zusammen 함께 getrennt 따로
der Euro 유로 (유럽연합의 화폐단위) stimmen 맞다, 일치하다
Stimmt so! 거스름돈은 됐습니다. 그냥 두세요.

★ 독일에서는 상대방이 "Ich lade Sie ein. (Ich lade dich ein.) 내가 당신을 초대하겠습니다. (너를 초대할게.)"라고 말하지 않았다면 각자 자기가 먹은 것을 따로 계산하는 것이 기본이다.

★ "Wir möchten zahlen! 계산하겠습니다."를 "Die Rechnung, bitte! 계산서 주세요!"라고 말할 수도 있다.

★ Euro(유로)보다 아래 단위는 Cent(센트)이다. 1 Euro = 100 Cent (1유로 = 100센트)

Lektion 06

Lektion

07

Auf dem Markt

시장에서

학습 목표

상품 가격 묻고 물건 사기
형용사 어미변화
전치사 mit
불규칙 동사 geben, nehmen
명령형

 기본회화

1

A : Guten Tag, bitte schön?

B : Bitte 500 Gramm Rindfleisch und 200 Gramm Käse! Was kosten 100 Gramm Schinken?

A : 100 Gramm Schinken kosten ein Euro neunzig.

B : Dann 200 Gramm Schinken, bitte.

A : 무엇을 드릴까요?
B : 쇠고기 500그램하고 치즈 200그램 주세요. 햄은 100그램에 얼마지요?
A : 100그램에 1유로 90센트입니다.
B : 그러면 햄 200그램 하겠습니다.

das Gramm 그램
das Rindfleisch 쇠고기
der Käse 치즈
kosten 값이 ~이다
der Schinken 햄
dann 그러면, 그다음에

 기억하세요!

★ 상점의 판매원이나 식당 종업원이 "Bitte schön?"이라고 물으면 "Was möchten Sie?"와 같이 "무엇을 원하십니까?", "무엇을 드릴까요?"라는 의미이다. 상인이 손님을 맞이하는 말은 그 외에도 'Guten Tag, Sie wünschen?', 'Kann ich Ihnen helfen?', 'Was darf es sein?'과 같은 표현들이 있다. (wünschen 원하다 / helfen 돕다)

★ 상품의 가격을 물을 때는 'Wie teuer ist das?', 또는 'Wie viel (= Was) kostet das?' 라고 묻는다.

Wie teuer ist die Jacke? 그 재킷은 얼마입니까?

Wie teuer sind die Schuhe? 그 구두는 얼마입니까? (die Schuhe는 der Schuh의 복수. 신발은 한 켤레이므로 복수로 쓴다.)

Wie viel kostet die Tasche? 그 가방은 얼마입니까?

Was kosten die Äpfel? 사과는 얼마입니까? (die Äpfel은 der Apfel의 복수)

Gespräche

2

A : Hast du schon Milch in den Korb gelegt?

B : Ja. Was brauchen wir noch?

A : Nehmen wir ein paar Tomaten! Brauchen wir Eier?

B : Nein, wir haben noch Eier zu Hause.

A : Wir haben kein Olivenöl mehr zu Hause. Ich hole eine Flasche Öl.

> die Milch 우유   der Korb 바구니
> legen 놓다   ein paar 몇몇의
> die Tomate, _n 토마토
> das Ei, _er 달걀
> das Olivenöl 올리브오일
> das Öl 기름, 식용유
> mehr viel (많은)의 비교급
> holen 가져오다
> nehmen 잡다, 받다, 택하다
> die Flasche 병

A : 우유 바구니에 넣었니?
B : 그래. 우리 뭐가 더 필요하지?
A : 토마토 몇 개 사자. 달걀은 필요하니?
B : 아니야. 달걀은 아직 집에 있어.
A : 집에 올리브오일이 없어. 내가 기름 한 병 가져올게.

★ nehmen의 현재형 불규칙 변화

ich nehme, du nimmst, er nimmt, wir nehmen, ihr nehmt, sie nehmen

★ '부정(nicht, kein_) +mehr' 이제는 더 이상 ~하지 않다.

Wir haben keine Zeit mehr. 우리는 이제 더 이상 시간이 없다.

Er raucht nicht mehr. 그는 이제 더 이상 담배 피우지 않는다.

기본회화

3

A : Was möchten Sie, bitte?

B : Drei normale Brötchen und zwei Laugenbrötchen, bitte.

A : Sonst noch etwas?

B : Ein halbes Vollkornbrot, bitte.

A : Bitte schön. Fünf Euro fünfzig, bitte.

A : 무엇을 드릴까요?
B : 보통 롤빵 세 개와 라우겐브뢰트헨 두 개 주세요.
A : 또 다른 것은요?
B : 통밀빵 반 개 주세요.
A : 여기 있습니다. 5유로 50센트입니다.

die Bäckerei 빵집
normal 보통의, 정상적인
das Laugenbrötchen 짭짤한 맛의 롤빵
halb 절반의
das Vollkornbrot 통밀빵

★ 형용사 어미변화.

형용사가 명사를 수식할 때는 뒤에 오는 명사의 성과 격에 따라 어미가 붙는다. normale Brötchen (강변화, 복수 4격), ein halbes Vollkornbrot (혼합변화, 중성 4격). (좀 더 자세한 사항은 문법편 7과, 형용사 어미변화 참조)

★ Brot / Brötchen

독일에서는 여러 종류의 곡식이나 견과류가 들어간 딱딱한 빵을 주로 먹는다. 빵은 큰 덩어리로 사서 썰어 먹는 브로트(Brot), 그리고 작은 브뢰트헨(Brötchen)으로 크게 나눌 수 있다. 사람들은 아침 식사를 위해 새벽에 빵집에 가서 갓 구운 따뜻한 Brötchen을 사오곤 한다. Brötchen은 모양과 주원료, 겉에 뿌리는 곡식이나 씨앗 등에 따라 종류가 다양하고 지방마다 다양한 이름을 갖고 있다.

Gespräche

4

A : Möchten Sie sonst noch etwas?

B : Nein, danke. Das ist alles. Was macht das zusammen?

A : 83, 50 Euro, bitte.

B : O nein, das Geld reicht nicht. Gibt es hier einen Geldautomaten?

A : Ja, es gibt einen neben der Eingangstür. Sie können aber auch mit einer Kreditkarte bezahlen.

> alles 모든 것, 전부   das Geld 돈
> reichen 넉넉하다, 충분하다
> es gibt + 4격 ~이 있다, 존재하다
> der Automat, _en 자동판매기
> der Geldautomat, _en 현금자동인출기
> neben ~ 옆에, ~옆으로 (3,4격 지배 전치사)
> der Eingang 입구   die Tür, _en 문
> können ~할 수 있다
> mit ~을 가지고, ~와 함께
> die Kreditkarte, _n 신용카드
> bezahlen 지불하다

> **A** : 그 밖에 다른 것이 더 필요하신가요?
> **B** : 아니요, 됐습니다. 그게 다입니다. 다 합쳐서 얼마인가요?
> **A** : 83유로 50센트입니다.
> **B** : 아, 이런, 돈이 충분하지 않네요. 여기 현금인출기가 있나요?
> **A** : 네, 입구 옆에 하나 있습니다. 하지만 신용카드로 계산하실 수도 있습니다.

★ es gibt + 4격: ~이 있다, 존재하다 (숙어로 외워둘 것!)

　　Es gibt hier ein italienisches Restaurant. 이곳에 이탈리아 레스토랑이 하나 있다.

★ geben 주다 (불규칙 동사): ich gebe, du gibst, er gibt, wir geben, ihr gebt, sie geben

★ 전치사 mit (3격 지배) ~을 가지고, ~과 함께, ~을 타고

　　(부정관사의 3격: 남성, 중성 einem / 여성 einer
　　 정관사의 3격: 남성, 중성 dem / 여성 der / 복수 den)

　　mit einer Kreditkarte 신용카드를 가지고 / mit dem Kind 그 아이와 함께 / mit meinen Eltern 내 부모님과 함께 / mit dem Bus 버스를 타고 (der Bus) / mit dem Taxi 택시를 타고 (das Taxi) / mit der U-Bahn 지하철을 타고 (die U-Bahn)

기본회화

5

A: Fahr ein bisschen schneller! Der Supermarkt schließt um sieben.

B: Wir sind gleich da. Was willst du denn einkaufen?

A: Wir haben kein Wasser mehr zu Hause. Und ich brauche noch Käse, Kartoffeln, Milch und so weiter. Hier habe ich den Einkaufszettel.

B: Jetzt ist es schon sechs. Wir müssen uns beeilen.

A: 차를 조금 더 빨리 몰아! 슈퍼마켓이 일곱 시에 닫잖아.
B: 곧 도착해. 대체 뭘 사려고 그러는데?
A: 집에 물이 없어. 그리고 치즈, 감자, 우유 등도 필요해. 여기 쇼핑 목록이 있어.
B: 벌써 여섯 시구나. 서둘러야겠다.

---

fahr fahren(가다, 차타고 가다)의 du에 대한 명령형
schneller 더 빨리 schnell의 비교급
schließen 닫다 um ~시에
sieben 7 gleich 곧
wollen ~하고자 하다
einkaufen 쇼핑하다
das Wasser 물
die Kartoffel, _n 감자
die Milch 우유
und so weiter 등등
der Einkaufszettel 쇼핑목록
der Zettel, _ 쪽지 sechs 6
müssen ~해야 한다
sich beeilen 서두르다

★ 명령형 (좀 더 자세한 사항은 문법편 16과, 명령형 참조)
  상대를 어떻게 호칭하는가에 따라서 세 가지의 명령형이 있다.
  (1) 존칭 Sie: Fahren Sie schneller! (2) ihr: Fahrt schneller! (3) du: Fahr schneller!

★ du willst는 조동사 wollen(~하고자 하다)의 현재형 변화
  ich will, du willst, er will, wir wollen, ihr wollt, sie wollen

★ 조동사 müssen(~해야 한다)의 현재형 변화
  ich muss, du musst, er muss, wir müssen, ihr müsst, sie müssen

★ sich beeilen 서두르다 (재귀동사, 문법편 15과, 재귀동사 참조)
  Ich beeile mich. 나는 서두른다. / Er beeilt sich. 그는 서두른다.

★ Es ist ~ Uhr. ~ 시이다. (시간 읽기는 문법편 10과 참조) – Es ist zwei Uhr. 두 시이다.

★ '~시에'라고 말할 때는 전치사 um을 쓴다. um은 '정각 ~시에'라는 의미이고, gegen을 쓰면 '~시 경에'가 된다.
  Der Unterricht beginnt um zwei Uhr. 수업이 두 시에 시작이다.
  Er kommt gegen zwei Uhr nach Hause. 그는 두 시쯤 집에 온다. (nach Haus(e) 집으로)

Gespräche

6

A: Hallo, Marie. Wo gehst du denn hin?

B: Hallo, Peter. Ich gehe zum Supermarkt. Heute habe ich zwei deutsche Freundinnen zum Abendessen eingeladen.

A: Was willst du für sie kochen?

B: Ich koche Bulgogi. Das ist ein koreanisches Fleischgericht. Also brauche ich Rindfleisch und Zwiebeln. Und ich kaufe eine Flasche Wein und fünf Dosen Bier.

> hingehen (~로) 가다 (분리동사)
> zu ~를 향해서, ~로 (3격 지배 전치사)
> zum = zu dem
> das Abendessen 저녁 식사
> einladen 초대하다 (분리동사)
> für ~을 위해서
> kochen 요리하다, 끓이다
> das Fleisch 고기
> das Gericht, _e 요리
> also 그러므로
> die Zwiebel, _n 양파
> die Dose, _n 캔

A: 안녕, 마리. 어디 가니?
B: 안녕, 페터. 슈퍼마켓에 가는 길이야. 오늘 독일 여자 친구 둘을 저녁 식사에 초대했거든.
A: 그들을 위해서 무슨 요리를 할 건데?
B: 불고기를 만들 거야. 한국식 고기요리지. 그래서 쇠고기와 양파가 필요해. 그리고 와인 한 병과 맥주 다섯 캔을 살 거야.

★ Wo gehst du hin? = Wohin gehst du? 너 어디 가니? (wohin 어디로?)

★ eine Flasche Bier 맥주 한 병, zwei Flaschen Bier 맥주 두 병
 eine Tasse Kaffee 커피 한잔, zwei Tassen Kaffee 커피 두 잔

★ einladen jn.(4격) zu ~ ~를 ~로 초대하다

 einladen - (과거형) lud ... ein - (과거분사형) eingeladen

★ das Frühstück(아침 식사), das Mittagessen(점심 식사), das Abendessen(저녁 식사)

 전통적으로는 점심 식사를 따뜻하게 요리해서 먹고, 아침과 저녁은 간단히 먹지만 정해진 규칙은 없다. 아침 식사에는 주로 다양한 크기의 Brot(빵)나 Brötchen(작은 빵)에 Butter(버터)나 Marmelade(잼)를 바르거나 Käse(치즈), Schinken(햄) 등을 얹어 먹는다. 음료로는 커피, 우유, 주스 등이 준비된다.

A(Kundin) : Guten Tag, was kosten die Orangen bitte?

B(Verkäufer) : Die Orangen kosten zwei Euro zehn pro Kilo.

A : Und was kostet ein Kilo Bananen?

B : Bananen sind heute im Sonderangebot. Ein Kilo kostet ein Euro neunzig.

A : Und wie teuer ist eine Melone?

B : Eine Melone kostet zwei Euro fünfzig das Stück.

A : Dann hätte ich gern ein Kilo Orangen, ein Kilo Bananen und zwei Melonen.

B : Möchten Sie noch etwas?

A : Nein, danke. Das ist alles. Was macht das zusammen?

B : Neun Euro, bitte.

A : Bitte schön.

B : Ein Euro zurück. Danke, Tschüs.

Gespräch

A(손님) : 안녕하세요. 오렌지는 얼마입니까?
B(판매원) : 오렌지 1킬로에 2유로 10센트입니다.
A : 바나나 1킬로는 얼마입니까?
B : 바나나는 오늘 특별 세일입니다. 1킬로에 1유로 90센트입니다.
A : 멜론은 얼마입니까?
B : 멜론은 하나에 2유로 50센트입니다.
A : 그러면 오렌지 1킬로, 바나나 1킬로, 멜론 두 개 주세요.
B : 다른 것이 더 필요하신가요?
A : 아니요. 그게 다입니다. 합해서 얼마인가요?
B : 9유로입니다.
A : 여기 있습니다.
B : 거스름돈 1유로입니다. 감사합니다. 안녕히 가세요.

die Kundin 여자 고객 (der Kunde,_n 고객)
der Verkäufer,_ 판매원 die Orange,_n 오렌지
pro ~당, ~마다 die Banane,_n 바나나
das Sonderangebot,_e 특가 제공, 특매품 teuer 비싼
die Melone,_n 멜론 zurück 되돌아, 뒤쪽으로

★ Wie teuer ist das? = Was kostet das? = Wie viel kostet das? 얼마입니까?

★ 사과 1킬로는 얼마입니까? Was kostet ein Kilo Äpfel?
  사과 2킬로는 얼마입니까? Was kosten zwei Kilo Äpfel?
  (Äpfel(der Apfel의 복수)과 관계없이 1킬로이면 단수, 2킬로 이상이면 복수 주어가 된다.)

★ 'Ein Euro zurück!' 이라고 하면 '1유로를 돌려받으십시오.'라는 의미이다.

Lektion

08

Verabredung

시간 약속

학습 목표

시간약속하기
하루의 시간
전치사 in
종속접속사 dass
부문장
현재완료형

 기본회화

1

A : Was machst du morgen?

B : Morgen? Ich bleibe zu Hause und lerne Deutsch. Und du?

A : Morgen gehe ich ins Theater. Kommst du mit?

B : Wann denn?

A : Gegen 4 Uhr.

B : Ja, ich komme gerne mit.

> bleiben 머무르다
> das Theater 연극, 극장
> mitkommen 함께 오다, 함께 가다 (분리동사)
> gegen ~ Uhr ~시경에

A : 내일 뭐할 거니?
B : 내일? 집에서 독일어 공부할 거야. 너는?
A : 나는 내일 연극 보러 극장에 갈 거야. 같이 갈래?
B : 언제?
A : 네 시쯤에.
B : 그래. 같이 갈게.

 ★ **mitkommen**은 분리동사이다. 'mit'가 동사와 분리되어 문장 마지막에 놓인다. (좀 더 자세한 사항은 문법편 6과, 분리동사 참조)

Ich komme gern mit. / Kommst du mit?

Gespräche

2

A : Treffen wir uns am Freitagabend?

B : Am Freitagabend leider nicht, aber am Mittwoch bin ich frei.

A : Am Mittwoch habe ich schon eine andere Verabredung.

B : Wie wäre es mit Donnerstag um halb fünf?

A : O.K. Bis dann!

> treffen 만나다
> der Freitag 금요일
> am ~요일 ~요일에
> der Mittwoch 수요일
> frei 자유로운, 비어 있는, 시간이 있는
> ander 다른
> die Verabredung 약속
> der Donnerstag 목요일
> bis ~ ~까지
> dann 그때, 그다음에

A : 우리 금요일 저녁에 만날까?
B : 미안하지만 금요일은 안 되겠어. 수요일에는 시간이 있어.
A : 수요일은 벌써 다른 약속이 있어.
B : 목요일 네 시 반은 어떨까?
A : 좋아, 그때 보자!

★ am ~요일: ~요일에

　Sonntag 일요일 - Montag 월 - Dienstag 화 - Mittwoch 수 - Donnerstag 목 - Freitag 금 - Samstag (또는: Sonnabend) 토요일

★ 하루의 시간

　der Morgen 아침 - der Vormittag 오전 - der Mittag 정오 - der Nachmittag 오후 - der Abend 저녁 - die Nacht 밤

　am Morgen 아침에, am Vormittag 오전에. am Abend 저녁에, in der Nacht 밤에

★ wir treffen uns 우리가 (서로) 만나다. (재귀동사. 문법편 15과 재귀동사 참조.)

★ Wie wäre es mit ~ ? ~은 어떨까? (wäre는 sein 동사의 접속법 2식 형태. 좀 더 자세한 사항은 문법편 21과, 접속법 참조)

★ 소문자 morgen은 '내일'이라는 부사이고, der Morgen은 '아침'이라는 명사이다.

★ Bis dann! 그때 보자!

　Bis nachher! 나중에 보자! / Bis morgen! 내일 보자!

Lektion 08　95

 기본회화

3

A : Gehen wir morgen ins Kino. Jetzt läuft ein interessanter Film.

B : Wo läuft der Film?

A : Im Kino Seoul.

B : Und um wie viel Uhr beginnt der Film?

A : Warte, ich sehe mal nach. Hier in der Zeitung steht es. Der Film beginnt um halb vier.

B : Wann treffen wir uns morgen?

A : Treffen wir uns um drei vor dem Kino!

A : 내일 극장에 가자. 지금 재미있는 영화가 상영 중이야.
B : 그 영화 어디에서 하는데?
A : 서울극장에서.
B : 영화가 몇 시에 시작이니?
A : 기다려봐. 살펴볼게. 여기 신문에 나와 있어. 영화는 세 시 반에 시작이야.
B : 우리 내일 언제 만날까?
A : 극장 앞에서 세 시에 만나자.

---

morgen 내일
das Kino 극장
laufen 달리다, (영화가) 상영 중이다
interessant 재미있는
der Film 영화
die Uhr 시계, ~시
warten 기다리다
beginnen 시작하다
nachsehen 살펴보다 (분리동사)
die Zeitung 신문
stehen 서 있다, (신문에) 쓰여 있다

 기억하세요!

★ laufen 현재형 불규칙 변화 du läufst, er läuft

★ 3,4격 지배 전치사 'in': 정지 상태일 때는 'in + 3격'(~안에), 동작의 방향을 나타낼 때는 'in + 4격'(~안으로) (문법편 12과, 전치사 참조)

Er ist im Zimmer. 그는 방 안에 있다. Er geht ins Zimmer. 그는 방 안으로 간다.

Ich gehe ins Kino. (ins Konzert / ins Theater) 나는 극장에 (콘서트에 / 연극 보러) 간다.

(im = in dem, ins = in das 의 축약형)

★ um ~ Uhr ~시에

Wie viel Uhr ist es jetzt? 지금 몇 시입니까? - Es ist drei Uhr. 세 시입니다.

Um wie viel Uhr beginnt der Vortrag? 강연이 몇 시에 시작입니까?
- Um drei Uhr beginnt der Vortrag. 강연은 세 시에 시작입니다.

Gespräche

4

A: Du weißt doch, dass Professor Schumann heute Abend einen Vortrag hält. Gehst du hin?

B: Ja, du auch?

A: Ja. Kann ich in deinem Wagen mitfahren?

B: Aber natürlich, gern. Ich komme kurz vor sieben bei dir vorbei. Passt dir das?

A: Sehr gut. Also dann bis nachher!

> wissen 알다
> dass (부문장) ~하다는 것 (영어의 that절)
> der Vortrag 강연
> halten (강연, 연설 등을) 행하다
> mitfahren 동승하다
> natürlich 물론
> vorbeikommen 들르다, 지나쳐 가다 (분리동사)
> vor ~ (공간) ~앞에, ~앞으로, (시간) ~ 전에
> passen 맞다, 마음에 들다
> nachher 나중에

A : 슈만 교수님이 오늘 저녁에 강연 하시는 것 알고 있겠지. 너는 갈 거니?
B : 나는 갈 거야. 너도?
A : 나도 갈 거야. 네 차에 함께 타고 갈 수 있을까?
B : 당연하지. 일곱 시 직전에 네 집에 들를게. 괜찮겠어?
A : 좋아. 고마워. 그러면 나중에 보자!

★ wissen 현재형 불규칙 변화

ich weiß, du weißt, er weiß, wir wissen, ihr wisst, sie wissen

★ dass: (영어의 that절) 종속접속사 dass가 이끄는 문장은 부문장으로서 동사가 문장의 맨 끝에 위치한다. (좀 더 자세한 사항은 문법편 17과. 종속접속사 참조)

Ich weiß schon, dass er morgen kommt. 나는 그가 내일 온다는 것을 이미 알고 있다.

★ heute Abend 오늘 저녁에 / gestern Vormittag 어제 오전에 / morgen Nachmittag 내일 오후에

# 기본회화

5

A : Am Abend gehe ich mit Peter zum Essen aus. Willst du nicht mitkommen, Stefan?

B : Wo geht ihr denn hin?

A : Kennst du das koreanische Restaurant in der Ludwigstraße? Das Essen dort ist sehr gut.

B : Ich komme gerne mit. Ich mag koreanisches Essen. Ich wollte schon immer wissen, wie es dort ist.

> ausgehen 나가다, 외출하다 (분리동사)
> kennen 알다
> koreanisch 한국의, 한국어의
> die Straße 도로, 거리
> mögen 좋아하다
> immer 항상

A : 저녁에 페터와 식사하러 외출할 거야. 슈테판, 함께 가지 않을래?
B : 너희들 어디로 가는데?
A : 너 루트비히슈트라세에 있는 한국 음식점 아니? 그곳 음식이 아주 좋아.
B : 기꺼이 같이 갈게. 나 한국 음식 좋아해. 나도 그곳이 어떤지 벌써부터 항상 알고 싶었어.

★ **mögen** 현재형 불규칙 변화 (문법편 14과, 조동사 참조)

　ich mag, du magst, er mag, wir mögen, ihr mögt, sie mögen

★ **wollte**: 조동사 **wollen**의 과거형 (~하고 싶었다.)

　ich wollte, du wolltest, er wollte, wir wollten, ihr wolltet, sie wollten
　Ich wollte mal dich besuchen. 나는 너를 한번 방문하고 싶었다.

★ 의문사로 시작되는 부문장 (부문장 안에서 동사는 끝에 위치한다.)

　Ich weiß nicht, wo er wohnt. 나는 그가 어디에 사는지 모른다.
　Weißt du, wer dort wohnt. 저기에 누가 사는지 알고 있니?
　Ich möchte wissen, woher der Student ist? 그 대학생이 어디 출신인지 알고 싶다.

Gespräche

6

A : Mit wem hast du gerade telefoniert?

B : Mit Stefan.

A : Ich habe ihn lange nicht gesehen.

B : Er ist erst gestern von der Reise zurückgekommen. Ich habe mich mit ihm für heute Abend verabredet. Du kannst mitkommen.

> mit ~ ~와 함께, ~을 가지고 (3격 지배 전치사)
> wem wer(누구?)의 3격형
> telefonieren mit ~ ~와 전화하다
> lange 오랫동안
> erst 비로소, 겨우
> die Reise 여행
> zurückkommen 돌아오다 (분리동사)
> sich verabreden 약속하다 (재귀동사)

A : 지금 막 누구랑 통화했니?
B : 슈테판하고 통화했어.
A : 그 애를 오랫동안 못 봤네.
B : 슈테판은 어제야 겨우 여행에서 돌아왔어. 내가 오늘 저녁에 그 애를 만나기로 약속했는데 너도 같이 갈 수 있어.

★ 현재완료형: haben + ... p.p. / 또는 sein+...... p.p. (좀 더 자세한 사항은 문법편 13과, 현재완료형 참조)

Er hat mit Stefan telefoniert. 그는 슈테판과 전화했다.
(_ieren으로 끝나는 동사는 과거분사에 'ge'가 붙지 않는다. telefonieren - telefonierte - telefoniert)

Wir haben ihn nicht gesehen. 우리는 그를 보지 못했다. (sehen - sah - gesehen)

Ich habe mich mit ihm verabredet. 나는 그와 약속했다.
(비분리동사는 과거분사에 'ge'가 붙지 않는다. verabreden - verabredete - verabredet)

Er ist von der Reise zurückgekommen. 그는 여행에서 돌아왔다.
(분리동사는 ge가 분리전철과 동사 사이로 들어간다. zurückkommen - kam ... zurück - zurückgekommen)

★ für heute Abend 오늘 저녁에 만나기로 (여기에서 전치사 für는 시각, 시점을 나타낸다.)

Lektion 08   99

 대화

A : Hier Müller!

B : Guten Tag, Anna! Hier ist Bernd.

A : Ah, guten Tag, Bernd.

B : Hast du heute Abend etwas vor?

A : Nein, noch nichts. Warum?

B : Ich gehe heute Abend ins Konzert. Ich habe noch eine Karte. Kommst du mit?

A : Ja, gerne. Wann fängt das Konzert an? Wann und wo treffen wir uns?

B : Das Konzert fängt um acht an. Wollen wir vor dem Konzert etwas essen?

A : Gute Idee.

B : Um halb sieben vor dem Stadttheater. Geht das?

A : O.K. Bis dann! Tschüss!

B : Tschüss!

Gespräch

(전화 대화)
A : 뮐러입니다!
B : 안녕, 안나. 나 베른트야.
A : 아, 안녕, 베른트!
B : 오늘 저녁에 무슨 계획 있어?
A : 아니, 아직 아무 계획 없는데. 왜?
B : 오늘 저녁에 콘서트에 갈 거야. 표 한 장이 더 있는데 함께 갈래?
A : 그래, 좋지. 콘서트는 언제 시작인데? 우리 언제 어디서 만날까?
B : 콘서트는 여덟 시에 시작이야. 콘서트 가기 전에 무얼 좀 먹을까?
A : 좋은 생각이야.
B : 그러면 여섯 시 반에 시립극장 앞에서 만나자. 괜찮겠어?
A : 그래, 그때 봐. 안녕.
B : 안녕!

vorhaben 계획하고 있다 (분리동사)   **die Karte** 카드, 입장권
anfangen 시작하다 (분리동사)   **die Idee** 생각, 아이디어

★ anfangen = beginnen (fangen 현재형 불규칙 변화 du fängst, er fängt)
  Das Konzert fängt um acht an. = Das Konzert beginnt um acht.

★ Es (Das) geht. 가능하다 / Das geht nicht. 그것은 안 된다. 불가능하다.

Lektion

09

In der Stadt

시내에서

학습 목표

거리에서 길 묻기
교통수단
명사의 2격
형용사의 최상급
서수

 기본회화

1

A : Welcher Bus fährt zur Stadtmitte?

B : Nehmen Sie die Nummer zwei.

A : Was kostet eine Fahrkarte, bitte?

B : Drei Euro.

> **A** : 어떤 버스가 중심가로 갑니까?
> **B** : 2번 버스를 타십시오.
> **A** : 차표는 얼마인가요?
> **B** : 3유로입니다.

welch_ ~? 어떤 ~?
fahren 차 타고 가다
die Stadtmitte 도심
die Nummer 번호
die Fahrkarte 버스표, 기차표

★ welch_는 뒤에 오는 명사에 따라 정관사처럼 어미가 변화한다.

　Welcher Bus? 어떤 버스?. Welches Kleid? 어떤 옷?. Welche Jacke? 어떤 재킷?
　Welche Schuhe? 어떤 구두?

★ fahren 현재형 불규칙 변화 du fährst, er fährt

Gespräche

2

A : Wie komme ich zur Elisabethkirche?

B : Es sind zu Fuß nur zehn Minuten von hier. Gehen Sie geradeaus und dann rechts zur Friedrichstraße.

A : Kann ich mit dem Bus fahren?

B : Dann nehmen Sie die Nummer 5.

> die Kirche 교회
> der Fuß 발
> zu Fuß 걸어서
> die Minute,_n 분(分)
> geradeaus 곧바로
> rechts 오른쪽
> mit dem Bus 버스 타고

A : 엘리자베트 교회로 어떻게 갑니까?
B : 여기에서 걸어서 겨우 10분 거리입니다. 곧장 걸어가시다가 오른쪽에 프리트리히슈트라세로 가십시오.
A : 버스로 갈 수 있나요?
B : 그러면 5번 버스를 타십시오.

★ 길을 물을 때는 'Wie komme ich (또는 Wie kommt man) zu ~? (~로 어떻게 갑니까?)'라고 묻는다. 'Wo ist ~? (~이 어디에 있습니까?)'라고 물을 수도 있다.

Wie komme ich zum Hauptbahnhof? (중앙역으로 어떻게 갑니까?)
(der Hauptbahnhof (열차)중앙역)

Wie komme ich zur nächsten U-Bahnstation? (가장 가까운 지하철역으로 어떻게 갑니까?)
(die U-Bahnstation 지하철역 / nächst 가장 가까운)

 기본회화

3

A : Brauchen Sie Hilfe?

B : Ich brauche Benzin. Wo ist die nächste Tankstelle?

A : Da ist eine am Ende der Straße.

B : Danke sehr.

> **A** : 도움이 필요하신가요?
> **B** : 휘발유가 필요합니다. 가장 가까운 주유소가 어디에 있습니까?
> **A** : 저기 도로 끝에 하나 있습니다.
> **B** : 고맙습니다.

die Hilfe 도움
das Benzin 휘발유
die Tankstelle 주유소
das Ende 끝

 기억하세요!

★ 명사의 2격: (문법편 4과, 명사의 격변화 참조): 남성과 중성 명사는 2격에 _es를 붙이는 경우가 많고, 여성과 복수 명사는 어미변화가 없다. (2격은 우리말로 '~의' 정도의 의미로 앞에 위치한 명사와 연결시킨다.) (정관사 2격: 남성, 중성 des / 여성, 복수 der)

  die Tochter des Professors 그 교수님의 딸
  die Mutter des Kindes 그 아이의 어머니
  das Ende der Straße 도로의 끝
  der Autor der Bücher 그 책들의 저자

★ nächst 가장 가까운 (nah의 최상급)

  형용사의 최상급이 명사를 수식할 때는 앞에 보통 정관사가 온다. (문법편 8과, 형용사의 비교급과 최상급 참조)

  der höchste Berg 가장 높은 산 (hoch - höher - höchst)
  das beste Retaurant 최고의 레스토랑 (gut - besser - best)
  der längste Tag 가장 긴 날 (lang - länger - längst)

Gespräche

4

A : Wie kommen wir nach Haus? Nehmen wir den Bus oder gehen wir zu Fuß?

B : Da kommt ein Taxi. Nehmen wir das Taxi!

A : Und Ingrid? Wie kommt sie nach Haus?

B : Sie nimmt die U-Bahn.

> **A** : 집에 어떻게 갈까? 버스를 탈까, 아니면 걸어서 갈까?
> **B** : 저기 택시가 온다. 택시를 타자.
> **A** : 그리고 잉그리트는? 잉그리트는 집에 어떻게 가지?
> **B** : 잉그리트는 지하철을 탈 거야.

nach Haus(e) 집으로
die U-Bahn 지하철

★ 'nach Haus(e) 집으로'와 'zu Haus(e) 집에(서)'는 숙어로 암기해두어야 한다. Haus 앞에 관사는 붙지 않고 Haus와 Hause는 둘 다 가능하다.

nach Haus(e) gehen 집으로 가다 / zu Haus(e) sein 집에 있다

zu Fuß gehen 걸어서 가다

zu Bett gehen (= ins Bett gehen) 잠자리에 들다

Lektion 09 107

기본회화

5

〈택시를 보고〉

A : Sind Sie frei?

B (Taxifahrer): Ja. Wohin wollen Sie, bitte?

A : Zum Hotel Ibis, bitte.

B : O.K.

〈도착 후〉

B : Wir sind da. Acht Euro fünfzig, bitte.

A : Zehn Euro. Stimmt so!

B : Danke. Auf Wiedersehen.

> **A** : 빈 택시인가요?
> **B** (택시 운전사): 예. 어디 가십니까?
> **A** : 이비스 호텔로 가주세요.
> **B** : 알겠습니다.
> **B** : 다 왔습니다. 8유로 50센트입니다.
> **A** : 10유로입니다. 그대로 되었습니다. (팁입니다.)
> **B** : 감사합니다. 안녕히 가세요.

frei 자유로운, 비어 있는
der Taxifahrer 택시 운전사
stimmen 맞다, 일치하다

★ **frei** 자유로운, 비어 있는

Ich bin jetzt frei. 나는 지금 시간을 마음대로 쓸 수 있다. (한가하다.)
Haben Sie ein Zimmer frei? 빈 방 있습니까?
Ist (der Platz) hier noch frei? 여기 자리가 아직 비어 있습니까?

★ **Stimmt so!** 됐습니다. 그냥 두세요. (거스름돈은 팁으로 가지라는 의미)

Gespräche

A: Entschuldigen Sie bitte. Könnten Sie mir helfen? Wo ist die Friedrichstraße?

B: Die Friedrichstraße.... Ja. Sie gehen die erste Straße links, die zweite Straße rechts bis zum Postamt. Dann geradeaus.

A: Danke. Und wo ist denn hier ein Café?

B: Da drüben neben der Apotheke.

A: Vielen Dank!

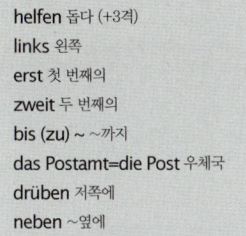

könnten können의 접속법 형태
helfen 돕다 (+3격)
links 왼쪽
erst 첫 번째의
zweit 두 번째의
bis (zu) ~ ~까지
das Postamt=die Post 우체국
drüben 저쪽에
neben ~옆에
die Apotheke 약국

A: 실례합니다. 좀 도와주실 수 있겠습니까? 프리트리히슈트라세가 어디인가요?
B: 프리트리히슈트라세라…… 네. 첫 번째 도로에서 왼쪽, 다음 두 번째 도로에서 오른쪽으로 우체국까지 가세요. 그리고 곧장 가시면 됩니다.
A: 고맙습니다. 여기 카페는 어디에 있나요?
B: 저기 저쪽 약국 옆에 있습니다.
A: 감사합니다.

★ **könnte** (조동사 können의 접속법2식 형태) (좀 더 자세한 사항은 문법편 21과, 접속법 참조)
 (1) 추측: ~일 수도 있다. (2) 공손한 용법: ~할 수 있을까요? (könnten Sie…?, könnte ich…?)
 ich könnte, du könntest, er könnte, wir könnten, ihr könntet, sie könnten

★ **helfen + 3격** ~를 돕다.
 Ich helfe dir. 내가 너를 도와줄게. / Er hilft den Kindern. 그가 아이들을 돕는다.
 Wir helfen unserer Mutter. 우리는 우리 어머니를 돕는다.

★ 서수 (좀 더 자세한 사항은 문법편 10과, 서수 참조)
 서수를 숫자로 적을 때는 마침표를 찍어 기수와 구분한다. 서수는 19까지는 기수에 '_t'를 붙이고 20이후는 기수에 '_st'를 붙여 만든 다음, 형용사로서 어미 변화한다.
 2. zweit / 4. viert / 5. fünft / ~ 19. neunzehnt
 (예외: 1. erst / 3. dritt / 7. siebt / 8. acht)
 20. zwanzigst / 21. einundzwanzigst ~
 die 2.(zweite) Reihe 두 번째 열 / das 21.(einundzwanzigste) Jahrhundert 21세기

 대화

A : Entschuldigung?

B : Ja, bitte?

A : Ich bin hier fremd. Wie komme ich zum Hauptbahnhof?

B : Nehmen Sie den Bus, Nummer 7.

A : Wo ist die Bushaltestelle?

B : Da an der Ecke, bitte.

A : Danke. Ist hier eine Bank in der Nähe?

B : Ja, Sie gehen bis zum Ende dieser Straße, dann links, dann immer geradeaus bis zum Marktplatz. Dort können Sie die Bank sehen.

A : Ist das weit von hier?

B : Nein, etwa zehn Minuten zu Fuß.

Gespräch

A : 실례합니다.
B : 예, 무슨 일이시지요?
A : 제가 이곳이 처음인데요. 중앙역까지 어떻게 갑니까?
B : 버스 7번을 타십시오.
A : 버스 정류장은 어디에 있나요?
B : 저기 모퉁이에 있습니다.
A : 고맙습니다. 그리고 여기 근처에 은행이 있나요?
B : 예, 이 도로 끝까지 가셔서 왼쪽으로, 그리고 계속 곧장 광장까지 가세요. 그러면 거기에서 은행이 보입니다.
A : 여기에서 먼가요?
B : 아니요. 걸어서 10분 정도입니다.

> fremd 낯선, 익숙하지 않은   der Hauptbahnhof 중앙역
> die Bushaltestelle 버스 정류장   die Nähe 근처
> der Marktplatz 광장   weit 먼   etwa 대략

★ 독일에서 버스 정류장은 'Haltestelle'를 나타내는 Ⓗ로, 지하철역은 'U-Bahn'을 나타내는 Ⓤ로 표시되어 있다.

Ich nehme den Bus(/ den Zug / das Taxi / die U-Bahn).
나는 버스를 (/ 기차를 / 택시를 / 지하철을) 탄다. (nehmen+4격)

Ich fahre mit dem Bus (/ mit dem Zug / mit dem Taxi / mit der U-Bahn.)
나는 버스를(/ 기차를 / 택시를 / 지하철을) 타고 간다. (mit+3격)

Gerade kommt der Bus(/der Zug / die U-Bahn) an.
지금 막 버스가 (/ 기차가 / 지하철이) 도착한다.

Lektion

10

Sehens-
würdigkeiten

관광명소

학습 목표

시내관광
ein_ (einer, einen, eins,
eine)의 대명사적 용법
부정대명사 man
재귀동사
미래형

 기본회화

1

A : Hast du einen Stadtplan?

B : Nein, aber im Touristeninformationszentrum können wir sicher einen bekommen.

A : Wo ist das Touristeninformationszentrum?

B : Das ist hier am Hauptbahnhof.

A : Dann gehen wir jetzt dorthin. Dort können wir auch die Informationen von den Sehenswürdigkeiten der Stadt bekommen.

der Stadtplan 도시 지도 das Touristeninformations- zentrum 관광안내센터 sicher 분명히, 확실히 bekommen 얻다, 받다 dorthin 그곳으로 die Sehenswürdigkeiten (Pl.) 명승지, 관광명소

A : 도시 지도 있니?
B : 아니, 하지만 관광안내센터에서 얻을 수 있을 거야.
A : 관광안내센터가 어디에 있지?
B : 여기 중앙역에 있어.
A : 그러면 우리 지금 그곳으로 가자. 그곳에서 이 도시의 명승지에 대한 안내도 받을 수 있을 거야.

 기억하세요!

★ Dort können wir einen bekommen.: 'einen'은 einen Stadtplan을 대신하는 대명사적 용법으로 사용되었다.

★ ein_의 대명사적 용법

남성 1격 ein Tisch, ein Mann → einer / 남성 4격 einen Tisch → einen

중성 1격과 4격 ein Buch → eins

여성 1격과 4격 eine Jacke → eine

Hast du ein Fahrrad? - Ja, ich habe eins.
너 자전거 있니?   그래, 하나 있어.

Hast du einen Computer gekauft? - Ja, ich habe einen gekauft.
컴퓨터 샀니?   응, 하나 샀어.

Gespräche

2

A: Guten Tag! Kann ich hier einen Stadtplan bekommen?

B: Ja, hier bitte schön.

A: Danke. Darf ich etwas fragen? Wo ist die Stadtoper? Kann man zu Fuß gehen?

B: Die Stadtoper ist nicht weit von hier. Sie können zu Fuß in 15 Minuten da sein.

A: Danke schön! Kann man den Prospekt mitnehmen?

> die Stadtoper 시립 오페라하우스
> die Oper 오페라
> man 사람들
> der Prospekt 팸플릿
> mitnehmen 가지고 가다

A: 안녕하세요. 여기에서 시 지도를 얻을 수 있나요?
B: 예, 여기 있습니다.
A: 고맙습니다. 뭣 좀 물어봐도 될까요? 시립 오페라극장이 어디인가요? 걸어서 갈 수 있을까요?
B: 시립 오페라극장은 여기에서 멀지 않습니다. 걸어서 15분이면 도착할 수 있습니다.
A: 감사합니다. 팸플릿을 가져가도 됩니까?

★ **부정대명사 man**

특정한 사람들이 아니라 일반적으로 '사람들'이라는 의미이다. (영어의 one) 문법적으로는 3인칭 단수이다.

Man arbeitet am Samstag nicht. 토요일에는 (사람들이) 일하지 않는다.

In Deutschland trinkt man gern Bier. 독일에서는 (사람들이) 맥주를 즐겨 마신다.

 기본회화

3

A : Ich möchte mir heute die Sehenswürdigkeiten von Seoul ansehen.

B : Wollen wir uns die Paläste ansehen oder zum Nationalmuseum gehen?

A : Sehen wir uns zuerst die Paläste an und dann gehen wir zum Museum.

B : Dann müssen wir da drüben die U-Bahn, Linie 3 nehmen.

A : 오늘은 서울의 관광명소를 구경하고 싶어.
B : 궁궐들을 구경할까 아니면 국립박물관에 갈까?
A : 우선 궁궐들을 보고 그 다음에 박물관에 가자.
B : 그러면 저기 저쪽에서 지하철 3호선을 타야 해.

sich etwas ansehen 구경하다
der Palast, die Paläste 왕궁
das Nationalmuseum 국립박물관
zuerst 우선, 맨 처음에
drüben 저쪽에, 저편에
die Linie 3 3호선

 기억하세요!

★ sich(3격) etwas(4격) ansehen (재귀동사) ~을 구경하다, 둘러보다
(ansehen – sah ... an – angesehen)

재귀동사에서 4격 목적어가 있으면 재귀대명사는 3격이 된다.
(재귀대명사의 형태: ich – mir, mich / du – dir, dich / wir – uns / ihr – euch / er, es, sie, sie(복수), Sie – sich) (문법편 15과, 재귀동사 참조)

Ich sehe mir die Stadt an. 나는 도시를 구경한다.

Hast du dir den Film angesehen? 너는 그 영화를 보았니?

Wir haben uns den See angesehen. 우리는 호수를 둘러보았다.

Gespräche

4

A : Gibt es auch Stadtrundfahrten mit dem Bus?

B : Ja, natürlich.

A : Wo gibt es die nächste Haltestelle?

B : Sie können am Rathaus den Citytourbus nehmen.

A : Wie oft fährt der Bus?

B : Die Busse fahren jede Stunde.

> die Stadtrundfahrt, _en 시내일주관광
> das Rathaus 시청
> wie oft? 얼마나 자주?
> jede Stunde 매 시간, 한 시간에 한 번

A : 버스 시내관광도 있나요?
B : 예. 물론입니다.
A : 가장 가까운 정류장은 어디에 있습니까?
B : 시청 앞에서 시내관광버스를 탈 수 있습니다.
A : 버스는 얼마나 자주 다니나요?
B : 버스는 한 시간에 한 번 다닙니다.

★ jed_ ~ (시간을 나타내는 명사의 4격형과 함께 '~마다'라는 의미를 나타낸다. jed_ 뒤에 오는 명사는 단수로만 쓴다.)
(jeder는 정관사처럼 어미 변화한다. 남성 1격 jeder – 4격 jeden / 중성 1,4격 jedes / 여성 1,4격 jede)

jeden Tag 매일, jede Woche 매주, jeden Monat 매월, jedes Jahr 매년, jeden Sonntag 일요일마다, jeden Morgen 아침마다

★ 의문사 wie

wie oft? 얼마나 자주 ...?

wie lange? 얼마나 오랫동안...?

wie groß ....? 크기가 (키가) 얼마나 되는가?

wie lang ....? 길이가 얼마나 되는가?

Wie alt ist dein Bruder? 네 동생은 몇 살이니?

기본회화

5

A : Wo kann man die Fahrkarten bekommen?

B : Da stehen Automaten.

A : Soll man einfach mit der Fahrkarte in die U-Bahn einsteigen?

B : Nein, vor dem Einstieg muss man an der Maschine den Fahrschein entwerten. Sonst muss man Strafgeld bezahlen. Die Maschinen stehen meist am Eingang der U-Bahn.

> einsteigen 타다
> einfach 단순한, 간단한, 곧장
> der Einstieg 승차
> die Maschine, _n 기계
> der Fahrschein, _e 승차권
> (= die Fahrkarte, _n)
> entwerten (표를) 개찰하다, (표를 기계에 넣어) 시간을 찍다
> sonst 그렇지 않으면
> das Strafgeld 벌금
> meist 대개, 대부분
> der Eingang 입구

A : 차표를 어디서 살 수 있나요?
B : 저기 자동판매기들이 있습니다.
A : 표를 가지고 그냥 지하철을 타나요?
B : 아닙니다. 승차 전에 표를 기계에 넣고 시간을 찍어야 합니다. 그렇지 않으면 벌금을 내야 합니다. 기계들은 대개 지하철 입구 쪽에 있습니다.

★ 복합어의 경우 뒤쪽 명사의 성을 따른다.

　der Gang 걸음걸이, 진행, 복도 / der Eingang 입구 / der Ausgang 외출, 출구 /
　der Zugang 접근, 통로

★ steigen 올라가다, 오르다 (steigen - stieg - gestiegen)

　einsteigen 타다 / aussteigen 내리다 / umsteigen 갈아타다

★ sonst 다른 때에는, 그밖에, 그렇지 않으면

　Möchten Sie sonst noch etwas? 그밖에 더 원하시는 것이 있습니까?

　Zieh (dir) den Mantel an, sonst erkältest du dich.
　외투를 입어라. 그렇지 않으면 감기 걸릴 거야. (anziehen 옷 입다)

Gespräche

6

A: Warst du schon einmal in Frankfurt?

B: Nein, ich war noch nie in Deutschland. Warum?

A: Nächste Woche fliege ich nach Frankfurt.

B: Was machst du dort?

A: Ich werde mir die Sehenswürdigkeiten von Frankfurt ansehen. Und dann besuche ich eine Freundin in Berlin und mache mit ihr eine Reise nach Prag.

B: Ich beneide dich.

> nie 한번도 ~하지 않다
> warum 왜?
> die Woche 주,
> nächste Woche 다음주
> fliegen 날다, 비행기 타고 가다
> nach ~ ~를 향해서 (3격 지배 전치사)
> Prag 프라하
> beneiden 부러워하다

A: 프랑크푸르트에 가본 적 있니?
B: 아니, 아직 독일에 가본 적은 없어. 왜?
A: 다음 주에 프랑크푸르트에 갈 거야.
B: 그곳에서 뭐할 건데?
A: 프랑크푸르트의 관광 명소를 돌아볼 거야. 그리고 그 다음에는 베를린에 있는 친구를 방문하고 그 친구와 함께 프라하로 여행을 할 거야.
B: 네가 부럽다.

★ **Warst du schon einmal in ~?** 너 ~에 가본 적 있니?

war (sein 동사의 과거형) 어미변화: ich war, du warst, er war, wir waren, ihr wart, sie waren

★ **nächste Woche** 다음주에 / **nächsten Monat** 다음달에 / **nächstes Jahr** 내년에 (4격형으로 써서 부사적 의미를 갖는 4격 부사구)

★ **werden .... Inf.** ~할 것이다. (미래형) (문법편 13과, 동사의 미래형 참조)

werden 현재형 변화: ich werde, du wirst, er wird, wir werden, ihr werdet, sie werden

Ich werde mir die Stadt ansehen. 나는 도시를 구경할 것이다.

Wir werden unseren Lehrer besuchen. 우리는 우리 선생님을 방문할 것이다.

(미래를 나타내는 부사 등이 함께 올 경우에는 현재형으로 미래를 대신한다.)

Morgen fahre ich nach Berlin. 내일 나는 베를린으로 간다.

A : Wie war die Reise?

B : Fantastisch. Ich habe viel Interessantes gesehen und erlebt.

A : Du bist ja ganz braun!

B : Ja, wir haben zwei Tage am Meer verbracht.

A : Habt ihr euch auch die Städte angesehen?

B : Natürlich. Zürich war besonders schön.

A : Wie waren die Hotels?

B : Die waren nicht schlecht.

A : Du hast eine Gruppenreise gemacht, nicht wahr?

B : Ja, stimmt. Das Reisebüro hat alles besorgt und ich habe einige nette Leute kennengelernt.

A : Welches Essen hat dir am besten geschmeckt?

B : In Hamburg gab es in der Nähe des Hotels ein schönes Restaurant. Das Essen dort hat mir gefallen. Das Fischgericht hat mir besonders gut geschmeckt.

Gespräch

A : 여행 어땠어?
B : 환상적이었어. 흥미로운 것들을 많이 보고 체험했어.
A : 네 얼굴이 상당히 그을었구나.
B : 응. 우리가 이틀은 바닷가에서 보냈거든.
A : 도시들도 구경했어?
B : 물론이지. 취리히가 특히 아름다웠어.
A : 호텔들은 어땠어?
B : 나쁘지 않았어.
A : 그룹 여행을 한 것이었지?
B : 그래, 맞아. 여행사가 모든 것을 마련해주었고
  친절한 사람들을 몇 명 알게 되었어.
A : 어떤 음식이 가장 맛있었니?
B : 함부르크에서 호텔 근처에 멋진 레스토랑이 있었어.
  그곳 음식이 마음에 들었어. 특히 생선 요리가 맛이 좋았어.

> die Reise 여행 fantastisch 환상적인
> ganz 온전한, 전체의, 꽤, 상당히 braun 갈색의
> verbringen (시간을) 보내다 - verbrachte - verbracht
> die Gruppenreise 단체여행 wahr 진실한, 참된
> besorgen 구입하다, 마련하다 einige 몇몇의
> nett 친절한, 호감 가는 kennenlernen 알게 되다
> geben 주다 - gab - gegeben die Nähe 가까움, 근접
> das Gericht 음식, 요리 am besten gut의 최상급

기억 하세요!

★ viel, etwas, nichts 등은 형용사를 뒤에 두는데 첫 글자를 대문자로 쓰고 어미가 중성 강변화로 변화한다.
  viel Interessantes 흥미로운 많은 것 / etwas Schönes 아름다운 것
  nichts Besonderes 특별한 아무것도 ~하지 않다

★ am besten (gut - besser - best) – 명사를 수식하지 않는 술어적 용법의 형용사 최상급은 'am ~sten' 형태를 사용한다. (문법편 8과, 형용사의 비교급과 최상급 참조)
  Er spielt gut Klavier. 그는 피아노를 잘 친다.
  Er spielt besser Klavier als ich. 그는 나보다 피아노를 더 잘 친다.
  Er spielt am besten Klavier unter uns allen. 그는 우리 모두 가운데 피아노를 가장 잘 친다.

★ es gab ~ (es gibt ~(4격)의 과거형) ~이 있었다
  Früher gab es hier ein Restaurant. 전에는 이곳에 레스토랑이 있었다.

★ in der Nähe ~ (2격) ~의 근처에
  in der Nähe des Bahnhofs 역 근처에

Lektion 10

연습문제 Lektion 06~10

〈1〉 레스토랑의 손님이 되어 다음 대화를 완성해보세요.

1 Kellner : Was möchten Sie?

   Gast : _____ (eine Tasse Kaffee)

2 Kellner : Was hätten Sie gern?

   Gast : _____ (ein Stück Apfelkuchen)

3 Gast : _____ !

   Kellner : Zusammen oder getrennt?

   Gast : _____

4 A : Wie schmeckt die Suppe?

   B : _____

5 A : Was trinkst du gern?

   B : _____ (Saft)

〈2〉 다음 문장을 독일어로 작문해보세요.

1 사과 1킬로는 얼마입니까? (der Apfel - die Äpfel)

2 다 합해서 얼마입니까?

Übungen

3 신용카드로 계산할 수 있습니까?

4 우리 내일 영화관에 가자.

5 우리 목요일 저녁에 만날까? (am Donnerstagabend)

6 너 함께 가지 않을래?

7 중앙역까지 어떻게 갑니까? (Hauptbahnhof)

8 가장 가까운 지하철역이 어디에 있습니까? (die U-Bahn Station)

9 근처에 은행이 있습니까?

10 버스정류장이 어디에 있습니까?

Lektion

11

Im Kaufhaus

백화점에서

학습 목표

백화점에서 쇼핑하기
부정대명사 etwas
형용사의 비교급
의문사 was für ein ~?

기본회화

1

A(Kunde): Guten Tag, wo findet man Turnschuhe?

B(Information): In der Sportabteilung im dritten Stock.

A : Wo gibt es Getränke?

B : Getränke kann man in der Lebensmitttelabteilung im Untergeschoss finden.

A(고객): 안녕하세요, 운동화는 어디서 찾을 수 있나요?
B(안내): 4층의 스포츠용품부에서 찾을 수 있습니다.
A : 음료는 어디에 있지요?
B : 음료는 지하층에 식품부에서 찾을 수 있습니다.

---

die Turnschuhe (Pl.) 운동화
die Abteilung 구획, (분할되어 있는) 부서
der Stock ~층
das Getränk _e 음료
die Lebensmittel 식(료)품 (보통 복수로 쓴다)
das Untergeschoss 지하층

★ der erste Stock (첫 번째 층)은 우리나라에서는 2층을 의미한다. 3층은 der zweite Stock, 4층은 der dritte Stock. 땅에 접해 있는 1층은 das Erdgeschoss라고 한다.

★ 백화점에서 상품의 위치를 물을 때 'Wo findet man ~(4격)?' (~을 어디에서 찾습니까?), 'Wo finde ich ~?', 또는 'Wo gibt es ~(4격)?' (~이 어디에 있습니까?) 같은 질문을 할 수 있다.

Gespräche

2

A: Was willst du heute kaufen, Stefan?

B: Ich kaufe heute einen Pullover und ein Paar Schuhe.

A: Wie gefällt dir dieser grüne Pullover?

B: Der ist doch toll, aber ich möchte den mal in einer anderen Farbe anprobieren.

> **A**: 슈테판, 너는 오늘 무엇을 사려고 하니?
> **B**: 스웨터 하나와 구두 한 켤레 살 거야.
> **A**: 이 녹색 스웨터 마음에 드니?
> **B**: 멋지기는 한데 다른 색으로 입어보고 싶어.

---

der Pullover 스웨터
ein Paar 한 쌍, 한 켤레
grün 녹색의
toll 멋진, 좋은
ander 다른
die Farbe, _n 색깔
anprobieren 입어보다 (분리동사)

 ★ ein Paar Schuhe 구두 한 켤레, ein Paar Socken 양말 한 켤레

★ die Farben 색깔

weiß 흰, schwarz 검은, grau 회색의, rot 붉은, orange 오렌지색의, gelb 노란, grün 녹색의, blau 푸른, dunkelblau 암청색의, violett 보라색의, braun 갈색의

기본회화

3

(Der Kunde probiert die Hosen an.)

A : Passt Ihnen die Hose?

B : Ja. Die hier gefällt mir besser. Aber sie ist etwas lang.

A : Wir haben hier auch eine kürzere.

B : Dann möchte ich die mal anprobieren.

A : Ja, hier, bitte schön.

> die Hose, _n 바지
> passen (+3격) 잘 맞다, 어울리다
> besser 더 좋은 (gut의 비교급)
> etwas 약간
> lang 긴
> kürzer 더 짧은 (kurz의 비교급)

(고객이 바지를 입어본다.)
A : 바지가 맞습니까?
B : 네, 여기 이것이 더 마음에 드네요. 그런데 길이가 약간 긴데요.
A : 길이가 좀 짧은 것도 여기 있습니다.
B : 그러면 그것을 입어 보고 싶은데요.
A : 네, 여기 있습니다.

★ **etwas**

(1) 어떤 것 (영어의 'something')
  Hat er schon etwas gesagt? 그가 무언가를 얘기했니?
  Ich möchte ihr etwas Schönes schenken. 나는 그녀에게 멋진 어떤 것을 선물하고 싶다.

(2) 약간
  Am Morgen ist es etwas kühl. 아침에는 약간 서늘하다.
  Ich brauche etwas Geld. 나는 약간의 돈이 필요하다.

★ 'eine kürzere' 뒤에는 'Hose'가 생략되었다. 비교급이 명사를 수식할 때는 비교급 변화 (kürzer) 뒤에 형용사로서 어미변화를 한다. (좀 더 자세한 사항은 문법편 8과, 형용사의 비교급과 최상급 참조)

  ein größeres Zimmer 더 큰 방 (groß - größer - größt)
  ein längerer Fluss 더 긴 강 (lang - länger - längst)

Gespräche

4

A(Verkäuferin): Guten Tag. Kann ich Ihnen helfen?

B : Ich suche ein Geschenk für meine Tante. Können Sie mir eins empfehlen?

A : Wie ist es mit diesem Parfüm?

B : Das riecht gut. Passt das für eine ältere Frau?

A : Ja, das ist bei den älteren Damen beliebt.

B : Dann nehme ich das. Bitte packen Sie es als Geschenk ein!

das Geschenk 선물
empfehlen 추천하다
Wie ist es mit ~? ~은 어떻습니까?
das Parfüm 향수
riechen ~한 냄새가 나다, 냄새 맡다
älter 중년의 (alt의 비교급)
die Dame, _n 귀부인, 숙녀
beliebt bei ~ ~에게 인기 있는
als ~ ~로서
einpacken 포장하다, 짐을 꾸려 넣다

A(점원): 도와드릴까요?
B : 이모께 드릴 선물을 찾고 있는데요. 하나 추천해주실 수 있을까요?
A : 이 향수는 어떨까요?
B : 향기가 좋네요. 중년 부인에게 어울리는 것인가요?
A : 예. 중년 여성들 사이에서 인기 있는 향수입니다.
B : 그러면 그것으로 하지요. 선물용으로 포장해주세요.

★ 'Können Sie mir eins empfehlen?'에서 eins는 ein Geschenk를 대신하는 대명사적 용법으로 사용되었다. (중성 4격)

★ 형용사들 중에는 'beliebt bei ~'처럼 일정한 전치사와 함께 오는 경우가 있다. 이런 경우에는 형용사를 전치사와 함께 외워두어야 한다. 예를 들어 'zufrieden mit ~'(~에 만족하는), 'stolz auf ~'(~을 자랑스러워 하는), 'voll von ~'(~으로 가득 찬), 'überzeugt von ~'(~에 대해 확신하는), 'fertig mit ~'(~을 끝마친)과 같은 것들이 있다.

 기본회화

5

A(Kundin): Ich suche eine braune Tasche.

B(Verkäuferin): Wir haben hier viele braune Taschen.

A : Die ist zu klein. Gibt es keine größere?

B : Doch, dort gibt es große Taschen.

A : Die hier ist sehr schön. Die nehme ich.

---

braun 갈색의
die Tasche, _n 가방
zu +형용사(부사) 너무 ~한
größer 더 큰 (groß의 비교급)

A(고객): 갈색 가방을 하나 찾고 있는데요.
B(점원): 여기 갈색 가방이 많이 있습니다.
A : 그것은 너무 작네요. 더 큰 것은 없나요?
B : 있지요. 저쪽에 큰 가방들이 있습니다.
A : 여기 이것이 아주 멋있군요. 그것으로 하겠어요.

 ★ **doch**

질문 자체에 부정을 의미하는 nicht나 kein_이 들어있는 경우, 그대로 부정하는 대답을 할 때는 'nein', 반대로 긍정으로 대답할 때는 'doch'를 사용한다. (문법편 9과, 의문문과 부정문 참조)

Bist du nicht müde? 피곤하지 않니?
 - Nein, ich bin nicht müde. 아니, 피곤하지 않아.
 - Doch, ich bin sehr müde. 나 피곤해.

Gespräche

A(Verkäuferin): Was für einen Mantel möchten Sie?

B(Kundin): Ich hätte gern einen langen schwarzen Mantel.

A : Welche Größe haben Sie?

B : Ich weiß es nicht genau, aber vielleicht die Größe L.

A : Da haben wir hier einen. Den können Sie gleich mal anprobieren.

A : Wie gefällt Ihnen der Mantel? Der steht Ihnen gut.

B : Der gefällt mir, den nehme ich.

A : Zahlen Sie bitte da vorne an der Kasse.

der Mantel 외투
schwarz 검은
die Größe 치수
genau 정확한
vielleicht 혹시, 아마
vorn(e) 앞에
die Kasse 계산대

A(점원): 어떤 외투를 원하시나요?
B(고객): 긴 검은색 외투를 사고 싶은데요.
A : 치수가 어떻게 되십니까?
B : 정확하게는 모르겠지만 L이면 될 것 같습니다.
A : 여기 하나 있습니다. 바로 한번 입어보실 수 있습니다.
A : 외투가 마음에 드시나요? 손님께 잘 어울리는데요.
B : 마음에 드네요. 이걸로 하지요.
A : 저기 앞에 계산대에서 계산하세요.

★ was für ein ~ 어떤 종류의? (was für는 그대로 두고 ein만 뒤에 오는 명사의 성과 격에 따라 부정관사 변화를 한다.)

Was für einen Film magst du? 너는 어떤 종류의 영화를 좋아하니?

Was für ein Kleid suchen Sie? 어떤 종류의 원피스를 찾으시나요?

Was für eine Tasche möchtest du kaufen? 어떤 가방을 사고 싶니?

A(Verkäuferin): Guten Tag. kann ich Ihnen helfen?

B : Guten Tag. Ich suche eine Hose und einen Pullover.

A : Ja. Hier sind neue modische Hosen. Möchten Sie mal anprobieren?

B : Ja, zeigen Sie mir die hier und die hier, bitte. Und... haben Sie den Pullover da auch noch in einer anderen Farbe?

A : Ja, den haben wir in rot und lila.

B : Der rote ist schön, den probiere ich mal an.

(Nach dem Anprobieren)

B : Die Hose gefällt mir nicht. Den Pullover nehme ich.

A : Gut, dann kommen Sie bitte mit zur Kasse.

B : Kann ich hier mit der Kreditkarte zahlen?

Gespräch

A(점원): 어서 오세요. 도와드릴까요?
B : 안녕하세요. 바지와 스웨터를 찾고 있습니다.
A : 여기 요즘 유행하는 새 바지들이 있습니다. 하나 입어보시겠습니까?
B : 네. 여기 이것과 이것 보여주세요. 그리고 저기 그 스웨터는 다른 색으로도 있나요?
A : 네, 빨간색과 연보라색이 있어요.
B : 빨간색이 예쁘네요. 그걸로 입어볼게요.

(입어본 후에)

B : 바지는 마음에 들지 않습니다. 스웨터는 사겠습니다.
A : 좋습니다. 그러면 계산대로 같이 가시지요.
B : 신용카드로 계산할 수 있나요?

> grau 회색의 die Größe 치수 modisch 유행에 맞는
> zeigen 보여주다 rot 붉은 lila 연보라색의

★ 의복에 관계된 명사

der Anzug 양복 / der Rock 치마 / der Mantel 외투 /
der Pullover 스웨터 / der Hut 모자 / der Sportanzug 운동복
die Jacke 재킷 / die Hose 바지 / die Bluse 블라우스
das Kleid 옷, 원피스 / das Hemd 셔츠 / das T-Shirt 티셔츠
(복수)
die Jeans 진, 청바지 / die Schuhe 구두 / die Handschuhe 장갑
die Stiefel 부츠 / die Strümpfe 스타킹 / die Socken 양말

Kleider machen Leute. (속담) 옷이 날개. (직역하면 '옷이 사람을 만든다'는 뜻.)

Lektion

12

Am Bahnhof

기차역에서

학습 목표

기차표 사기, 여행
분리 동사
전치사 nach
nicht의 위치

 기본회화

1

A : Entschuldigen Sie bitte, wo bekomme ich Fahrkarten?

B : Im Reisezentrum oder am Automaten können Sie Fahrkarten bekommen.

A : Wo ist denn das Reisezentrum?

B : Da drüben, sehen Sie?

A : Ja, danke schön.

das Reisezentrum 여행 센터
der Automat, _en 자동판매기

A : 죄송하지만 차표는 어디에서 삽니까?
B : 여행 센터나 아니면 자동판매기에서 살 수 있습니다.
A : 그런데 여행 센터가 어디지요?
B : 저기 저쪽이요, 보이십니까?
A : 예, 감사합니다.

 ★ Wo bekomme ich Fahrkarten? = Wo bekommt man Fahrkarten? 또는 können 동사를 사용하여 Wo kann ich (Wo kann man) Fahrkarten bekommen?

★ bekommen 얻다, 받다, (돈을 주고) 얻다, 살 수 있다

Ich habe Post bekommen. 나는 우편물을 받았다.
Morgen bekomme ich Besuch. 내일 나는 방문을 받는다. (손님이 온다.)
Das Buch kann man nicht mehr bekommen. 그 책을 더 이상 구입할 수 없다.

Gespräche

2

A : Guten Tag. Wann gibt es einen Zug nach Frankfurt am Main?

B : Es gibt einen um fünfzehn Uhr dreiundzwanzig.

A : Dann nach Frankfurt zweimal hin und zurück, bitte.

B : Zweimal hin und zurück. Hundertvierundfünfzig, bitte.

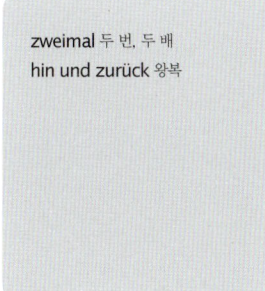

zweimal 두 번, 두 배
hin und zurück 왕복

A : 안녕하세요. 프랑크푸르트 암 마인으로 가는 기차가 언제 있나요?
B : 15시 23분에 있습니다.
A : 그러면 프랑크푸르트행 왕복으로 두 장 주세요.
B : 두 장 왕복. 154유로입니다.

★ 기차표를 구입할 때, 왕복은 'hin und zurück', 편도는 'einfach'라고 하고 1등석은 'erster Klasse', 2등석은 'zweiter Klasse'이다. 차표 한 장은 'einmal' 또는 'für eine Person', 두 장은 'zweimal'이나 'für zwei Personen', 세 장은 'dreimal'이나 'für drei Personen'이라고 한다. (die Person, _en 개인, 인원)

★ 전치사 nach + 국가이름, 도시이름 (~를 향해서)

Er fährt mit dem Zug nach Deutschland. 그는 기차를 타고 독일로 간다.
Heute fahren wir nach Zürich. 우리는 오늘 취리히에 간다.

기본회화

3

A : Wann fährt der nächste Zug nach Düsseldorf ab?

B : Einen Moment, bitte. Um fünfzehn Uhr.

A : Wann kommt er in Düsseldorf an?

B : Um achtzehn Uhr dreißig.

A : Muss ich umsteigen?

B : Ja, steigen Sie in Köln um.

> abfahren 출발하다 (분리동사)
> ankommen 도착하다 (분리동사)
> umsteigen 갈아타다 (분리동사)

A : 뒤셀도르프로 가는 바로 다음 기차가 언제 출발합니까?
B : 잠깐만요. 오후 세 시에 출발입니다.
A : 그러면 뒤셀도르프에는 언제 도착하지요?
B : 오후 여섯 시 삼십 분에 도착합니다.
A : 갈아타야 합니까?
B : 예, 쾰른에서 갈아타십시오.

★ 분리동사 (문법편 6과, 분리동사 참조)

Der Zug fährt um zehn Uhr ab. 기차가 열 시에 출발한다.

Ich steige in Köln um. 나는 쾰른에서 갈아탄다.

Steigen Sie ein! (차에) 타십시오. ('Sie'에 대한 명령형)

Ich muss in Köln umsteigen. 나는 쾰른에서 갈아타야 한다.
(조동사가 앞에 있을 경우에는 분리동사도 부정형 형태로 뒤에 온다.)

Gespräche

4

A: Um wie viel Uhr fährt ein Zug nach Berlin am Montag früh?

B: Um sieben Uhr.

A: Das ist mir zu früh. Gibt es später noch einen Zug?

B: Ja, um neun Uhr zehn und dann um elf Uhr dreißig.

A: Dann nehme ich den Zug um neun Uhr zehn. Einmal zweiter Klasse einfach, bitte.

> früh (시간이) 이른
> später 나중에, 좀 더 늦게 (spät의 비교급)
> einmal 한 번
> zweiter Klasse 2등석으로
> einfach 단순한, 단일한, (기차표에서) 편도로

A: 월요일 아침에 베를린행 기차가 몇 시에 있습니까?
B: 일곱 시에 있습니다.
A: 너무 이른데요. 조금 늦게도 기차가 있습니까?
B: 네, 아홉 시 십 분에 있고, 그 다음에는 열한 시 삼십 분에 있습니다.
A: 그러면 아홉 시 십 분 기차를 타겠습니다. 2등석 편도로 한 장 주세요.

★ zu + 형용사: 너무(지나치게) ~한

Die Hose ist mir zu groß. 그 바지는 내게 너무 크다.
Es ist zu spät. 너무 늦었다. (spät 늦은, 때 늦은)

 기본회화

5

A : Entschuldigen Sie bitte. Können Sie mir helfen? Ich kann die Abfahrtstafel nicht verstehen.

B : Wohin möchten Sie?

A : Wann fährt der nächste Zug nach Heidelberg?

B : Um elf Uhr dreiundvierzig von Gleis 2.

A : Muss ich umsteigen?

B : Nein, der ist direkt. Sie brauchen nicht umzusteigen.

> **die Abfahrtstafel** 열차 출발 시간표
> **verstehen** 이해하다
> **das Gleis** 궤도, 선로
> **direkt** 곧은, 곧바로

A : 죄송하지만 좀 도와주시겠습니까? 기차 출발 안내판을 이해할 수가 없네요.
B : 어디로 가실 겁니까?
A : 하이델베르크로 가는 다음 기차가 언제 있습니까?
B : 11시 43분에 2번 선로에서 가는군요.
A : 갈아타야 하나요?
B : 아닙니다. 직행입니다. 갈아타실 필요 없습니다.

 ★ **nicht의 위치**

정관사나 소유대명사 등과 함께 있는 명사와 인칭대명사 형태의 목적어를 부정할 때는 목적어 뒤에 nicht를 붙인다.

Ich kann die Abfahrtstafel nicht verstehen.

Ich kenne den Mann nicht. 나는 그 남자를 모른다.

Ich kenne Sie nicht. 저는 당신을 모릅니다.

★ **brauchen nicht … zu Inf.** ~할 필요없다
(문법편 18과 zu 부정형 참조)

Gespräche

6

A : Einmal nach Hamburg hin und zurück, zweiter Klasse, bitte.

B : Hundertdreißig Euro, bitte.

A : Muss ich einen Platz reservieren?

B : Das ist besser. Raucher- oder Nichtraucherabteil?

A : Nichtraucherabteil, bitte.

B : Das macht dann 133 Euro (hundertdreiunddreißig Euro). Auf Wiedersehen. Gute Reise.

A : Danke schön.

> der Platz 좌석
> reservieren 예약하다
> besser 더 좋은 (gut의 비교급)
> Raucher 흡연자
> Nichtraucher 비흡연자
> das Abteil, _e 열차의 객실

A : 함부르크행 왕복 2등석 한 장 주세요.
B : 130유로입니다.
A : 좌석을 예약해야 합니까?
B : 그렇게 하시는 것이 더 좋습니다. 흡연 객실과 금연 객실 어디로 하시겠습니까?
A : 금연 객실로 해주세요.
B : 그러면 133유로입니다. 안녕히 가세요. 좋은 여행 되세요.
A : 감사합니다.

★ 'gut'이 들어가는 인사말

Guten Morgen! / Guten Tag! / Guten Abend! / Gute Nacht!

Gute Reise! 좋은 여행 되세요.

Gute Besserung! 빨리 쾌유하십시오. (die Besserung 개선, 쾌유)

Guten Appetit! 맛있게 드세요. (der Appetit 식욕)

Lektion 12 **141**

 대화

(Im Reisebüro)

A : Guten Tag, bitte schön?

B : Guten Tag. Ich muss am Montag in Seoul sein. Wann gibt es einen Flug? Kann ich am Samstag fliegen?

A : Ja, am Samstag gibt es eine Möglichkeit. Wir fliegen zweimal die Woche, mittwochs und samstags.

B : Gut. Haben Sie noch einen Platz in der Touristenklasse? Und wann fliegt die Maschine ab?

A : Die Maschine fliegt um 16 Uhr ab. Moment. Ja, da haben wir noch Plätze.

B : Kann ich das Ticket gleich mitnehmen?

A : Ja, natürlich. Wie möchten Sie zahlen? Bar oder mit Kreditkarte?

B : Mit Kreditkarte.

A : Alles klar.

Gespräch

(여행사에서)

A : 어서 오십시오.
B : 안녕하세요. 제가 월요일에 서울에 도착해야 하는데요. 비행이 언제 있나요? 토요일에 갈 수 있을까요?
A : 예, 토요일에 가능합니다. 일주일에 2회, 수요일과 토요일에 비행이 있습니다.
B : 좋습니다. 이코노미클래스에 자리가 있습니까? 그리고 비행기는 언제 출발하지요?
A : 비행기는 오후 네 시에 출발합니다. 잠깐만요. 네, 좌석이 아직 있네요.
B : 티켓을 곧바로 가져갈 수 있나요?
A : 예, 물론입니다. 계산은 어떻게 하실 건가요? 현금인가요, 신용카드인가요?
B : 신용카드로 계산합니다.
A : 알겠습니다.

der Flug 비행 fliegen 날다, 비행기 타고 가다
die Möglichkeit 가능성 dreimal 세 번
die Woche 주(週) die Touristenklasse 이코노미클래스
die Maschine 기계, 비행기 abfliegen 날아가다, 이륙하다
mitnehmen 가져가다 natürlich 물론 bar 현금으로

★ 요일을 소문자로 쓰고 's'를 붙이면 '～요일에, ～요일마다'라는 의미가 된다.

montags 월요일에, 월요일마다 / mittwochs 수요일에, 수요일마다 / samstags 토요일에, 토요일마다

★ klar 맑은, 명확한, 명백한

Alles (ist) klar. '모든 것이 명확하다, 잘 알겠다.'는 의미.

Das ist (doch ganz) klar. 그것은 자명하다, 당연한 일이다.

Lektion 12

Lektion 13
Wetter

날씨

학습 목표

날씨 표현하기
비인칭 주어 es
계절
조동사 sollen
형용사의 최상급
전치사 bei

기본회화

1

A : Wie ist das Wetter heute?

B : Es ist schön, aber ein bisschen kalt.

A : Wie ist das Wetter morgen?

B : Nach der Wettervorhersage regnet es.

> A : 오늘 날씨 어때?
> B : 날은 좋은데 약간 추워.
> A : 내일은 날씨가 어떨까?
> B : 일기예보에 따르면 비가 올 거야.

das Wetter 날씨
ein bisschen 약간
kalt 차가운
die Wettervorhersage 일기예보
regnen 비오다
nach ~에 따르면

★ 전치사 nach (3격 지배)

(1) (방향) ~을 향해 (국가명, 도시명) **Wir fahren nach Heidelberg.** 우리는 하이델베르크로 간다.

(2) (시간) ~후에 **Nach dem Essen gehen wir spazieren.** 식사 후에 우리는 산책한다.

(3) ~에 따르면 **nach meiner Meinung**(= meiner Meinung nach) 내 견해로는

★ 날씨를 표현하는 문장의 비인칭 주어 es

Es regnet. 비가 온다.

Es schneit. 눈이 온다.

Es ist windig. 바람이 많이 분다.

Es ist warm. 날이 따뜻하다.

Gespräche

2

A : Regnet es eigentlich noch?

B : Nein, es regnet nicht mehr. Jetzt scheint die Sonne wieder.

A : Ich möchte gern einen Spaziergang durch den Park machen und mir die Stadt ansehen. Kommst du mit?

B : Ja, gern.

> **A** : 그런데 아직도 비가 오니?
> **B** : 아니. 이제 비가 오지 않아. 지금은 다시 해가 비치고 있어.
> **A** : 나는 공원 산책하고 시내 구경하고 싶은데 함께 갈래?
> **B** : 그래, 좋아.

---

eigentlich 본래의, 고유한, (의문문에서는) 도대체, 그런데
nicht mehr 더 이상 ~하지 않다
die Sonne 태양
(달 der Mond / 별 der Stern, _e)
scheinen 빛나다
wieder 다시
der Spaziergang 산책
durch ~을 통해서
der Park 공원
die Stadt, ¨e 도시
sich(3) etwas(4) ansehen
~을 구경하다 (재귀동사)

 ★ **scheinen** 빛나다, 반짝이다, ~인 것 같다 (scheinen - schien - geschienen)

Er scheint traurig (zu sein). 그는 슬퍼 보인다.

Er scheint zu schlafen. 그는 자고 있는 것 같다. (scheinen ... zu Inf.)

Es scheint mir, dass er das mit Absicht getan hat.
내가 보기에는 그가 의도적으로 그렇게 했던 것 같다.

기본회화

3

A : Heute ist es so schwül.

B : Wir müssen uns beeilen. Es kommt ein Gewitter.

A : Hast du einen Regenschirm dabei?

B : Nein. Es beginnt schon zu regnen. Laufen wir schnell.

> **A** : 오늘 날씨가 후덥지근하네.
> **B** : 우리 서둘러야 해. 뇌우가 오고 있어.
> **A** : 우산 가지고 있니?
> **B** : 아니야. 벌써 비가 오기 시작한다. 빨리 뛰자.

schwül 무더운, 후덥지근한
sich beeilen 서두르다 (재귀동사)
das Gewitter 악천후, 뇌우
der Regenschirm, _e 우산
(der Regen 비)
dabeihaben 가지고 있다
beginnen 시작하다
laufen 달리다

★ 비인칭주어 es
Es kommt Gewitter. Es는 의미 없는 주어이고 실제의 주어는 Gewitter이다.

Es kommen heute viele Gäste. 오늘 손님이 많이 온다.
(뒤에 나오는 실제 주어가 복수일 때는 실제 주어에 따라 동사 어미가 변화한다.)

★ 'beginnen + zu 부정형' ~하기 시작하다 (문법편 18과, zu 부정형 참조)

Wir beginnen zu laufen. 우리는 달리기 시작한다.

Ich habe begonnen zu lernen. 나는 공부하기 시작했다.

Gespräche

4

A : Ich freue mich schon auf den Ausflug.

B : Hoffentlich ist das Wetter am Wochenende schön.

A : Heute ist es nicht so kalt wie gestern.

B : Ja, es ist wärmer als in der vorigen Woche. Hoffentlich bleibt es so.

> A : 피크닉이 벌써 기다려진다.
> B : 주말에 날씨가 좋으면 좋겠는데.
> A : 오늘은 그래도 어제만큼 춥지는 않네.
> B : 그래. 지난주보다 날씨가 더 따뜻해. 계속 그렇게 되었으면 좋겠다.

sich freuen auf ~ ~을 고대하다
der Ausflug 소풍
hoffentlich 바라건대
das Wochenende 주말
wärmer 더 따뜻한 (warm의 비교급)
vorig 바로 전의

★ 재귀동사 sich freuen

sich freuen über ~ ~에 대해서 기뻐하다

sich freuen auf ~ ~을 고대하다

Er hat sich über ihren Brief gefreut. 그는 그녀의 편지에 대해 기뻐했다.

Die Kinder freuen sich auf Weihnachten. 아이들이 크리스마스를 고대하고 있다.

★ so 형용사 wie ~ ~만큼 ~한 / 비교급 als ~ ~보다 더 ~한 (문법편 8과, 형용사의 비교급 참조)

Anna ist so groß wie ihre Mutter. 안나는 그녀의 어머니만큼 크다.

Anna ist größer als ihre Mutter. 안나가 그녀의 어머니보다 더 크다.

기본회화

5

A : Ich reise in diesen Sommerferien nach Deutschland. Warst du schon einmal in Deutschland?

B : Ja, ich war letzten Sommer da.

A : Wie war das Wetter?

B : Letzten Sommer war es sehr heiß. Aber manchmal in der Nacht war es ein bisschen kühl. Du sollst mindestens eine Jacke mitnehmen.

> der Sommer 여름
> die Ferien 방학, 휴가 (복수로만 사용)
> einmal 한번, 언젠가
> letzten Sommer 지난 여름에
> heiß 더운
> manchmal 가끔, 때때로
> in der Nacht 밤에
> kühl 서늘한
> mindestens 최소한

A : 나는 이번 여름 방학에 독일로 여행 갈 거야. 너 독일 가본 적 있니?
B : 응, 지난 여름에 갔었어.
A : 날씨가 어땠어?
B : 지난 여름에는 매우 더웠어. 하지만 가끔 밤에는 약간 서늘했어. 최소한 재킷 하나는 갖고 가는 게 좋을 거야.

★ 계절 (vier Jahreszeiten)

im Frühling 봄에 - im Sommer 여름에 - im Herbst 가을에 - im Winter 겨울에

(der Frühling 봄 - der Sommer 여름 - der Herbst 가을 - der Winter 겨울)

★ 조동사 sollen (좀 더 자세한 사항은 문법편 14과, 조동사 참조)

sollen은 상대방에 대한 충고, 권유를 나타낼 수 있다. (접속법 2식형 sollte를 쓰면 더 정중한 표현이 된다.)

Sie sollen (또는: sollten) nicht so viel rauchen.
당신은 담배를 그렇게 많이 피우지 마셔야 합니다.

Du sollst (또는: solltest) mehr Sport treiben.
너는 좀 더 운동을 해야 할 것 같다. (Sport treiben 운동을 하다)

Gespräche

A: Wie ist eigentlich das Klima in Ihrer Heimat? Ich hörte, in den Sommermonaten ist es heißer als hier.

B: Das stimmt. Und im Sommer regnet es viel und oft.

A: Ist es kalt im Winter?

B: Ja, im Winter ist es kalt und es schneit viel.

A: Welche Jahreszeit ist bei Ihnen am schönsten?

B: Der Herbst. Ich mag den Herbst sehr gern.

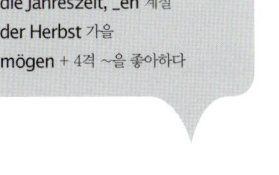

das Klima 기후
die Heimat 고향
hören 듣다
der Monat, _e 달(月)
oft 자주
der Winter 겨울
schneien 눈 오다
welch_ ~? 어떤 ~?
die Jahreszeit, _en 계절
der Herbst 가을
mögen + 4격 ~을 좋아하다

A: 그런데 당신 고향의 기후는 어떻습니까? 내가 듣기로는 여름 몇 달 동안에는 이곳보다 더 덥다고 하던데요.
B: 맞습니다. 그리고 여름에는 비가 자주 많이 옵니다.
A: 겨울에는 추운가요?
B: 네, 겨울은 춥고 눈이 많이 옵니다.
A: 당신 고향은 어떤 계절이 가장 아름답습니까?
B: 가을입니다. 저는 가을을 아주 좋아합니다.

★ 형용사의 최상급

(1) 정관사 + __ste : 명사를 수식하는 형용사의 최상급

　　das höchste Gebäude 가장 높은 건물

　　die schönsten Länder 가장 아름다운 나라들

(2) am __sten : 동사와 함께 오는 형용사, 부사의 최상급

　　Er ist am frühsten angekommen. 그가 가장 일찍 도착했다.

 대화

A : Fahren Sie mich zu dieser Adresse.

B(Taxifahrer): Alles klar. Und woher kommen Sie?

A : Ich komme aus Korea.

B : Sind Sie schon lange hier in Deutschland?

A : Nein, ich bin erst seit fünf Tagen hier. Ich bin Touristin, ich mache hier eine Urlaubsreise. Heute ist es heiß.

B : Es ist sehr heiß, wir haben einunddreißig Grad.

A : Wie ist das Wetter hier normalerweise?

B : Jetzt im Sommer ist es sehr heiß und im Winter ist es sehr kalt. Wie ist das Wetter in Korea?

A : Bei uns ist das Wetter so ähnlich wie in Deutschland. Und im Sommer regnet es oft.

Gespräch

A : 이 주소로 데려다 주십시오.

B(택시운전사): 알겠습니다. 어디서 오셨습니까?

A : 저는 한국에서 왔습니다.

B : 여기 독일에 오신지 오래 되셨나요?

A : 아닙니다. 겨우 닷새 되었습니다. 저는 관광객이고 휴가 여행 중입니다. 오늘은 날이 덥네요.

B : 아주 덥습니다. 기온이 31도입니다.

A : 이곳은 보통 날씨가 어떤가요?

B : 지금 여름에는 매우 덥고 겨울에는 매우 춥습니다. 한국 날씨는 어떤가요?

A : 우리나라도 이곳 독일과 날씨가 비슷합니다. 그리고 여름에는 비가 자주 옵니다.

fahren (타동사로 쓰일 때는) 차를 운전하다. ~를 차로 옮기다
die Adresse, _n 주소 **erst** 겨우, 비로소
der Tourist, _en 관광객 (die Touristin der Tourist의 여성형)
der Urlaub 휴가 **der Grad** ~도
normalerweise 보통 **ähnlich** 비슷한

★ 전치사 **bei**는 여러 가지 의미로 사용된다.

(1) ~옆에 : **Das Büro liegt bei dem Hotel Lotte.** 그 사무실은 롯데 호텔 옆에 있다.

(2) ~의 집에 : **Ich wohne noch bei meinen Eltern.** 나는 아직 부모님 집에 살고 있다.

(3) ~의 생활권 안에 : **Bei uns ist der Sommer sehr heiß.**
　　　　　　　　　우리나라(우리 고향, 우리가 사는 곳)에서는 여름이 매우 덥다.

Lektion

14

Mein Tag

나의 하루

학습 목표

하루일과 말하기
동사의 과거형과 과거분사형
현재완료
kein_을 사용하는 부정문

 기본회화

1

A : Wann stehst du auf?

B : Ich stehe von Montag bis Freitag um 6 Uhr auf. Aber am Samstag und am Sonntag stehe ich spät auf.

A : Was machst du normalerweise am Wochenende?

B : Am Vormittag räume ich die Wohnung auf und am Nachmittag gehe ich spazieren. Am Samstagabend gehe ich mit meinen Freunden aus.

> aufstehen 일어나다
> spät (시간이) 늦은
> aufräumen 정돈하다
> spazieren gehen 산책하다.

A : 너는 언제 일어나니?
B : 월요일부터 금요일까지는 6시에 일어나. 하지만 토요일과 일요일에는 늦게 일어나지.
A : 주말에는 보통 뭐하니?
B : 오전에는 집을 청소하고 오후에는 산책을 해. 토요일 저녁에는 친구들과 외출해.

 〈전치사〉

★ von ~ bis ~ 〜부터 〜까지

★ am Wochenende 주말에

★ mit ~ (3격) 〜와 함께

mit dem Kind 그 아이와 함께. mit der Lehrerin 그 여선생님과 함께

mit meinen Freunden 내 친구들과 함께 (Freund의 복수인 Freunde에 _n이 붙은 것은 복수 3격형에 _n을 붙이는 규칙 때문이다.)

Gespräche

2

A: Ich habe zwei Theaterkarten. Hast du am Donnerstagabend Zeit?

B: Schade. Am Donnerstagabend habe ich Deutschkurs.

A: Du lernst Deutsch? Macht dir Deutschlernen Spaß?

B: Ja. Deutsch ist mir ein bisschen schwierig, aber sehr interessant.

> die Theaterkarte _n 연극표
> (Es ist) schade.
> 유감이다, 애석한 일이다
> der Deutschkurs 독일어 강좌
> lernen 배우다, 공부하다
> der Spaß 재미, 즐거움
> schwierig 어려운, 힘든

A: 연극표가 두 장 있는데 목요일 저녁에 시간 있니?
B: 유감이네. 목요일 저녁에는 독일어 수업이 있어.
A: 너 독일어 배우니? 독일어 공부는 재미있니?
B: 그래, 독일어가 내게는 약간 어렵지만 아주 재미있어.

★ jm.(3격) Spaß machen ~에게 재미가 있다.

Das Schwimmen macht mir Spaß. 수영이 내게는 재미있다.

기본회화

3

A : Was machst du samstags?

B : Am Samstag gehe ich vormittags einkaufen. Und am Abend treffe ich mich mit Freunden.

A : Und am Sonntag?

B : Am Sonntag gehe ich in die Kirche. Nachmittags bleibe ich zu Hause und lese Bücher oder höre Musik. Manchmal mache ich einen Spaziergang.

> sich treffen mit~ ~와 만나다 (재귀동사)
> einkaufen gehen 쇼핑하러 가다
> die Kirche 교회

A : 토요일에는 뭐 하니?
B : 토요일 오전에는 장보러 가. 그리고 저녁에 친구들과 만나.
A : 일요일에는?
B : 일요일에는 교회에 가. 그리고 오후에는 집에 있으면서 책을 읽거나 음악을 들어. 가끔은 산책을 하기도 해.

 ★ gehen + Inf. ~하러 가다

Ich gehe jetzt einkaufen. 나는 지금 쇼핑하러 간다.
Wir gehen schwimmen. 우리는 수영하러 간다.

Gespräche

4

A: Was hast du denn gestern gemacht?

B: Am Nachmittag ist Marie zu mir gekommen und wir sind Fahrrad gefahren.

A: Und am Abend? Was hast du gestern Abend gemacht?

B: Marie und ich haben zu Hause Fußball gesehen und Bier getrunken.

> **A**: 어제 뭐 했니?
> **B**: 오후에 마리가 내게 와서 우리는 자전거를 탔어.
> **A**: 저녁에는? 어제저녁에는 뭐 했는데?
> **B**: 마리와 나는 집에서 축구를 보면서 맥주를 마셨어.

das Fahrrad 자전거
Fahrrad fahren 자전거 타다
das Fußball 축구

★ 부정형 – 과거형 – 과거분사형 (문법편 13과 참조)

(1) 규칙변화

    machen - machte - gemacht   kaufen - kaufte - gekauft

(2) 불규칙변화

    kommen 오다 - kam - gekommen   gehen 가다 - ging - gegangen
    fahren (타고)가다 - fuhr - gefahren   sehen 보다 - sah - gesehen
    trinken 마시다 - trank - getrunken

★ 현재완료형 haben +.... p.p. / sein +.... p.p. (좀 더 자세한 사항은 문법편 13과 참조)

(1) haben+ .... p.p.: 타동사의 완료형

    Ich habe eine Tasse Kaffee getrunken. 나는 커피 한잔을 마셨다.
    Wir haben ihn gesehen. 우리는 그를 보았다.

(2) sein+ .... p.p.: 이동이나 변화를 나타내는 자동사의 완료형

    Marie ist zu mir gekommen. 마리가 내게 왔다.
    Wir sind nach Hause gegangen. 우리는 집으로 갔다.

기본회화

5

A : Wo warst du gestern?

B : Ich war den ganzen Tag zu Hause.

A : Was hast du zu Hause gemacht?

B : Ich habe lange geschlafen. Am Nachmittag habe ich Wäsche gewaschen und einer Freundin die E-Mail geschrieben. Und dann habe ich Zeitung gelesen.

A : Gab es in der Zeitung etwas Neues?

B : Es gab nichts Besonderes.

> den ganzen Tag 하루 종일
> schlafen 자다
> die Wäsche 세탁물
> waschen 씻다, 세탁하다
> etwas Neues 새로운 어떤 것
> nichts Besonderes 특별한 아무것도 ~하지 않다

A : 어제 어디 갔었니?
B : 종일 집에 있었어.
A : 집에서 뭐 했는데?
B : 오래 잤어. 오후에 빨래하고 한 친구에게 이메일을 썼어. 그리고 신문을 읽었어.
A : 신문에 무슨 새로운 소식이 있었어?
B : 특별한 것은 없었어.

★ waschen 세탁하다, 씻기다 - wusch - gewaschen

schlafen 자다 - schlief - geschlafen

lesen 읽다 - las - gelesen

★ schreiben 쓰다 – schrieb – geschrieben (+3격+4격 ~에게 ~을 쓰다)

Ich habe ihm einen Brief geschrieben. 나는 그에게 편지를 썼다.

Gespräche

6

A : Wollen wir jetzt zu Mittag essen?

B : Ich möchte jetzt nichts essen. Ich habe noch keinen Hunger.

A : Um wie viel Uhr hast du gefrühstückt?

B : Ich habe gegen 10 Uhr gefrühstückt. Und jetzt ist es erst halb eins.

A : Dann gehe ich allein zum Essen. Ich habe großen Hunger, denn ich habe zum Frühstück nur einen Kaffee getrunken.

> zu Mittag essen 점심 식사하다
> frühstücken 아침 식사하다
> erst 비로소, 겨우
> das Frühstück 아침 식사

A : 우리 지금 점심 먹을래?
B : 나는 지금 아무것도 먹고 싶지 않아. 아직 배가 고프지 않아.
A : 몇 시에 아침을 먹었는데?
B : 10시경에 아침 먹었어. 그런데 이제 겨우 열두 시 반이잖아.
A : 그러면 나 혼자 식사하러 갈게. 나는 굉장히 배가 고파. 아침 식사에 커피만 마셨기 때문이야.

★ kein__

추상명사를 부정할 때 'kein_'을 사용한다.

Ich habe keinen Hunger.
(keinen Durst / keinen Appetit / kein Geld / keine Zeit)
나는 배고프지 않다. (목마르지 않다 / 식욕이 없다 / 돈이 없다 / 시간이 없다)

★ denn s+v.... 왜냐하면 ~이기 때문이다. (denn 뒤에는 '주어+동사'의 정치문장이 온다.)

Das Kind ist glücklich, denn seine Mutter kommt heute zurück.
아이는 행복하다. 어머니가 오늘 돌아오시기 때문이다.

 대화

A : Feierabend! Heute war es ein anstrengender Tag.

B : Ja, das stimmt. Was hast du am Wochenende vor?

A : Nichts Besonderes. Ich möchte mich einfach ausruhen. Und du?

B : Ich muss zu meinen Eltern gehen. Mein Vater hat am Samstag Geburtstag.

A : Grüße deine Eltern herzlich von mir!

B : Danke.

A : Hast du schon etwas für deinen Vater gekauft?

B : Nein, ich habe noch kein Geschenk gekauft. Wie viel Uhr ist es jetzt?

A : Es ist halb fünf.

B : Dann fahre ich schnell in die Stadt und kaufe ein Geschenk.

A : Du solltest dich beeilen. Es gibt am Freitagabend viel Verkehr in der Stadtmitte.

Gespräch

A : 근무 끝! 오늘은 힘든 하루였어.
B : 그래. 맞아. 주말에는 무슨 계획 있어?
A : 특별한 것 없어. 나는 그냥 쉬고 싶어. 너는?
B : 나는 부모님께 가야 해. 아버지께서 토요일에 생신이야.
A : 부모님께 안부 전해줘.
B : 고마워.
A : 아버지께 드릴 것 샀어?
B : 아니, 아직 선물을 사지 못했어. 지금 몇 시지?
A : 네 시 반이야.
B : 그러면 빨리 시내로 가서 선물을 사야겠다.
A : 서둘러야 할 거야. 금요일 저녁에는 도심에 교통량이 많잖아.

der Feierabend 근무 종료, (하루의 근무 후의) 자유 시간
anstrengend 힘든　**sich ausruhen** 휴식을 취하다
grüßen +4격 ~에게 인사하다　**herzlich** 진심의
sich beeilen 서두르다　**der Verkehr** 교통, 왕래
die Stadtmitte 도심

★ **grüßen** jn.(4격) von ~ 누구에게 ~의 안부를 전하다

Grüßen Sie bitte Ihre Frau von mir. 부인께 제 안부 전해주십시오.

★ **solltest**: 조동사 **sollen**의 접속법2식 형태. 충고, 권유의 용법

(~해야 할 것이다, ~하는 것이 좋을 것이다)

Du solltest viel Gemüse essen. 너는 채소를 많이 먹는 것이 좋을 것이다.

Lektion 14 **163**

Lektion

15

Freizeit und Hobby

여가 시간과 취미

학습 목표

취미와 기호 말하기
동사 mögen, spielen
부문장 wenn
zu +부정형

기본회화

1

A : Was sind deine Hobbys?

B : Ich interessiere mich für Musik. Ich gehe oft ins Konzert. Und du?

A : Mein Hobby ist Lesen, und ich gehe gern ins Kino.

B : Tanzt du nicht gern? Heute Abend findet in unserem Studentenheim eine Fete statt. Komm mit!

A : 너는 취미가 뭐니?
B : 나는 음악에 흥미가 있어. 음악회에 자주 가지. 너는?
A : 내 취미는 독서이고 또 영화관에 즐겨 가.
B : 춤은 좋아하지 않니? 오늘 저녁에 우리 기숙사에서 작은 파티가 열리는데, 같이 가자!

> das Hobby _s 취미
> sich interessieren für ~
> ~에 흥미가 있다 (재귀동사)
> tanzen 춤추다
> stattfinden 열리다, 개최되다
> (분리동사)
> die Fete 작은 파티

★ 취미를 물을 때 Hobby를 단수로 할 수도 있고 (Was ist dein Hobby?) 복수로 물을 수도 있다. (Was sind deine Hobbys?)

Gespräche

2

A : Was machen Sie in der Freizeit?

B : In der Freizeit treffe ich Freunde. Meine Freunde sind sehr wichtig für mich.

A : Was machen Sie mit Ihren Freunden?

B : Oft trinken wir Bier und unterhalten uns über verschiedenes, über Politik, Familie, Umwelt und unsere persönlichen Probleme.

> die Freizeit 여가 시간
> wichtig 중요한
> sich unterhalten über ~
> ~에 대하여 환담하다 (재귀동사)
> verschiedenes 이것저것
> die Umwelt 환경
> persönlich 개인적인
> das Problem _e 문제

A : 여가 시간에 무엇을 하십니까?
B : 저는 여가 시간에 친구들을 만납니다. 제게는 친구들이 아주 중요하지요.
A : 친구들과 함께 무엇을 하십니까?
B : 우리는 흔히 맥주를 마시면서 여러 가지에 대해서 이야기를 합니다. 정치, 가족, 환경, 그리고 우리의 개인적인 문제들에 대해서요.

★ unterhalten (비분리동사)

(1) (타동사로서) 부양하다, 즐겁게 하다 (die Unterhaltung 부양, 즐거움, 오락)

Er erzählt lustige Geschichten, um seine Gäste zu unterhalten.
그가 손님들을 즐겁게 해주기 위해서 재미있는 이야기를 한다.
(erzählen 이야기하다 / lustig 즐거운, 유쾌한 / die Geschichte,_n 이야기 / um ... zu Inf. ~하기 위해서)

(2) (재귀동사로서) sich unterhalten mit ~ über ~ ~와 ~에 대해 환담하다

Er unterhält sich mit seinen Freunden über die Schulzeit.
그는 친구들과 학창 시절에 대해서 이야기한다. (die Schulzeit 학창 시절)

기본회화

3

A : Hast du den Film gestern Abend im Fernsehen gesehen?

B : Nein, den habe ich nicht gesehen.

A : Siehst du abends nicht gern fern?

B : Nein, ich sehe nicht gern fern.

A : Was machst du denn am Abend?

B : Ich höre gern Musik. Ich mag klassische Musik.

> **das Fernsehen** 텔레비전
> **fernsehen** 텔레비전 시청하다
> (분리동사)
> **klassisch** 고전적인

A : 어제 저녁에 텔레비전에서 한 그 영화 봤니?
B : 아니, 보지 않았어.
A : 저녁에 텔레비전을 즐겨 보지 않니?
B : 아니, 나는 텔레비전을 즐겨 보지 않아.
A : 그러면 저녁에는 뭘 하는데?
B : 나는 음악을 즐겨 들어. 클래식 음악을 좋아해.

★ **mögen + 4격** ~을 좋아하다

ich mag, du magst, er mag, wir mögen, ihr mögt, sie mögen

Magst du mich? 너 나 좋아해? - Ja, ich mag dich. 그래, 너 좋아해.

Ich mag Pizza. 나는 피자를 좋아한다.

Gespräche

4

A : Ich finde Sport sehr wichtig. Ich will immer viel Sport machen. Ich gehe jeden Morgen joggen.

B : Ich spiele jedes Wochenende Tennis.

A : Ich spiele jeden Samstagvormittag mit meinen Freunden Fußball.

B : Fußball mag ich auch.

A : Dann kannst du mitspielen.

> **A** : 나는 운동이 아주 중요하다고 생각해. 항상 운동을 많이 하려고 하지. 나는 매일 아침마다 조깅하러 가.
> **B** : 나는 주말마다 테니스를 쳐.
> **A** : 나는 토요일 오전마다 친구들과 함께 축구를 해.
> **B** : 나도 축구 좋아하는데.
> **A** : 그러면 너도 함께 할 수 있어.

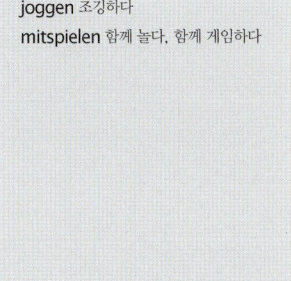

joggen 조깅하다
mitspielen 함께 놀다, 함께 게임하다

★ **spielen** 놀다, 연주하다, (운동을) 하다

Die Kinder spielen im Garten. 아이들이 정원에서 놀고 있다.

Er spielt gut Klavier. (Gitarre / Flöte / Geige)
그는 피아노를 (기타를 / 플루트를 / 바이올린을) 잘 연주한다.

Wir spielen oft Tischtennis. (Basketball / Volleyball)
우리는 자주 탁구를 (농구를 / 배구를) 한다.

기본회화

5

A : Hast du Haustiere?

B : Ja, ich habe einen Hund. Und du? Hast du auch einen Hund?

A : Nein, ich habe keinen. Ich habe eine Katze. Magst du Katzen?

B : Ja, ich mag Hunde und Katzen.

A : 애완동물 기르니?
B : 그래, 개 한 마리가 있어. 너는? 너도 개 기르니?
A : 아니, 나는 개는 없고 고양이가 한 마리 있어. 고양이 좋아하니?
B : 그래, 나는 개와 고양이를 좋아해.

das Haustier 가축, 애완동물
der Hund _e 개
die Katze _n 고양이

 기억하세요!

★ **Haustier** 가축

    das Pferd 말 / der Ochse 황소, die Kuh 암소 / das Schwein 돼지 / das Schaf 양
    die Ziege 염소 / das Huhn 닭 (der Hahn 수탉, die Henne 암탉)

★ **Wildes Tier** 야생동물

    der Tiger 호랑이 / der Löwe 사자 / der Bär 곰 / der Elefant 코끼리
    die Giraffe 기린 / der Fuchs 여우 / der Wolf 늑대 / die Maus 쥐

★ **der Vogel** 새

★ **das Insekt** 곤충

    die Fliege 파리 / die Mücke 모기 / die Ameise 개미 / die Spinne 거미

Gespräche

6

A : Was für Hobbys hast du?

B : Wandern und Bergsteigen.

A : Gehst du oft bergsteigen?

B : Ja, ich gehe fast jeden Samstag bergsteigen. Wenn ich den Gipfel bestiegen habe, fühle ich mich frisch und glücklich.

A : Gibt es in der Nähe von Seoul schöne Berge?

B : Ja, in der Nähe von Seoul und auch in Seoul gibt es schöne Berge.

> wandern 도보 여행하다
> bergsteigen 등산하다
> fast 거의
> der Berg _e 산

> **A** : 너는 어떤 취미를 갖고 있니?
> **B** : 도보 여행과 등산을 좋아해.
> **A** : 자주 등산 가니?
> **B** : 그래. 거의 매주 토요일마다 등산하러 가. 정상에 올라가면 생동감을 느끼고 행복한 기분이 들지.
> **A** : 서울 근처에 멋진 산들이 있니?
> **B** : 그래. 서울 근처에, 그리고 서울 안에도 아름다운 산들이 있어.

★ **was für ein ~ 어떤 ~?**

복수가 올 때는 관사 없이 'was für 복수'의 형태로 쓴다.

★ **wenn ~ : ～할 때, ～하면**

wenn에 이어지는 문장은 부문장으로서 동사가 맨 끝에 위치한다. wenn 문장 다음에 오는 주문장은 '동사+주어'로 도치한다.

Wenn er morgen kommt, stelle ich ihn dir vor. 그가 내일 오면 그를 너에게 소개할게.

= Ich stelle ihn dir vor, wenn er morgen kommt.

A : Was sind deine Hobbys?

B : Lesen. Ich lese gern Romane. Und was machst du in der Freizeit? Liest du auch gern?

A : Naja, es geht. Ich mache gern Sport. Mein Lieblingssport ist Skifahren und Schwimmen.

B : Fährst du nicht gern Fahrrad?

A : Doch, doch, sehr gern.

B : Was hast du morgen vor?

A : Noch nichts Besonderes. Warum?

B : Ich fahre mit meinem Fahrrad aufs Land. Das macht mir Spaß. Hast du Lust mitzukommen?

A : Ja, sehr gerne.

Gespräch

A : 취미가 뭐니?
B : 독서가 취미야. 장편소설을 즐겨 읽어. 너는 여가 시간에 무엇을 하니? 너도 독서 좋아하니?
A : 글쎄, 그저 그래. 나는 운동을 좋아해. 내가 좋아하는 스포츠는 스키와 수영이야.
B : 자전거 타기는 좋아하지 않아?
A : 아주 좋아해.
B : 내일 무슨 계획 있어?
A : 아직 특별한 일 없는데. 왜?
B : 자전거를 타고 시골에 갈 거야. 나는 그것이 재미있어. 함께 갈 마음 있어?
A : 그래. 좋지.

der Roman _e 장편소설 schwimmen 수영하다
das Land 시골 die Lust 욕구, 의욕
vorhaben 계획하다(분리동사)

★ Lust haben … zu Inf. ~할 기분, 마음, 욕구가 있다.

Ich habe keine Lust ins Kino zu gehen. 극장에 가고 싶은 마음이 없어.

Haben Sie Lust am Abend auszugehen? 저녁에 외출할 마음 있으신가요?

★ lesen 읽다 (현재형 불규칙 du liest / er liest) - las - gelesen

Was liest du da? Liest du einen Roman? 너 거기서 무엇을 읽고 있니? 장편소설 읽고 있니?

Das habe ich in der Zeitung gelesen. 나는 그것을 신문에서 읽었다.

연습문제 Lektion 11~15

〈1〉 다음 문장을 독일어로 작문해보세요.

1 어머니께 드릴 선물을 찾고 있는데요. 하나 추천해주실 수 있을까요?

2 이 치마가 다른 색으로도 있나요? **(der Rock 치마)**

3 죄송합니다만 차표는 어디에서 삽니까?

4 베를린으로 가는 기차가 언제 있나요?

5 프랑크푸르트 암 마인 행, 두 장, 왕복으로 주세요. **(Frankfurt am Main)**

6 바라건대 주말에 날씨가 좋기를……

7 지난 여름에는 매우 더웠어.

8 여름에는 비가 자주 많이 옵니다.

9 나는 책을 읽고 음악을 들었다. (현재완료형으로)

Übungen

10 나는 운동을 즐겨 하고 자주 수영하러 간다.

_____

⟨2⟩ 다음 질문에 독일어로 대답해보세요.

1 Wann stehst du normalerweise auf?
_____

2 Räumst du dein Zimmer gern auf?
_____

3 Gehst du dieses Wochenende aus?
_____

4 Wie viel Uhr ist es jetzt?
_____

5 Wann frühstücken Sie?
_____

6 Was sind Ihre Hobbys?
_____

7 Was machen Sie in der Freizeit?
_____

8 Sehen Sie abends gern fern?
_____

Lektion 16

An der Universität

대학에서

학습 목표

대학생활 (전공, 학생식당, 도서관, 기숙사)
können의 과거형
상태수동
전치사+대명사

 기본회화

1

A : Was studierst du?

B : Ich studiere Philosophie. Und du?

A : Ich studiere Jura. Seit wann bist du schon hier in Deutschland?

B : Erst seit drei Monaten bin ich hier.

A : Echt? Aber du sprichst schon gut Deutsch.

B : Danke. Ich habe in meiner Heimat vier Jahre lang Deutsch gelernt.

studieren 전공하다, 대학에 다니다
die Philosophie 철학
Jura 법학 (관사 없이 쓴다)
echt 진정한, 참된

> **A** : 너는 전공이 뭐니?
> **B** : 나는 철학을 공부하고 있어. 너는?
> **A** : 나는 법학 전공이야. 여기 독일엔 언제부터 있는 거니?
> **B** : 이제 겨우 석 달 되었어.
> **A** : 정말이야? 그런데 독일어를 벌써 잘하는구나.
> **B** : 고마워. 고향에서 4년 동안 독일어를 공부했어.

 ★ 4격 부사구

시간을 나타내는 말을 4격형으로 써서 부사적 의미로 사용한다.
(jeden Tag 매일 / jedes Jahr 매년)

'(얼마)동안'은 '4격', 또는 '4격 + lang'의 형태로 쓴다.

Ich habe ein Jahr (lang) in Busan gelebt. 나는 1년 동안 부산에 살았다.

Gespräche

2

A : Wie geht es deinem Bruder? Was macht er?

B : Danke, es geht ihm gut. Er studiert jetzt in Berlin.

A : Ist er nicht als Austauschstudent in Amerika gewesen?

B : Doch, er konnte sogar zwei Jahre dort studieren. Er ist vor zwei Monaten wieder zurückgekommen.

> **A** : 네 오빠는 어떻게 지내? 요즘 뭐하고 있니?
> **B** : 고마워. 오빠는 잘 지내. 지금 베를린에서 대학에 다니고 있어.
> **A** : 교환학생으로 미국에 있지 않았니?
> **B** : 그랬지. 2년 동안이나 그곳에서 공부할 수 있었어. 두 달 전에 다시 돌아왔지.

der Austauschstudent 교환학생
der Austausch 교환
gewesen sein동사의 과거분사형
sogar 더욱이, 뿐만 아니라
zurückkommen 돌아오다
(분리동사)

★ **es geht ~(3격) gut.** ~가 잘 지내다.
　Es geht mir gut. 나는 잘 지낸다.
　Es geht ihm gut. 그는 잘 지낸다. (ihm은 남성 er의 3격 인칭대명사)
　Wie geht es deiner Mutter? 어머니 어떻게 지내시니? - **Es geht ihr gut.** (ihr는 여성 sie의 3격)

★ **sein - war** (과거형) – **gewesen** (과거분사형) (문법편 13과 참조)
　sein 동사의 현재완료형은 'sein+... gewesen'이다.
　Ich war einmal in Deutschland. 나는 독일에 한번 갔었다. (과거형)
　Ich bin ein Jahr in Deutschland gewesen. 나는 1년 동안 독일에 있었다. (현재완료형)

★ **konnte** (조동사 können의 과거형) (문법편 14과 참조)
　Das Konzert konnte nicht pünktlich beginnen. 콘서트는 정시에 시작될 수 없었다.
　Wir konnten die Bäckerei nicht finden. 우리는 그 빵집을 찾을 수 없었다.

 기본회화

3

(In der Mensa)

A : Was möchtest du essen?

B : Ich nehme das Menü 1, Suppe, Schnitzel, Kartoffeln und Salat. Und du?

A : Ich habe jetzt keinen großen Hunger. Ich nehme einen Nudelsalat.

B : Wollen wir nach dem Essen in der Cafeteria Kaffee trinken? Ich lade dich ein.

A : Ja, gern. Danke.

die Mensa (대학의) 학생 식당
das Menü 정식
der Salat 샐러드
der Hunger 배고픔
die Nudel _n 국수
die Cafeteria 카페테리아
einladen 초대하다 (분리동사)

(학생식당에서)
A : 너는 뭐 먹을 거야?
B : 나는 정식 1번으로 할래. 수프와 슈니첼, 감자와 샐러드. 너는?
A : 나는 지금 그리 배고프지 않아. 국수샐러드를 먹을래.
B : 식사 후에 카페테리아에서 커피 마실까? 내가 살게.
A : 그래, 좋지. 고마워.

 ★ 대학생은 Mensa(대학 학생식당)에서 비교적 저렴하게 식사할 수 있다. Mensa의 정식(Menü)은 보통 한 가지 주 메뉴에 세 가지 Beilage(고기요리에 곁들여 나오는 감자, 채소, 샐러드 등)를 고를 수 있다. 채식주의자(Vegetarier)들은 따로 국수 요리와 샐러드를 선택할 수 있다.

Gespräche

4

(In der Bibliothek)

A : Ist die Bibliothek auch am Samstag geöffnet und kann man Bücher ausleihen?

B : Ja, die Bibliothek ist samstags von 9 bis 17 Uhr geöffnet und Sie können Bücher nur bis halb eins ausleihen und zurückgeben.

A : Darf ich Getränke in die Bibliothek mitnehmen?

B : Wasser können Sie in den Lesesaal mitnehmen, aber andere Getränke und Lebensmittel nicht.

A : Für welchen Zeitraum kann ich Bücher ausleihen?

B : Sie können Bücher für zwei Wochen ausleihen.

> die Bibliothek 도서관
> geöffnet 열려 있는
> ausleihen 대출하다
> zurückgeben 돌려주다
> der Lesesaal 열람실
> der Zeitraum 시기, 시대

A : 도서관이 토요일에도 열려 있습니까? 그리고 책을 대출할 수 있습니까?
B : 예. 토요일에는 9시부터 오후 5시까지 열려 있고 대출과 반납은 12시 30분까지만 가능합니다.
A : 음료수를 도서관에 가지고 들어가도 되나요?
B : 물은 열람실로 가지고 들어갈 수 있습니다. 그러나 다른 음료와 음식물은 안 됩니다.
A : 책은 얼마의 기간 동안 대출할 수 있습니까?
B : 2주 기한으로 대출하실 수 있습니다.

★ 'sein ... 타동사의 p.p.': ~되어 있다. (상태수동) (문법편 20과, 수동태 참조)

　Die Tür ist geschlossen. 문이 닫혀 있다.

★ 3,4격 지배 전치사 'in'

　(1) in+3격 ~안에 Er ist jetzt im Büro. 그는 지금 사무실에 있다.

　(2) in+4격 ~안으로 Er geht ins Büro. 그는 사무실로 들어간다.

Lektion 16 **181**

# 기본회화

5

A : Hast du dich schon für einen Studienort entschieden?

B : Ja, ich will an der Universität München studieren.

A : Wolltest du Betriebswirtschaft studieren?

B : Ja, schon. Aber ich habe mich noch nicht für ein Studienfach entschieden. Ich will noch darüber nachdenken.

> der Ort 장소, der Studienort 대학 공부를 할 장소
> sich entscheiden für ~
> ~으로 결정하다
> das Studienfach 대학 전공
> nachdenken über ~
> ~에 대해서 숙고하다
> (darüber 그것에 대해서)

A : 공부할 곳은 이미 정했니?
B : 그래. 뮌헨 대학에서 공부하려고 해.
A : 경영학을 전공하려고 했지?
B : 그랬지. 그런데 아직 전공을 결정하지 못했어. 그것에 대해서 좀 더 생각해보려고 해.

★ das Studienfach 전공 / die Studiengebühr 대학 수업료 / der Studienfreund 대학 시절의 친구

★ entscheiden 결정하다 - entschied - entschieden

★ 전치사+대명사 / da(r)전치사

(1) 대명사가 사람을 대신하는 경우는 '전치사+대명사'

  Wartest du auf Leo? - Ja, ich warte auf ihn.
  너 레오 기다리고 있니?   그래, 그를 기다리고 있어.

(2) 대명사가 사람이 아닌 사물이나 상황을 대신하는 경우는 'da(r)전치사'가 된다. 자음으로 시작하는 전치사는 da전치사(damit, dafür), 모음으로 시작하는 전치사는 dar전치사(darüber, darauf, daran)를 쓴다.

  Wartest du auf den Brief? - Ja, ich warte darauf.
  그 편지를 기다리고 있니?   응, 그것을 기다리고 있어.

Gespräche

6

A : Ich weiß gar nicht, welche Vorlesungen ich belegen muss.

B : Dann geh doch mal zur Assistentin. Die kann dich beraten.

A : Ja, das weiß ich schon. Aber da gibt es immer so lange Warteschlangen.

B : Am Freitag gibt es eine Einführung für die ersten Semester. Da kannst du nähere Informationen erhalten.

gar nicht (강조부정) 전혀 ~하지 않다
die Vorlesung _en 강의
belegen (강의를) 수강 신청하다
der Assistent, _en 조교
die Assistentin, _nen 여자 조교
beraten 조언하다
die Schlange 뱀, 길게 늘어선 행렬
die Warteschlange 기다리는 줄
die Einführung 입문, 안내문
das Semester, _ 학기
näher 더 가까운, 더 상세한 (nah의 비교급)
erhalten 받다

A : 어떤 강의를 들어야 하는 건지 모르겠어.
B : 그러면 조교에게 가봐. 조교가 너에게 조언을 줄 수 있어.
A : 그래, 이미 알고 있어. 그런데 그곳에는 항상 기다리는 줄이 아주 길어.
B : 금요일에 첫 학기 학생들을 위한 안내가 있지. 그때 좀 더 자세한 정보를 얻을 수 있어.

★ 명령형

상대를 어떻게 호칭하는가에 따라서 세 가지의 명령형이 있다. (문법편 16과 참조)

(1) 존칭 Sie : Kommen Sie zu mir, bitte, Herr Schmidt! 슈미트 씨, 제게로 좀 오십시오.

(2) ihr : Kommt zu mir, Kinder! 얘들아, 내게로 좀 와라!

(3) du : Komm zu mir, Anke! 앙케, 내게로 좀 와!

A : Ich möchte ein Zimmer im Studentenheim mieten.

B : Sie müssen zuerst einen Antrag stellen. Bitte füllen Sie das Formular aus!

A : Hier, bitte schön. Kann ich sofort ein Zimmer bekommen?

B : Nein, wir haben jetzt kein Zimmer mehr frei. Sie müssen wenigstens zwei Wochen warten.

A : Soll ich dann in zwei Wochen wieder zu Ihnen kommen?

B : Wir werden Ihnen telefonischen Bescheid geben.

A : Vielen Dank. Ich hoffe, dass ich so bald wie möglich ein Zimmer bekommen kann. Auf Wiedersehen.

Gespräch

A : 기숙사에 방을 얻고 싶습니다.
B : 우선 신청서를 제출하셔야 합니다. 서식을 기입해주세요.
A : 여기 있습니다. 제가 즉시 방을 얻을 수 있습니까?
B : 아닙니다. 지금은 빈방이 없습니다. 최소한 2주는 기다리셔야 합니다.
A : 그러면 제가 2주 후에 다시 당신에게 올까요?
B : 우리가 전화로 결정을 알려드릴 것입니다.
A : 감사합니다. 가능한 곧 방을 얻을 수 있기를 바랍니다. 안녕히 계세요.

mieten (방이나 집을) 세를 얻다 der Antrag 제안, 신청
das Formular 서식 ausfüllen (서식을) 기입하다
sofort 즉시, 당장 bekommen 받다, 얻다 wenigstens
(=mindestens) 최소한 warten 기다리다
telefonisch 전화로 Bescheid 결정, 정보

기억하세요!

★ 'so ~(형용사) wie möglich' = 'möglichst ~(형용사)' : 가능하면 ~하게

★ Bescheid 정보, 안내, 소식

Bescheid wissen 정통하게 잘 알다.

Darüber weiß er Bescheid. 그것에 대해 그가 잘 알고 있다.

jm. Bescheid sagen (geben) ~에게 (결정을) 알리다

Bescheid bekommen (erhalten) 회답을 (결정을) 받다

Ich habe gestern den schriftlichen Bescheid erhalten. 나는 어제 서면으로 회답을 받았다.

Lektion 16

Lektion

17

Telefon und Post

전화와 우편

학습 목표

전화 대화
우체국
의문사로 시작되는 부문장
전화대화에서의 표현

기본회화

1

A : Ich möchte nach Korea telefonieren, aber ich weiß nicht, wie die Vorwahl von Korea heißt.

B : Die Vorwahl von Korea ist 0082.

A : Oh, vielen Dank! Kennst du auch die Vorwahl von Berlin?

B : Ja, die ist 030.

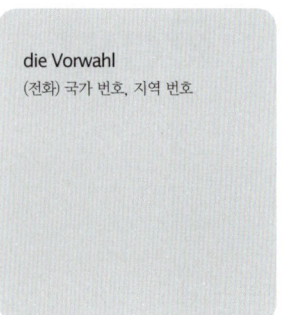

die Vorwahl
(전화) 국가 번호, 지역 번호

A : 한국으로 전화 걸고 싶은데 한국 국가 번호를 모르겠어.
B : 한국 국가 번호는 0082야.
A : 아, 고마워! 베를린 지역 번호도 알고 있니?
B : 그래, 그건 030이야.

 ★ 의문사가 이끄는 부문장 (부문장 안에서 동사는 맨 끝에 위치한다.)

Ich weiß nicht, wo er wohnt. 그가 어디에 사는지 나는 모른다. (Wo wohnt er?)

Wissen Sie, wann Herr Schuster ankommt? 슈스터 씨가 언제 도착하는지 아십니까?
(Wann kommt Herr Schuster an?)

Wir möchten wissen, was du gestern gemacht hast.
네가 어제 무엇을 했는지 우리는 알고 싶다. (Was hast du gestern gemacht?)

Ich weiß nicht, was ich für sie kaufen soll. 내가 그녀를 위해 무엇을 사야할지 모르겠어.
(Was soll ich für sie kaufen?)

Gespräche

2

A: Hier Müller.

B: Hier Miran Park. Kann ich bitte mit Frau Müller sprechen?

A: Meine Frau ist leider im Augenblick nicht zu Hause. Kann ich ihr etwas ausrichten?

B: Nein, danke. Ich rufe nachher wieder an. Auf Wiederhören!

A: Auf Wiederhören!

> der Augenblick 순간
> ausrichten 전하다
> anrufen 전화하다 (+4격, 분리동사)
> nachher 나중에

A: 뮐러입니다.
B: 저는 박 미란입니다. 뮐러 부인과 통화할 수 있을까요?
A: 유감이지만 제 아내가 지금 집에 없습니다. 메시지 전해드릴까요?
B: 아니요, 괜찮습니다. 나중에 제가 다시 전화하지요. 안녕히 계세요.
A: 네, 안녕히 계세요.

★ 전화통화

'저는 (누구)입니다' : 'Hier (spricht) ~'

'(누구) 좀 바꿔주시겠습니까?' : 'Kann (또는 Könnte) ich (mit) ~ sprechen?', 또는 'Ich möchte (mit) ~ sprechen.'

'메시지를 전해드릴까요?' : 'Kann ich ihm (또는 ihr) etwas ausrichten?'
(그에게 (또는 그녀에게) 뭔가 전해드릴까요?)

'안녕히 계세요.' : 'Auf Wiederhören!'

 기본회화

3

A : Firma Müller, hier Schmidt, guten Tag.

B : Hier Boram Kim. Guten Tag. Kann ich bitte Herrn Schneider sprechen?

A : Herr Schneider ist leider im Moment nicht im Büro. Er ist gerade in einer wichtigen Konferenz.

B : Wissen Sie, wann er zurückkommt?

A : Das ist unbestimmt. Kann ich ihm etwas ausrichten?

B : Ja, sagen Sie ihm bitte, er möchte mich sobald wie möglich anrufen. Meine Telefonnummer ist 234567.

> die Konferenz 협의, 회의
> unbestimmt 정해지지 않은, 불확실한

A : 뮐러 사, 슈미트입니다. 안녕하세요.
B : 저는 김보람입니다. 슈나이더 씨와 통화할 수 있을까요?
A : 유감이지만 슈나이더 씨는 지금 사무실에 안 계십니다. 지금 중요한 회의 중이십니다.
B : 언제 돌아오시는지 아십니까?
A : 확실치 않습니다. 메시지 전해드릴까요?
B : 예, 가능하면 빨리 저에게 전화해달라고 말씀 전해 주십시오. 제 전화번호는 234567 입니다.

★ 전화를 받을 수 없는 상황을 알리는 안내.

Herr Schneider ist jetzt sehr beschäftigt. 슈나이더 씨가 지금 매우 바쁩니다.

Herr Schneider ist im Urlaub. 슈나이더 씨는 휴가 중입니다.

Herr Schneider hat diese Woche Urlaub. 슈나이더 씨는 이번 주에 휴가입니다.

Herr Schneider ist verreist. Am Donnerstag ist er wieder da.
슈나이더 씨는 여행 중입니다. 목요일에 다시 돌아옵니다.

Gespräche

4

A : Guten Tag. Hier ist Karin. Könnte ich bitte mit Iris sprechen?

B : Iris? Sie ist jetzt in Berlin. Vielleicht kommt sie morgen zurück.

A : Können Sie ihr sagen, sie soll mich zurückrufen? Meine Telefonnummer ist achtundzwanzig fünfundzwanzig sechsundsiebzig.

B : Ja, ja. Aber ich verstehe Sie nicht. Bitte wiederholen Sie. Und sprechen Sie langsamer bitte. Mein Deutsch ist nicht so gut.

A : Wenn Iris zurückkommt, sagen Sie ihr, sie soll Karin anrufen. Die Telefonnummer ist 282576.

> zurückrufen 응답전화하다
> langsam 느린, 천천히

A : 안녕하세요. 저는 카린인데요. 이리스와 통화할 수 있을까요?
B : 이리스요? 그녀는 지금 베를린에 있습니다. 아마 내일 돌아올 것입니다.
A : 그러면 저에게 전화해달라고 좀 전해주시겠습니까? 제 전화번호는 282576입니다.
B : 예. 그런데 당신 말을 알아듣지 못하겠습니다. 다시 말씀해주세요. 그리고 좀 천천히 말씀해주세요. 제가 독일어를 그리 잘하지 못합니다.
A : 이리스가 돌아오면 카린에게 전화해달라고 말해주세요. 전화번호는 282576입니다.

★ 조동사 sollen ~해야 한다 (제3자의 명령)

Der Arzt hat gesagt, du sollst viel Obst essen.
네가 과일을 많이 먹어야 한다고 의사 선생님이 말씀하셨어.

Meine Mutter hat gesagt, ich soll viel Wasser trinken.
내가 물을 많이 마셔야 한다고 어머니께서 말씀하셨어.

★ 서로 존칭하는 사이에 '~해주십시오'라는 명령형을 쓸 때는 '__en Sie...!'로 한다. bitte(영어의 please)는 문장의 앞과 뒤, 중간 어디에 써도 상관없다.

Öffnen Sie das Fenster, bitte! 창문을 열어주십시오.
Sprechen Sie bitte lauter! 좀 크게 말씀해주십시오.
Sprechen Sie bitte noch einmal! 한 번 더 말씀해주십시오.

기본회화

5

A : Wie kann ich die Telefonzelle benutzen?

B : Hast du eine Telefonkarte? Damit kannst du die Telefonzellen benutzen.

A : Wo kann ich Telefonkarten kaufen?

B : Im Postamt oder im Schreibwarenladen kannst du die bekommen. Es gibt Telefonkarten für 5, 10, 15 oder 20 Euro.

> die Telefonzelle, _n 전화부스
> benutzen 이용하다
> die Telefonkarte, _n 전화카드
> damit 그것을 가지고
> das Postamt 우체국
> der Schreibwarenladen 문구점
> = das Schreibwarengeschäft

A : 전화부스는 어떻게 이용할 수 있는 거니?
B : 전화카드 있어? 그것이 있으면 전화부스를 이용할 수 있어.
A : 전화카드는 어디서 살 수 있는데?
B : 우체국이나 문구점에서 구입할 수 있어. 5유로, 10유로, 15유로, 20유로짜리 전화카드들이 있어.

★ **das Telefon** 전화 / **das Mobiltelefon = das Handy** 휴대폰

Das Telefon klingelt. 전화벨이 울린다.
Anke, Telefon für dich! 앙케, 너에게 전화 왔어.

die Telefonzelle 전화부스
die Telefonkarte 전화카드
die Telefongebühr 전화요금
das Telefongespräch 전화통화
das Telefonbuch 전화번호부

Gespräche

6

A: Ich möchte dieses Päckchen nach Korea schicken.

B: Es wiegt drei Kilo. Also, das kostet zwanzig Euro.

A: Hier, bitte schön. Wie lange dauert es nach Korea ungefähr?

B: Normalerweise kommt es in zehn Tagen in Korea an.

A: Ich habe eine Postkarte nach Korea. Kann ich bei Ihnen auch Briefmarken kaufen?

B: Nein, Briefmarken gibt es am Schalter 3.

> das Päckchen, _ 작은 소포
> wiegen 무게를 재다, 무게가 ~이다
> dauern 계속되다, (시간이 얼마) 걸리다
> ungefähr 대략
> die Postkarte, _n 우편엽서
> die Briefmarke, _n 우표
> der Schalter, _ 창구

A: 이 소포를 한국으로 보내고 싶습니다.
B: 무게가 3킬로군요. 그러면 가격이 20유로입니다.
A: 여기 있습니다. 한국으로 가는데 대략 얼마나 걸립니까?
B: 보통 열흘 이내에 한국에 도착합니다.
A: 제가 한국으로 보내는 엽서가 한 장 있는데요. 여기에서 우표도 살 수 있나요?
B: 아닙니다. 우표는 3번 창구에 있습니다.

★ **die Post** 우편(물), 우체국 / **das Postamt** 우체국

Ich gehe zur Post (/ auf die Post / zum Postamt). 나는 우체국에 간다.

der Briefkasten 우체통 / **der Briefträger** 우체부 / **der Briefumschlag** 편지봉투
der Absender 발신인 / **der Empfänger** 수신인 / **die Luftpost** 항공우편

das Paket 소포 / **das Päckchen** 작은 소포

ein Paket aufgeben (/ **(ab)schicken**) 소포를 보내다

A : Firma Techno, hier Landsmann, Guten Tag.

B : Hier Minsu Kim. Kann ich Frau Schumann sprechen?

A : Bleiben Sie bitte am Apparat! Ich verbinde Sie mit Frau Schumann.

B : Danke.

C: Hier Schumann. Wer ist bitte am Apparat?

B : Guten Tag, Frau Schumann. Hier Minsu Kim.

C: Guten Tag, Herr Kim.

B : Kann ich jetzt mit Ihnen über meine Bestellung sprechen?

C: Leider habe ich gerade eine wichtige Besprechung. Kann ich etwa in einer Stunde zurückrufen?

B : O.K. Ich warte auf Ihren Rückruf. Auf Wiederhören.

C: Auf Wiederhören.

Gespräch

A : 테크노 회사에 란츠만입니다. 안녕하세요.
B : 저는 김민수입니다. 슈만 부인과 통화할 수 있을까요?
A : 끊지 말고 기다리십시오. 슈만 부인과 연결해드리겠습니다.
B : 고맙습니다.
C : 슈만입니다. 누구신가요?
B : 안녕하세요, 슈만 부인. 저 김민수입니다.
C : 안녕하세요, 김민수 씨.
B : 지금 당신과 제 주문품에 대해서 얘기 좀 할 수 있을까요?
C : 죄송하지만 지금 막 중요한 상담이 있습니다. 제가 한 시간쯤 후에 다시 전화해도 될까요?
B : 좋습니다. 그럼 전화 기다리겠습니다. 안녕히 계세요.
C : 안녕히 계세요.

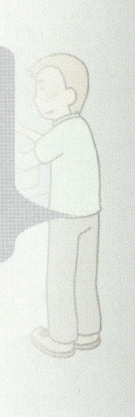

der Apparat, _e 기계, 기기, 전화기   verbinden 연결하다
die Bestellung, _en 주문(품), 예약
die Besprechung, _en 상담, 협의   etwa 대략
der Rückruf 회신전화

★ 전화 연결에 문제가 있거나 듣지 못했을 때의 표현.

Wie bitte? 뭐라고요? (다시 말씀해주시겠어요?)

Hören Sie mich noch? 아직 듣고 계신가요?

Was haben Sie gesagt? Am Montag? 뭐라고 말씀하셨지요? 월요일이요?

Ich verstehe Sie so schlecht. Könnten Sie bitte lauter (deutlicher) sprechen?
당신 말씀을 잘 알아듣지 못하겠네요. 조금 크게 (명확하게) 말씀해주시겠어요?

Die Verbindung ist so schlecht. Ich kann Sie kaum verstehen.
연결이 좋지 않네요. 당신 말씀을 거의 알아듣지 못하겠어요.

Lektion 18

Reservierung

예약하기

학습 목표

호텔, 식당 예약하기
날짜 읽기
상태수동
접속법2식 würde

기본회화

1

A : Ich möchte ein Zimmer reservieren.

B : Für wann und wie viele Personen, bitte?

A : Für zwei Personen. Ich möchte vom 1. bis 5. August ein Doppelzimmer mit Bad reservieren.

B : Wie ist Ihr Name?

A : Boram Kim. Was kostet das Zimmer für eine Nacht?

B : 120 Euro. Das Frühstück ist inbegriffen.

> reservieren 예약하다
> die Person _en 인원, 개인
> das Doppelzimmer, _ 2인실
> das Bad 욕실
> inbegriffen 포함된

A : 방을 하나 예약하고 싶습니다.
B : 언제 숙박하시고 또 인원은 몇 분이신가요?
A : 두 사람입니다. 8월 1일부터 5일까지 욕실이 있는 2인실을 하나 예약하고 싶습니다.
B : 성함이 어떻게 되십니까?
A : 김보람입니다. 방은 1박에 얼마인가요?
B : 120유로입니다. 아침 식사는 포함되어 있습니다.

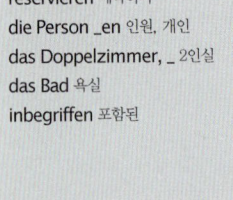

★ 날짜는 서수로 읽는다. (좀 더 자세한 사항은 문법편 10과, 수사 참조)

1일 der erste, 2일 der zweite, 3일 der dritte

~ 29일 der neunundzwanzigste, 30일 der dreißigste

9일에 am neunten, 20일에 am zwazigsten ....

1일부터 vom ersten / 5일부터 vom fünften

3일까지 bis den dritten 또는 bis zum dritten

Gespräche

2

A: Guten Tag. Ich habe ein Zimmer reserviert. Mein Name ist Boram Kim. Hier ist die Reservierungsbestätigung.

B: Einen Moment, bitte. Ich bestätige Ihre Reservierung. Ja, Sie haben ein Einzelzimmer für eine Nacht reserviert.

A: Ja, das stimmt. Um wieviel Uhr muss man das Zimmer verlassen?

B: Sie müssen vor 12 Uhr auschecken. Das Zimmer 408, hier ist der Schlüssel.

> die Reservierung, _en 예약
> die Bestätigung _en 확인, 확인서
> bestätigen 확인하다, 증명하다
> das Einzelzimmer 1인실
> stimmen 맞다, 일치하다
> verlassen 떠나다
> auschecken 체크아웃하다
> der Schlüssel, _ 열쇠

A: 안녕하세요. 제가 방을 예약했습니다. 제 이름은 김보람입니다. 여기 예약 확인증입니다.
B: 잠깐 기다리세요. 예약을 확인해보지요. 예, 1인실 1박 예약하셨습니다.
A: 예, 맞습니다. 몇 시에 방을 비워야합니까?
B: 12시 전에 체크아웃하셔야 합니다. 408호실, 여기 열쇠입니다.

★ reservieren - (과거형) reservierte - (과거분사형) reserviert (_ieren으로 끝나는 동사는 과거분사형에 'ge'를 붙이지 않는다.) (문법편 13과, 과거분사형 참조)

Lektion 18 199

기본회화

3

A : Was kostet ein Einzelzimmer pro Nacht? Ich hätte gern ein möglichst billiges Zimmer.

B : Das Einzelzimmer kostet 48 Euro.

A : Haben Sie ein Zimmer für 48 Euro frei?

B : Ja, wir haben eins noch frei.

A : Gut, das nehme ich. Ist das Frühstück inbegriffen?

B : Ja. Sie können von 7 bis halb 11 im Frühstücksraum frühstücken.

> pro ~당
> möglichst 가능한 한, 될 수 있는 대로
> der Raum 공간, 방, 실내

A : 1인실은 하룻밤에 얼마입니까? 가능하면 싼 방이면 좋겠는데요.
B : 1인실은 48유로입니다.
A : 48유로 방이 비어 있나요?
B : 예, 하나가 아직 비어 있습니다.
A : 좋습니다. 제가 그 방을 얻지요. 아침 식사는 포함되어 있습니까?
B : 예. 아침 7시에서 10시 30분까지 식당에서 아침 식사를 하실 수 있습니다.

★ 서비스에 대한 질문, 요청

Von wann bis wann kann man frühstücken? 언제부터 언제까지 아침식사 할 수 있습니까?

Gibt es hier im Hotel eine Reinigung (/ eine Sauna)?
여기 호텔 안에 세탁소가 (사우나가) 있습니까?

Könnten Sie mir bitte ein Taxi bestellen? 택시 좀 불러주실 수 있습니까?

Können Sie mich morgen um 6 Uhr wecken? 내일 아침 여섯 시에 깨워주실 수 있습니까?

Gespräche

4

A : Guten Tag, hier Kim. Kann ich bei Ihnen einen Tisch für drei Personen bestellen?

B : Für wann, bitte?

A : Für morgen um 18 Uhr, bitte.

B : Um 18 Uhr ist leider schon alles reserviert.

A : Oh, schade. Dann kommen wir ein anderes Mal.

bestellen 주문하다, 예약하다
alles 모든 것
ander 다른
das Mal 번(番), 회(回)
ein anderes Mal 다른 때

A : 안녕하세요. 저는 Kim이라고 하는데요. 세 사람을 위해 테이블 하나 예약할 수 있을까요?
B : 언제 오실 건가요?
A : 내일 여섯 시입니다.
B : 유감이지만 여섯 시에는 이미 예약이 다 찼습니다.
A : 저런, 유감이네요. 그러면 다음에 가지요.

★ 'ist ... reserviert' 예약되어 있다.

★ sein동사.... 타동사의 p.p.'는 '~되어 있다'는 의미를 갖는다. 여기에서는 과거분사가 '~되어진'이라는 의미의 형용사 역할을 한다. (상태수동. 문법편 20과, 수동태 참조)

Das Essen ist schon gekocht. 음식이 이미 요리되어 있다. (kochen 요리하다)
Der Mantel ist schon verkauft. 외투가 이미 팔려나가 있다. (verkaufen 팔다)

기본회화

5

A : Ich würde gern einen Tisch für Freitag um 19 Uhr reservieren.

B : Für wie viele Personen, bitte?

A : Für zwei, bitte. Wenn es möglich ist, hätte ich gerne einen Tisch am Fenster.

B : Ja, glücklicherweise ist ein Fenstertisch noch frei. Wie ist Ihr Name, bitte?

> glücklicherweise 다행히
> der Fenstertisch
> = der Tisch am Fenster
> 창가의 탁자

A : 금요일 일곱 시에 테이블 하나 예약하고 싶습니다.
B : 몇 분이신가요?
A : 두 사람입니다. 가능하다면 창가의 탁자면 좋겠는데요.
B : 예, 다행히 창가 테이블이 하나 아직 비어 있군요. 성함이 어떻게 되시지요?

★ **würde** (werden의 접속법2식 형태)

ich würde, du würdest, er würde, wir würden, ihr würdet, sie würden

* würde gern .... Inf. ~하고 싶다. (= möchte (gern) ... Inf.)

Ich würde gern nach Italien reisen. 이탈리아로 여행하고 싶다.

★ **wenn** ~하면 (종속접속사. 동사가 부문장 끝에 위치한다.)

Wenn es möglich ist, ...가능하다면 ... (Es ist möglich. 그것은 가능하다.)

Gehen wir ins Kino, wenn du morgen Zeit hast.
내일 네가 시간 있으면 극장에 가자. (Du hast morgen Zeit. 너는 내일 시간이 있다.)

Gespräche

6

A : Ich hätte gern einen Termin bei Dr. Köhler.

B : Für wann, bitte?

A : Für Mittwoch gegen sechzehn Uhr.

B : Einen Moment. Für Mittwoch um sechzehn Uhr dreißig ist es möglich.

A : Gut. Mein Name ist Boram Kim.

der Termin, _e
기한, 기일, 예약된 진료 시간

A : 쾰러 박사님께 예약하고 싶습니다.
B : 언제로 할까요?
A : 수요일 오후 네 시 경으로 해주세요.
B : 잠깐만요. 수요일 네 시 반에 가능합니다.
A : 좋습니다. 제 이름은 김보람입니다.

★ 예약이나 약속에 대한 연기, 취소

Ich muss leider meinen Termin am zehnten März absagen.
유감이지만 3월 10일 예약을 취소해야 합니다.

Ich kann meinen Termin nicht einhalten. Kann ich einen neuen Termin ausmachen?
제가 예약시간을 지킬 수 없습니다. 새로 약속시간을 잡을 수 있을까요?

Könnten wir unseren Termin am ersten Juni um eine Woche verschieben?
6월 1일의 우리 약속을 일주일 연기할 수 있을까요?

 대화

A : Kann ich ein Doppelzimmer reservieren?

B : Für wie viele Nächte?

A : Zwei Nächte, bitte.

B : Für wann?

A : Vom zehnten bis zum zwölften Juli.

B : Einen Moment. Ja, wir haben ein Doppelzimmer frei. Ihr Name, bitte?

A : Mirang Kim. M-I-R-A-N-G, K-I-M.

B : Wie ist Ihre Telefonnummer?

A : Meine Telefonnummer ist 0301234567.

B : Alles in Ordnung. Vielen Dank.

A : Und ich hätte gern ein Zimmer mit guter Aussicht.

B : Tut mir leid. Die Zimmer mit guter Aussicht sind schon ausgebucht.

Gespräch

A : 2인실 하나 예약할 수 있을까요?
B : 며칠간 숙박하십니까?
A : 2박 할 것입니다.
B : 기간은 언제입니까?
A : 7월 10일부터 12일까지입니다.
B : 잠깐만 기다리십시오. 예, 2인실 빈방이 있습니다. 성함이 어떻게 되십니까?
A : 김미랑입니다. 엠-이-에르-아-엔-게 카-이-엠.
B : 전화번호는 어떻게 되십니까?
A : 제 전화번호는 0301234567입니다.
B : 다 되었습니다. 감사합니다.
A : 그리고 전망이 좋은 방이면 좋겠는데요.
B : 죄송합니다만 전망 좋은 방들은 예약이 다 차 있습니다.

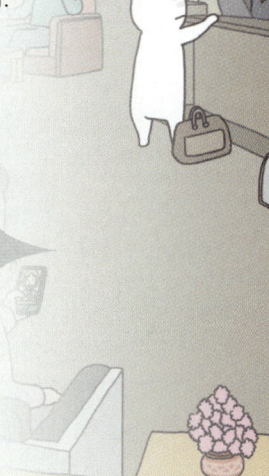

> **die Nacht,** ¨e 밤   **die Ordnung** 질서, 질서 있는 상태
> **die Aussicht,** _en 조망, 전망
> **ausgebucht** 예약이 꽉 찬, 매진된

★ 'Alles in Ordnung.' (= Alles ist in Ordnung.) '모든 일이 나무랄 데 없이 잘 되어 있다'는 의미이다.

★ von ~ bis (zu) ~ ~부터 ~까지 (bis는 다른 전치사와 연결되어 bis zu ~와 같은 형태로 많이 사용된다.)

Von wann bis wann? 언제부터 언제까지?
von zehn bis zwölf Uhr 열 시부터 열두 시까지
vom ersten bis dritten Dezember 12월 1일부터 3일까지
vom frühen Morgen bis zum späten Abend 이른 아침부터 늦은 저녁까지

Lektion
19

Einladung

초대

학습 목표

초대와 방문
denn의 용법
wollen의 과거형
분리 동사

기본회화

1

A : Der Film war sehr interessant, nicht wahr?

B : Ja, der Film war sehr spannend. Der hat mir gut gefallen.

A : Gehen wir noch in ein Café? Darf ich dich einladen?

B : Ja, gern. Aber ich kann leider nicht lange bleiben. Ich möchte heute früh ins Bett, denn ich muss morgen früh aufstehen.

A : In Ordnung.

> spannend 흥미진진한, 긴장감 있는
> die Ordnung 질서
> In Ordnung! 좋아, 동의할게

A : 영화가 아주 재미있었어, 그렇지?
B : 그래. 아주 흥미진진했지. 영화가 매우 마음에 들었어.
A : 우리 카페에 갈까? 내가 너를 초대해도 될까?
B : 그래, 좋아. 그런데 유감이지만 오래 머물 수는 없어. 내일 일찍 일어나야 하기 때문에 오늘은 일찍 자고 싶거든.
A : 그래, 좋아.

★ **einladen** jn.(4격) zu ~ ~를 ~로 초대하다

Ich lade dich ein. 내가 너를 초대할게. (내가 살게.)
Er lädt seine Freunde ein. 그가 친구들을 초대한다. (현재형 불규칙, 문법편 3과 참조)
Er hat mich zum Abendessen eingeladen. 그가 나를 저녁식사에 초대했다.

★ **denn**

(1) (의문문에서는 부사로서) 대체, 그런데

Was ist das denn? 그런데 그게 뭐야?

Wann kommt er denn? 그런데 그는 언제 오는 거야?

(2) (접속사로서) ~이기 때문이다

Ich nehme das Taxi, denn ich muss pünktlich ankommen.
나는 택시를 타겠다. 정시에 도착해야 하기 때문이다.

Gespräche

2

A : Ich möchte euch zu mir einladen.

B : Oh, danke schön! Wann denn?

A : Könnt ihr am Freitagabend gegen 17 Uhr bei mir sein? Essen wir zusammen zu Abend.

B : O.K. Wie kommen wir denn zu dir?

A : Ihr könnt die U-Bahn nehmen. Steigt an der Station Friedrichstrasse aus! Da hole ich euch ab.

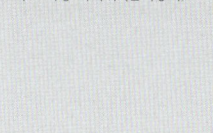

aussteigen 내리다 (분리동사)
abholen
차로 마중 나가다 (분리동사)

A : 너희를 우리 집에 초대하고 싶어.
B : 아, 고마워. 그런데 언제?
A : 금요일 저녁 다섯 시쯤에 우리 집으로 올 수 있을까? 함께 저녁 먹자.
B : 그래. 너희 집에 어떻게 가지?
A : 지하철을 탈 수 있어. 프리드리히슈트라세 역에서 내려. 거기에서 내가 너희를 차로 데려올게.

★ ihr(너희들)에 대한 명령형: 주어 ihr는 생략하고 '(동사어간)t ~!'의 형태로 만든다.

Kommt zu mir, Kinder! 얘들아, 내게로 와라.

Steigt ins Auto ein! 자동차에 타라!

★ abholen 가지러 가다, 마중 나가다

Ich hole meine Eltern am Bahnhof ab. 역에서 부모님을 차로 모셔온다.

Er muss das Paket von der Post abholen. 그는 우체국에서 소포를 찾아와야 한다.

Lektion 19

기본회화

3

A : Hast du am Sonnabend Zeit? Kannst du zu mir kommen?

B : Da habe ich Zeit. Warum?

A : Ich habe Geburtstag und mache eine Party.

B : Ich komme gerne. Wann fängt die Party denn an?

A : Um sechs Uhr. Bring deine Schwester auch mit!

B : Ich glaube, sie kann nicht mitkommen. Sie hat am Montag eine wichtige Prüfung und muss viel lernen.

> warum? 왜?
> der Geburtstag 생일
> auch 역시, 또한
> anfangen 시작하다 (분리동사)
> mitbringen 가져가다, 데려가다 (분리동사)
> glauben 생각하다
> die Prüfung 시험
> lernen 배우다, 공부하다

A : 토요일에 시간 있니? 우리 집에 올 수 있어?
B : 그때 시간 있어. 왜?
A : 내 생일이라 파티를 해.
B : 기꺼이 갈게. 파티는 언제 시작이니?
A : 여섯 시에 시작이야. 네 동생도 함께 데려와!
B : 그 애는 갈 수 없을 것 같아. 월요일에 중요한 시험이 있어서 많이 공부해야 하거든.

★ fangen(잡다) 현재형 불규칙 변화

ich fange, du fängst, er fängt, wir fangen, ihr fangt, sie fangen

Gespräche

4

A: Ich danke dir für die Einladung. Ich habe eine Flasche Wein mitgebracht.

B: Danke schön!

A: Ist Andreas schon da?

B: Nein, er ist noch nicht da. Wahrscheinlich findet er den Weg nicht.

A: Er kennt den Weg schon. Er steht bestimmt im Stau. Sind alle die anderen Gäste schon da?

B: Nein, es sind einige Gäste noch nicht angekommen.

> die Einladung, _en 초대
> wahrscheinlich 아마, 십중팔구
> finden 발견하다
> der Weg 길
> bestimmt 정해진, 분명히
> der Stau _s 교통체증
> alle 모든 사람들
> ander 다른

A : 초대해줘서 고마워. 와인 한 병 가져왔어.
B : 고마워.
A : 안드레아스 왔니?
B : 아니, 아직 안 왔어. 아마 길을 찾지 못하는 것 같은데.
A : 길은 알고 있어. 분명히 교통체증 때문일 거야. 다른 손님들은 모두 왔니?
B : 손님 몇 사람이 아직 도착하지 않았어.

★ **danken jm.(3격) für ~** ~에게 ~에 대해서 감사하다

Ich danke Ihnen für das Geschenk. 선물에 대해서 당신에게 감사드립니다.
Er hat mir für die Hilfe gedankt. 그는 내게 도움에 대해서 감사했다. (die Hilfe 도움, 후원)

★ **einige + 복수:** 몇몇의 ~ (= ein paar + 복수, mehrere + 복수)

einige Bücher 책 몇 권, einige Kinder 몇 명의 아이들

★ **가주어 es**

Es sind einige Gäste noch nicht angekommen.

Es는 가주어이고 진짜 주어는 einige Gäste이다. 의미상의 주어가 복수이기 때문에 동사는 이 주어를 따라 'sind'가 된다.

Lektion 19 **211**

 기본회화

5

A : Erik, komm rein! Herzlich willkommen!

B : Alles Gute zum Geburtstag! Hier ein kleines Geschenk für dich.

A : Vielen Dank! Oh, die CD wollte ich schon haben.

B : Wirklich? Ich freue mich.

A : Komm her! Mira und Klaudia sind auch schon da. Möchtest du Bier oder Wein?

B : Ein Glas Wein, bitte. Aber ich möchte zuerst Wasser trinken. Ich habe Durst.

A : O.K. Einen Moment!

> **A** : 에릭, 어서 들어와. 환영이야!
> **B** : 생일 축하해! 여기 너를 위해서 작은 선물 하나 갖고 왔어.
> **A** : 고마워! 아, 이 CD 갖고 싶었던 거야.
> **B** : 정말? 다행이다.
> **A** : 이리 와. 미라와 클라우디아도 벌써 와 있어. 맥주나 와인 마실래?
> **B** : 와인 한 잔 마실게. 그런데 우선 물 좀 마시고 싶어. 목이 말라서.
> **A** : 그래. 잠깐만.

rein herein(안으로)의 생략형
alles Gute 좋은 모든 것 ('행복하길 빌게, 만사형통하기를'이라는 의미의 인사말)
wirklich 실제로, 정말로
der Durst 갈증

 기억 하세요!

★ Ich habe Durst. 나는 목이 마르다.

   Ich habe keinen Durst. 나는 목이 마르지 않다.

★ 서로 친하게 이름만 부르는 사이에서 '~해라'라는 명령형은 주어 du를 생략하고 '동사의 어간'으로 나타낸다. (문법편 명령형 참조)

   Komm her! 이리로 와!

   Mach das nicht! 그것 하지 마!

Gespräche

6

A: Ich würde Sie gern am Sonntagnachmittag zum Kaffee einladen. Haben Sie Zeit?

B: Ja, gerne. Da habe ich Zeit. Wann und wo treffen wir uns?

A: Treffen wir uns um halb vier vor dem Rathaus.

B: O.K. Wer kommt mit?

A: Wenn es Ihnen recht ist, möchte ich auch Herrn Grün einladen.

B: Gut. Ich wollte auch mal Herrn Grün wiedersehen.

der Rathaus 시청
recht 올바른, 알맞은

A: 일요일 오후에 당신에게 커피 대접하고 싶은데요. 시간 있으십니까?
B: 예, 좋습니다. 시간이 있습니다. 언제 어디에서 만날까요?
A: 세 시 반에 시청 앞에서 만나지요.
B: 좋습니다. 누가 함께 옵니까?
A: 당신이 괜찮으시다면 그륀 씨도 초대하고 싶은데요.
B: 좋습니다. 저도 그륀 씨를 다시 만나고 싶었습니다.

★ wenn ~하면

wenn es Ihnen recht ist, ... 당신이 괜찮으시다면 ...

wenn es dir recht ist, ... 네가 좋다면 ...

★ wollte ~하고 싶었다.

조동사 wollen의 과거형. möchte(~하고 싶다)의 과거도 wollte로 쓴다.

Wir wollen uns ein Haus kaufen. 우리는 집을 구입하고자 한다.

Wir wollten uns ein Haus kaufen. 우리는 집을 구입하고자 했다.

Ich möchte dich besuchen. 나는 너를 방문하고 싶다.

Ich wollte dich besuchen. 나는 너를 방문하고 싶었다.

A : Wir machen am Freitagabend Party. Kannst du kommen?

B : Zeit habe ich schon. Aber da kenne ich niemand außer euch.

A : Da kannst du neue Leute kennenlernen. Alle sind sehr nett.

B : O.K. Wohin soll ich gehen?

A : Zu uns. Wir wohnen in der Mörikestrasse 5.

B : Wie komme ich zu euch?

A : Du fährst einfach mit dem Bus Nr. 5, und an der Haltestelle Mörikestrasse steigst du aus. Da gibt es eine Bäckerei. Wir wohnen daneben. Du kannst sicher unser Haus leicht finden. Hier ist unsere Adresse.

B : Alles klar. Wenn ich eure Wohnung nicht finden kann, rufe ich dich an.

Gespräch

A : 우리가 금요일 저녁에 파티를 여는데 너는 올 수 있니?
B : 시간은 있어. 그런데 나는 너희밖에 아는 사람이 없잖아.
A : 거기서 새로운 사람들을 사귈 수 있지. 모두 아주 친절해.
B : 좋아. 어디로 가야 하는데?
A : 우리 집으로 와. 우리 집은 뫼리케슈트라세 5번지야.
B : 너희 집에 어떻게 가면 되지?
A : 그냥 5번 버스를 타고 오다가 뫼리케슈트라세 정류장에 내려.
그곳에 빵집이 하나 있어. 우리 집은 그 옆이야.
분명히 우리 집을 쉽게 찾을 수 있을 거야. 여기 우리 주소야.
B : 알겠어. 너희 집을 찾을 수 없으면 너에게 전화할게.

niemand 아무도 ~하지 않다   außer (+3격) ~외에
nett 친절한, 호감가는
kennenlernen 알게 되다, 아는 사이가 되다
einfach 단순한, 간단한   die Haltestelle, _n 버스 정류장
aussteigen 내리다 (분리동사)   die Bäckerei, _en 제과점
daneben 그 옆에   leicht 쉬운, 가벼운

★ 초대

Mein Mann und ich würden uns freuen, wenn Sie heute zu uns zum Abendessen kommen könnten. 당신이 오늘 우리 집에 저녁식사를 하러 오실 수 있다면 제 남편과 제가 기쁠 텐데요.

Wir haben am Samstag eine kleine Grillparty. Willst du nicht mitmachen?
우리가 토요일에 작은 그릴파티를 하는데 함께 하지 않을래?

★ 초대 승낙하기

Sehr gern. (=Mit Vergnügen.) Vielen Dank für die Einladung. 기꺼이 갈게요. 초대 고맙습니다.

Ich komme gern. 기꺼이 가겠습니다.

★ 초대 거절하기

Das geht leider nicht. Da habe ich schon eine andere Verabredung.
안 되겠네요. 그때 제가 이미 다른 약속이 있습니다.

Ich würde sehr gern kommen, aber ich kann nicht. Ich habe schon etwas anderes vor.
가고 싶지만 갈 수가 없네요. 벌써 다른 일이 예정되어 있어요.

Lektion 19

Lektion 20

Gesundheit

건강

학습 목표

자신의 건강상태 표현하기
sollen의 접속법2식
lassen 동사

 기본회화

1

A : Was ist denn mit dir los?

B : Mir ist ein bisschen schwindlig. Ich habe wenig geschlafen.

A : Dann solltest du ins Bett gehen und dich ausruhen.

> **A** : 어디가 아파?
> **B** : 약간 어지러워. 잠을 거의 못 잤어.
> **A** : 그러면 침대에 누워 쉬는 게 좋겠다.

schwindlig 어지러운
wenig 적은, 적게, 별로 ~않다
sich ausruhen 쉬다, 휴식을 취하다

기억하세요!

★ **solltest**: 조동사 sollen의 접속법2식 형태. 충고, 권유의 용법

Du solltest weniger Alkohol trinken. 너 술 좀 덜 마셔야겠다.

Man sollte darüber nachdenken. 그것에 대해서 숙고해보는 게 좋을 것이다.

Gespräche

2

A : Sie sehen heute nicht wohl aus.

B : Ich fühle mich nicht wohl.

A : Was fehlt Ihnen?

B : Seit gestern Abend habe ich starke Kopfschmerzen.

> **A** : 오늘 얼굴이 좋지 않아 보이시네요.
> **B** : 몸이 좀 좋지 않습니다.
> **A** : 어디가 좋지 않으신데요?
> **B** : 어제 저녁부터 두통이 심해요.

> aussehen ~하게 보이다
> wohl 좋은, 건강한
> sich fühlen ~ (자신의 상태를)
> ~하게 느끼다 (재귀동사)
> fehlen 결여되다, 병이 나 있다
> der Kopfschmerz _en
> 두통 (대개 복수형 사용)

★ '어디가 아프니?'라는 질문은 위에 나온 표현들, 'Was ist mit dir(존칭은 Ihnen) los?' 'Was fehlt dir?' 이외에, 'Fehlt dir etwas?', 'Bist du krank?' 등이 있다.

★ 너 얼굴이 창백해 보인다. Du siehst blass aus.

　나는 배가 아프다. Ich habe Bauchschmerzen.

　나는 이가 아프다. Ich habe Zahnschmerzen.

　설사가 난다. Ich habe Durchfall.

　속이 메스껍다. Mir ist schlecht.

기본회화

3

A (Apotheker): Guten Tag. Was kann ich für Sie tun?

B : Ich habe Bauchschmerzen. Mein Kopf tut mir auch weh.

A : Haben Sie Fieber?

B : Ich glaube ja.

A : Lassen Sie mich Fieber messen. Ja, 38 Grad. Einen Moment. Nehmen Sie diese Tabletten drei Mal am Tag.

B : Danke.

> Bauchschmerzen 복통
> der Kopf 머리
> wehtun 아픔을 일으키다 (분리동사)
> lassen ~하게 하다
> das Fieber 열
> messen 재다
> die Tablette _n 알약

A (약사): 도와드릴까요?
B : 제가 배가 아픕니다. 머리도 아프고요.
A : 열이 있습니까?
B : 네, 열이 있습니다.
A : 열을 재봅시다. 38도군요. 잠깐만요. 이 약을 하루에 세 번 드십시오.
B : 감사합니다.

★ Einen Moment, bitte! = Einen Augenblick, bitte! 잠깐만요.

★ lassen

(1) 단독으로 쓰일 때: 타동사로서 '놓아두다, 내버려두다'

　　Lass mich in Ruhe! 나를 좀 편히 내버려둬!

(2) 조동사처럼 뒤에 원형동사가 올 때: 영어의 let과 같은 사역동사로서 '~하게 시키다', '~하게 허용하다'

　　Er lässt die Kinder im Garten spielen. 그는 아이들을 정원에서 놀게 한다.

　　위의 대화에서의 'Lassen Sie mich Fieber messen.'을 직역하면 '나에게 열을 재도록 하십시오'가 된다.

Gespräche

4

A : Was kann ich für Sie tun?

B : Der Hals tut mir weh.

A : Lassen Sie mich mal sehen. Öffnen Sie bitte den Mund.

B : Was fehlt mir?

A : Sie haben Halsentzündung. Aber das ist nicht so schlimm. Ich verschreibe Ihnen ein Medikament. Gehen Sie mit diesem Rezept zur Apotheke.

> der Hals 목
> die Entzündung _en 염증
> schlimm 나쁜, 심한
> verschreiben 처방하다
> das Medikament _e 약, 의약품
> das Rezept, _e 처방전
> die Apotheke, _n 약국

A : 어서 오십시오.
B : 목이 아픕니다.
A : 좀 보겠습니다. 입을 벌려보세요.
B : 제가 어디가 안 좋은가요?
A : 목에 염증이 있으시군요. 하지만 그리 심하지는 않습니다. 약을 처방해드리겠습니다. 이 처방전을 가지고 약국으로 가십시오.

★ **wehtun** 아픔을 일으키다

Mein Bauch (Der Bauch) tut (mir) weh. 배가 아프다.

Mir tut alles weh. 온갖 곳이 다 아프다.

Wo tut es dir denn weh? 대체 어디가 아픈 거니?

Ich wollte dir damit nicht wehtun. = Ich wollte dich damit nicht verletzen.
그것으로 너를 아프게 하려고 했던 게 아니었어.

Lektion 20 **221**

기본회화

5

A : Wie geht es deinem Vater? Liegt er noch im Krankenhaus?

B : Er hat sich letzte Woche einer Operation unterzogen. Aber es geht ihm Tag für Tag besser.

A : Ich wünsche, dass er sich wieder gut erholt.

B : Danke. Er kann wahrscheinlich etwa in einer Woche das Krankenhaus verlassen.

> das Krankenhaus 병원
> letzt 지난
> die Operation 수술
> sich einer Operation unterziehen 수술 받다
> Tag für Tag 하루하루, 날마다
> besser 더 좋은 (gut의 비교급)
> sich erholen 회복되다
> verlassen (+4격) ~을 떠나다

A : 아버지 어떠시니? 아직 병원에 계셔?
B : 지난주에 수술을 받으셨어. 하지만 하루하루 좋아지고 계셔.
A : 아버지께서 잘 회복되시기를 바랄게.
B : 고마워. 1주 정도 지나면 퇴원하실 수 있을 거야.

★ unterziehen (비분리동사) – 과거형 unterzog – 과거분사형 unterzogen
 (ziehen - zog - gezogen)

★ letzte Woche 지난주에 / letzten Monat 지난달에 / letztes Jahr 작년에

Gespräche

6

A : Hallo Anna. Hier Bernd. Ich gehe morgen schwimmen. Kommst du mit?

B : Nein, morgen nicht. Ich möchte morgen den ganzen Tag im Bett liegen.

A : Warum denn? Fehlt dir etwas?

B : Ich möchte nur ausschlafen und mich erholen.

A : Bist du müde?

B : Ja, heute war es mir ein anstrengender Tag.

> ausschlafen 푹 자다
> sich erholen 휴식을 취하다
> müde 피곤한
> anstrengend 힘든

A : 안녕, 안나. 나 베른트야. 내일 오후에 수영하러 갈 건데 같이 갈래?
B : 아니, 내일은 안 되겠어. 내일은 종일 침대에 누워 있고 싶어.
A : 왜? 어디가 아프니?
B : 그냥 푹 자고 쉬고 싶어서.
A : 피곤하니?
B : 그래. 오늘은 아주 힘든 날이었어.

★ **fehlen**

(1) 존재하지 않다, 부족하다, 결석이다

　Mir fehlt das Geld für eine Reise. 내게는 여행을 위한 돈이 없다.

(2) es fehlt jm. an ~ (누구)에게 ~이 부족하다

　Es fehlt uns an Zeit. 우리에게 시간이 부족하다.

(3) 병이 나 있다.

　Fehlt dir etwas? = Fühlst du dich nicht wohl? 몸이 어디가 안 좋은 거야?

대화

A : Was ist dir das wichtigste im Leben?

B : Meine Familie ist mir am wichtigsten. Und was denkst du darüber?

A : Ich finde die Gesundheit am wichtigsten. Ohne Gesundheit kann man nichts machen.

B : Was tust du für deine Gesundheit?

A : Hm, nichts Besonderes.

B : Treibst du viel Sport?

A : Nein, Sport macht mir wenig Spaß.

B : Du rauchst und trinkst viel, nicht wahr?

A : Ja, ich rauche und trinke viel.

B : Rauchen und Trinken schaden deiner Gesundheit. Du solltest mit dem Rauchen aufhören und nicht so viel trinken.

Gespräch

A : 너에게는 인생에서 가장 중요한 것이 뭐니?
B : 내게는 가족이 가장 중요해. 네 생각은 어때?
A : 나는 건강이 가장 중요하다고 생각해. 건강이 없으면 아무것도 할 수 없잖아.
B : 너는 건강을 위해서 무엇을 하는데?
A : 음, 별로 특별한 것은 없어.
B : 운동은 많이 하니?
A : 아니, 나는 운동이 별로 재미없어.
B : 너는 담배도 많이 피우고 술 많이 마시지?
A : 그래, 담배도 많이 피우고 술도 많이 마셔.
B : 흡연과 음주는 건강에 해로워.
    담배도 끊고 술도 그렇게 많이 마시지 말아야 할 것 같은데.

> **das wichtigste** 가장 중요한 것
> **denken über** ~에 대해서 (어떻게) 생각하다
> **rauchen** 담배피우다   **schaden** ~(3격) ~에 해롭다
> **aufhören mit ~** ~을 중단하다

★ '~을 어떻다고 생각하다'는 표현은 'finden +4격+부사'를 쓴다.

  Ich finde den Roman langweilig. 나는 그 소설이 지루하다고 생각해.

★ denken 생각하다 - dachte - gedacht

  (1) denken an (4격) ~을 생각하다.

  Er hat oft an seine Heimat gedacht. 그는 자주 고향을 생각했다. (die Heimat 고향)

  (2) denken über (4격) ~에 대해서 (어떻게) 생각하다

  Was denkst du darüber? 그것에 대해서 어떻게 생각해?

  Er denkt anders über die Sache als ich. 그는 그 일에 대해서 나와 다르게 생각한다.
  (anders als ~ ~과 다른 / die Sache 사물, 사건, 문제)

Lektion 20

연습문제 Lektion 16~20

★ 다음 문장을 독일어로 작문해보세요.

1. 제가 가능한 한 곧 방을 얻을 수 있기를 바랍니다.
   _____

2. 나는 교환학생으로 독일에 있었다. (과거형)
   _____

3. 도서관에서 9시부터 17시까지 책을 대출할 수 있다.
   _____

4. Schmidt씨와 통화할 수 있을까요?
   _____

5. 제가 나중에 다시 전화하겠습니다.
   _____

6. 가능하면 빨리 제게 전화하면 좋겠다고 그에게 말씀해주세요.
   _____

7. 좀 천천히 말씀해주세요.
   _____

8. 12월 2일에서 5일까지 2인실을 하나 예약하고 싶습니다.
   _____

Übungen

9 방은 1박에 얼마입니까?

10 두 사람을 위한 테이블 하나 예약하고 싶습니다. 가능하면 창가 테이블을 얻고 싶습니다.

11 너 금요일 저녁 여섯 시쯤 내 집에 있을 수 있니?

12 레오, 생일 축하해. 초대해줘서 고마워.

13 몸이 좋지 않게 느껴집니다.

14 나는 머리가 아프다.

15 나에게는 나의 가족이 가장 중요하다.

문법편 Lektion 01~21

♥ 독일어의 기초 문법을 익힙시다.

기초 문법 정리

연습문제

Lektion 1 명사와 관사

1. 명사의 성과 관사

★ 독일어의 명사는 첫 글자를 항상 대문자로 쓴다.
★ 명사는 남성, 여성, 중성 가운데 하나의 성을 갖고 있으며, 성에 따라서 관사가 달라진다.

(1) 정관사 : 특정한 명사, 이미 알고 있는 명사 앞에 정관사를 붙인다. 명사를 공부할 때는 성을 알기 위해서 1격 정관사를 붙여 함께 외우는 것이 좋다.

	남성 m.	여성 f.	중성 n.	복수 Pl.
1격(N.)	der	die	das	die

(2) 부정관사 : 일정하지 않은 명사, 처음 나오는 명사 앞에 부정관사를 붙인다.

	남성	여성	중성
1격	ein	eine	ein

(3) 자연적인 성은 그대로 남성과 여성으로 구분된다.

　der Sohn 아들, die Tochter 딸, der Onkel 삼촌, die Tante 이모, 고모, 숙모

(4) 사물의 성은 정관사와 함께 암기하는 것이 가장 좋다.

　der Ring 반지, das Buch 책, die Brille 안경

(5) 명사의 형태에 따라 성이 구분되는 경우도 있다. 예를 들어 _ung, _keit, _heit 등으로 끝나면 모두 여성명사이다.

　die Zeitung 신문, die Übung 연습, die Gesundheit 건강

〈성에 따른 명사의 예〉

남성: **der Vater** 아버지, **der Student** 대학생, **der Tisch** 탁자, **der Bus** 버스, **der Stuhl** 의자

➡ **Hier ist ein Tisch. Der Tisch ist groß.** 여기 탁자가 하나 있다. 그 탁자는 크다.

여성: **die Mutter** 어머니, **die Studentin** 여대생, **die Lampe** 등, **die Jacke** 재킷, **die U-Bahn** 지하철

➡ **Da ist eine Jacke. Die Jacke ist teuer.** 저기 재킷이 하나 있다. 그 재킷은 비싸다.

중성: **das Kind** 아이, **das Bild** 그림, **das Buch** 책, **das Fenster** 창문, **das Taxi** 택시

➡ **Da ist ein Bild. Das Bild ist schön.** 저기 그림이 하나 있다. 그 그림은 아름답다.

복수: **die Eltern** 부모님, **die Leute** 사람들, **die Möbel** 가구

➡ **Hier sind Möbel. Die Möbel sind alt.** 여기 가구가 있다. 그 가구들은 오래된 것이다.

명사의 격

명사가 문장 안에서 어떤 역할을 하는가에 따라서 네 가지의 격이 있으며, 격에 따른 관사변화가 있다. 우선 위의 1격 관사들을 외워두고, 격에 따른 관사와 명사 변화는 4과에서 자세히 다룰 것이다. 주어는 항상 1격으로 쓴다.

② 복수 변화

복수형은 크게 다음 네 가지가 있고, 그 외에 불규칙변화형들이 있다. 명사를 외울 때 관사와 복수를 함께 외워야 한다. 예를 들어 '탁자'라는 단어는 'der Tisch – (die) Tische' 라고 암기해야 한다.

(1) (¨)

남성과 중성 명사 중 끝이 _er, _el, _en으로 끝나는 명사들이 주로 여기에 해당된다. 여성 가운데는 die Mutter와 die Tochter만 알아둔다.

der Onkel - (die) Onkel 삼촌
der Lehrer - Lehrer 교사
der Koreaner - Koreaner 한국인
der Vater - Väter 아버지
der Bruder - Brüder 형제
der Apfel - Äpfel 사과
die Mutter - Mütter 어머니
die Tochter - Töchter 딸

(2) (¨)e

단음절의 남성명사가 주로 여기에 속한다.

der Freund - Freunde 친구
der Tag - Tage 날(日), 낮
der Tisch - Tische 탁자
der Hund - Hunde 개
der Berg - Berge 산
der Stuhl - Stühle 의자
die Hand - Hände 손
der Fuß - Füße 발

(3) ¨er

단음절의 중성 명사가 주로 여기에 속한다.

das Bild - Bilder 그림
das Ei - Eier 계란
das Kind - Kinder 아이
das Haus - Häuser 집
das Buch - Bücher 책
das Glas - Gläser 컵

(4) ___(e)n

_e로 끝나는 명사는 _n을 붙여서 복수를 만든다.
_ung, _keit, _heit, _schaft로 끝나는 명사는 _en을 붙여서 복수를 만든다.

die Tasche - Taschen 가방
die Schwester - Schwestern 자매
die Blume - Blumen 꽃
die Übung - Übungen 연습
die Zeitung - Zeitungen 신문
die Tür - Türen 문

위의 네 가지 기본적인 복수변화 외에 특별한 변화를 하는 명사들도 있다. 그 중 다음의 두 가지는 기억해두자.

(5) _nen : die Lehrerin(여선생님)처럼 남성형에 _in을 붙여 만들어진 여성명사는 복수에 _nen을 붙인다.

die Lehrerin - Lehrerinnen 여선생님
die Studentin - Studentinnen 여자 대학생
die Koreanerin - Koreanerinnen 한국 여자

(6) ___s : 복수에 _s가 붙는 명사들이 있다. 주로 외래어이다.

das Auto - Autos 자동차
das Kino - Kinos 극장
das Foto - Fotos 사진
das Hotel - Hotels 호텔
das Büro - Büros 사무실

 **연습문제** Lektion 01

1 사전에서 다음 단어들을 찾아 성에 따라 정관사를 넣어보세요.
(사전에서 명사 옆에 써 있는 약자를 보면 성을 알 수 있다. m.남성, f.여성, n.중성)

① _____ Zimmer 방　　　　　　② _____ Tür 문

③ _____ Fenster 창문　　　　　④ _____ Stuhl 의자

⑤ _____ Haus 집　　　　　　　⑥ _____ Lehrerin 여교사

⑦ _____ Uhr 시계　　　　　　　⑧ _____ Mann 남자

⑨ _____ Bier 맥주　　　　　　　⑩ _____ Freund 친구

⑪ _____ Regen 비　　　　　　　⑫ _____ Zeit 시간

⑬ _____ Frühling 봄　　　　　　⑭ _____ Nacht 밤

⑮ _____ Regal 선반, 책꽂이

Übungen

2 사전에서 다음 단어들을 찾아 복수를 넣어보세요.
(남성이나 중성 명사의 경우는 사전에서 뒤쪽에 써 있는 어미를 붙이면 복수이다.
'Tisch m. _s, _e' : der Tisch – 복수 die Tische, 여성의 경우는 복수어미만 쓰여 있다.
'Frau f._en' : die Frau – 복수 die Frauen)

① das Haus 집　　　　_____

② der Hund 개　　　　_____

③ die Schülerin 여학생　_____

④ der Koreaner 한국인　_____

⑤ das Mädchen 소녀　　_____

⑥ die Schwester 여자 형제　_____

⑦ der Brief 편지　　　　_____

⑧ der Arzt 의사　　　　_____

⑨ die Blume 꽃　　　　_____

⑩ das Land 나라　　　　_____

Lektion 2 동사 현재형 변화 I (기본 동사와 규칙동사)

독일어 동사의 현재형은 주어의 인칭과 수에 따라 끝부분의 어미(거의 모든 원형동사(=부정형동사)의 어미는 _en이다)가 변화한다. _en 앞쪽의 어간이 변화하지 않는 규칙동사와 어간까지 변화하는 불규칙 동사가 있다.

〈인칭대명사〉

ich 나	wir 우리
du 너	ihr 너희
er 그, 그것 (남성)	
sie 그녀, 그것 (여성)	sie 그들, 그것들 (복수)
es 그것 (중성)	(Sie 당신, 당신들 (존칭))

1. 기본 동사 sein, haben, werden

기본 동사인 sein(~이다), haben(갖고 있다), werden(~이 되다)은 불규칙변화 동사이므로 암기해야 한다.

	sein	haben	werden
ich	bin	habe	werde
du	bist	hast	wirst
er (sie, es)	ist	hat	wird
wir	sind	haben	werden
ihr	seid	habt	werdet
sie (Sie)	sind	haben	werden

➡ Sind Sie verheiratet? - Nein, ich bin ledig.
　당신은 기혼이십니까?　　　아니요, 저는 미혼입니다.

➡ Seid ihr Studenten? - Ja, wir sind Studenten.
　너희들은 대학생이니?　　그래, 우리는 대학생이야.

의문문은 '동사+주어 ~?', 의문사가 있을 때는 '의문사+동사+주어 ~?'

➡ **Hast du Hunger? - Ja, ich habe Hunger.**
너 배고프니? 그래, 배고파.

➡ **Haben Sie Kinder? - Ja, ich habe zwei Söhne.**
자녀가 있으신가요? 예, 아들이 둘 있습니다.

➡ **Es wird dunkel.** 어두워지고 있다. (dunkel 어두운)

➡ **Er wird langsam müde.** 그는 서서히 피곤해지고 있다. (langsam 느린, 점차, 서서히 / müde 피곤한)

② 규칙 동사

(1) 주어에 따른 현재형 어미

독일어 동사는 machen, wohnen, kommen, gehen과 같이 부정형(독일어 문법에서는 원형을 '부정형'이라고 칭한다)이 _en으로 끝난다. 끝의 '(_)en' 부분을 어미라고 하며 주어의 인칭과 수에 따라 어미가 변화한다.

	단수		복수	
1인칭	ich	___e	wir	___en
2인칭	du	___st	ihr	___t
	Sie	___en	Sie	___en
3인칭	er (es, sie)	___t	sie	___en

> **예1** machen 하다
> ich mach**e**   wir mach**en**
> du mach**st**   ihr mach**t**
> er/es/sie mach**t**   sie/Sie mach**en**

➡ **Was mach**en **Sie?** 당신은 무슨 일을 하십니까?

➡ **Was mach**st **du** jetzt? 너 지금 뭐 하고 있니?

예2 wohnen 살다, 거주하다

ich wohne	wir wohnen
du wohnst	ihr wohnt
er wohnt	sie wohnen

➡ Wo wohnen Sie? - Ich wohne in Seoul.
  어디에 사십니까?   서울에 삽니다. (wo? 어디?)

➡ Wohnt Peter noch in Berlin? - Nein, er wohnt jetzt in Frankfurt.
  페터가 아직 베를린에 살고 있니? 아니, 그는 지금 프랑크푸르트에 살고 있어.
  (noch 아직 / jetzt 지금)

(suchen 찾다) Was suchst du? 너 무엇을 찾고 있니?
(schreiben 쓰다) Er schreibt einen Brief. 그는 편지를 쓰고 있다. (der Brief 편지)
(liegen 놓여 있다) Korea liegt in Asien. 한국은 아시아에 위치해 있다.
(hören 듣다) Hörst du Musik? 음악 듣고 있니? - Ja, ich höre Musik. 그래, 음악 듣고 있어.
(üben 연습하다) Übt ihr viel?   -   Ja, wir üben viel.
         너희들 연습 많이 하니? 그래, 우리는 많이 연습해. (viel 많이)

(2) 규칙동사 중 유의할 동사

① 어간이 -d, -t, -fn, -chn, -ckn, -gn, -dm, -tm으로 끝나는 동사는 du, er, ihr에서 어미변화에 유의해야 한다.

ich __e	wir __en
du __est	ihr __et
er __et	sie __en

예 arbeiten 일하다, antworten 대답하다, warten 기다리다, bilden 만들다, finden 발견하다, öffnen 열다, zeichnen 그리다, regnen 비 오다, atmen 호흡하다

⟨arbeiten⟩

ich arbeite	wir arbeiten
du arbeitest	ihr arbeitet
er arbeitet	sie arbeiten

➡ **Wo arbeit**est du? 너는 어디서 일하니?

➡ **Er arbeit**et in Seoul. 그는 서울에서 일하고 있다.

(warten) **Wart**et ihr lange? 너희들 오래 기다리니? (lange 오래)

(regnen) **Es regn**et. 비가 온다.

(bilden) **Er bild**et Sätze. 그가 문장들을 만든다. (der Satz - Sätze 문장)

(öffnen) **Er öffn**et die Tür. 그가 문을 연다.

(zeichnen) **Das Kind zeichn**et Bilder. 아이가 그림들을 그린다. (das Bild - Bilder 그림)

② 어간이 -s, -ß, -z, -tz로 끝나는 동사는 du에서 -st를 붙이지 않고 -t만 붙인다.

> 예 reisen 여행하다, heißen 이름이 ~이다, schließen 닫다, tanzen 춤추다, sitzen 앉아 있다.

〈heißen〉

ich heiße	wir heißen
du heißt	ihr heißt
er heißt	sie heißen

(reisen) Du reist viel. 너는 여행을 많이 한다.

(heißen) Heißt du Peter? 네 이름이 페터니?

(schließen) Schließt du die Tür? 네가 문을 닫을래?

(tanzen) Tanzt du gern? 춤추는 것 좋아하니? (gern 기꺼이, 즐겨)

③ 부정형이 -eln, -ern으로 끝나는 동사는 ich에서 -(e)le, -(e)re가 되고 wir와 복수 sie, Sie에서 부정형 그대로 -eln, ern으로 쓴다. 나머지는 규칙 변화한다.

(lächeln 미소 짓다) ich lächle, wir lächeln

(sammeln 모으다) ich sammle, wir sammeln

(klingeln 벨을 울리다) ich klingle, wir klingeln

(wandern 도보여행하다) ich wand(e)re, wir wandern

(tun 하다) ich tue, du tust, er tut, wir tun, ihr tut, sie tun

연습문제 Lektion 02

1 주어진 동사를 주어에 맞게 바꾸세요.

① du _____ (sein)   ② er _____ (haben)

③ es _____ (werden)   ④ ich _____ (sein)

⑤ du _____ (haben)   ⑥ wir _____ (sein)

⑦ ihr _____ (haben)   ⑧ du _____ (werden)

⑨ ihr _____ (sein)   ⑩ Sie _____ (sein)

2 sein, haben 중 적합한 동사를 골라 알맞은 형태로 넣어보세요.

① Frau Meier _____ schön.

② Paul _____ ein Schüler.

③ Ich _____ ein Auto.

④ _____ Helmut hier?

⑤ _____ die Frage schwer?

⑥ Mein Bruder _____ heute Geburtstag.

⑦ _____ Sie eine Tasche?

단어 die Frau 부인, Frau ~ ~ 부인 /schön 아름다운 / der Schüler 학생 / das Auto 자동차 / hier 여기에 / die Frage 질문 / schwer 어려운 / mein Bruder 나의 형제 / heute 오늘 / der Geburtstag 생일 / die Tasche 가방

Übungen

3 주어진 동사를 알맞은 형태로 넣으세요.

① (hören) Meine Mutter _____ Musik. 어머니께서 음악을 들으신다.

② (schreiben) Peter und Markus _____ Sätze.
페터와 마르쿠스가 문장들을 쓴다.

③ (liegen) Deutschland _____ in Europa. 독일은 유럽에 있다.

④ (öffnen) Marion _____ die Tür. 마리온이 문을 연다

⑤ (schließen) _____ du das Fenster? 네가 창문을 닫니?

⑥ (regnen) Es _____ viel. 비가 많이 온다.

⑦ (reisen) _____ du viel? 너 여행을 많이 하니?

⑧ (antworten) Er _____ richtig. 그는 옳게 답한다. (richtig 옳은)

Lektion 3 동사 현재형 변화 II (불규칙동사)

불규칙 동사는 어간의 모음에서도 변화가 일어난다. 어간의 자음까지 변화하는 동사도 있다. 대부분 단수 2인칭과 3인칭에서만 불규칙변화가 일어난다.

1 a → ä : 단수2인칭(du)과 단수3인칭(er, es, sie)에서 어간의 모음 a가 ä로 변화하고, 나머지는 규칙 변화한다.

> 예 fahren ((자동차, 버스 등을 타고) 가다)
> ich fahre   wir fahren
> du fährst   ihr fahrt
> er fährt   sie fahren

그러므로 du와 er에서의 형태를 외워두어야 한다. 이와 같은 변화를 하는 주요 동사는 다음과 같다.

> fallen (떨어지다): du fällst, er fällt
> fangen (잡다): du fängst, er fängt
> lassen (두다, 시키다): du lässt, er lässt
> verlassen (떠나다): du verlässt, er verlässt
> laufen (달리다, 걷다): du läufst, er läuft
> schlafen (자다): du schläfst, er schläft
> schlagen (치다): du schlägst, er schlägt
> tragen (들다, 나르다): du trägst, er trägt
> wachsen (자라나다): du wächst, er wächst
> waschen (세탁하다, 씻다): du wäschst, er wäscht

➡ Der Bus fährt nicht nach Bremen. 그 버스는 브레멘으로 가지 않는다.
　(nicht (영어의 not) ~이 아니다, ~하지 않다)

➡ Fährst du auch nach Berlin? 너도 베를린으로 가니?
　(auch 역시, 또한 / nach ~를 향해서)

➡ Frau Schulz schläft immer noch. 슐츠 부인은 아직 자고 있다.
　(immer noch 아직 여전히)

→ Er läuft schnell. 그는 빠르게 걷는다. (schnell 빠른, 빠르게)

→ Er verlässt den Bahnhof. 그는 역을 떠난다. (der Bahnhof 기차역)

2 e → i : 단수2인칭(du)과 단수3인칭(er, es, sie)에서 어간의 모음 e가 i로 변화한다.

예 sprechen (말하다)

ich spreche	wir sprechen
du sprichst	ihr sprecht
er spricht	sie sprechen

이와 같은 변화를 하는 주요 동사는 다음과 같다.

brechen (깨다, 부수다): du brichst, er bricht
essen (먹다): du isst, er isst
geben (주다): du gibst, er gibt
helfen (돕다): du hilfst, er hilft
sterben (죽다): du stirbst, er stirbt
treffen (만나다): du triffst, er trifft
vergessen (잊다): du vergisst, er vergisst
werfen (던지다): du wirfst, er wirft

→ Der Schüler spricht schon gut Deutsch. 그 학생은 벌써 독일어를 잘한다.
(schon 벌써 / gut 좋은, 훌륭한, 잘 / Deutsch 독일어)

→ Warum isst du nicht gerne Fisch? 너는 왜 생선을 즐겨 먹지 않니?
(warum 왜? / gern(e) 기꺼이, 즐겨 / der Fisch 생선, 물고기)

→ Er gibt mir ein Buch. 그가 내게 책 한 권을 준다. (mir 나에게 (ich의 3격형))

→ Stefan trifft seine Freunde. 슈테판은 그의 친구들을 만난다.
(sein 그의 / der Freund, _e 친구)

3 e → ie : 단수2인칭(du)과 단수3인칭(er, es, sie)에서 어간의 모음 e가 ie로 변화한다.

예 sehen (보다)

ich sehe	wir sehen
du siehst	ihr seht
er sieht	sie sehen

이와 같은 변화를 하는 주요 동사는 다음과 같다.

lesen (읽다): du liest, er liest
befehlen (명령하다): du befiehlst, er befiehlt
empfehlen (추천하다): du empfiehlst, er empfiehlt
geschehen (발생하다): es geschieht
stehlen (훔치다): du stiehlst, er stiehlt

→ Petra sieht Herrn Müller. 페트라가 뮐러 씨를 본다. (Herr 신사, ~씨)

→ Was liest du gerade? 너 지금 무엇을 읽고 있니? (gerade 바로 막, 때마침)

→ Mein Freund empfiehlt mir das Restaurant.
내 친구가 내게 그 레스토랑을 추천한다.

4 위의 세 가지 변화에서 벗어나는 불규칙동사들도 있다. 주의할 동사들은 다음과 같다.

halten (잡다, 유지하다, 정차하다): du hältst, er hält
laden (싣다): du lädst, er lädt
treten (밟다, 디디다): du trittst, er tritt
nehmen (받다, 잡다, 타다): du nimmst, er nimmt
wissen (알다): ich weiß, du weißt, er weiß, wir wissen, ihr wisst, sie wissen

→ Das Auto hält vor dem Restaurant. 자동차가 레스토랑 앞에 선다. (vor ~앞에)

→ Nimmst du den Bus? 너는 버스를 타니?

➡ Weißt du, wo er wohnt? 그가 어디 사는지 알고 있니?

➡ Das weiß ich nicht. 나는 모르겠어.

➡ Jochen lädt mich ein. 요헨이 나를 초대한다. (einladen 초대하다)

연습문제 Lektion 03

주어진 동사를 적합한 형태로 넣으세요.

① Wohin _____ du in Urlaub? (fahren)
너는 휴가를 어디로 가니? (wohin 어디로? / der Urlaub 휴가)

② Warum _____ du dich nicht? (waschen)
너는 왜 씻지 않니?

③ Das Kind _____ den Ball. (werfen)
아이가 공을 던진다. (der Ball 공)

④ _____ du das Taxi? (nehmen)
너는 택시를 타니?

⑤ _____ du da eine Frau? (sehen)
너 저기 한 여자 보이니? (da 저기, 그때)

⑥ Michael _____ seine Freundin. (treffen)
미하엘이 여자친구를 만난다.

⑦ Was _____ du gerade? (lesen)
너 지금 무엇을 읽고 있니?

⑧ Thomas _____ mir ein Buch. (geben)
토마스가 내게 책 한 권을 준다.

⑨ Dieser Zug _____ nicht in Marburg. (halten)
이 기차는 마르부르크에 서지 않는다.

⑩ Er _____ gut Deutsch. (sprechen)
그는 독일어를 잘 한다.

⑪ Warum _____ du nicht gern Obst? (essen)
왜 너는 과일을 즐겨 먹지 않니? (das Obst 과일)

Übungen

⑫ Herr Schreiner _____ 6 Stunden am Tag. (schlafen)

슈라이너 씨는 하루에 여섯 시간 잔다. (die Stunde, _n 시간 (하루의 24분의 1) / am Tag 낮에, 하루에)

⑬ Du _____ ziemlich schnell. (laufen)

너는 상당히 빠르게 달리는구나. (ziemlich 상당히 / schnell 빠른)

⑭ Ich _____ es nicht. (wissen)

나는 그것을 모른다.

⑮ Er _____ die Stadt. (verlassen)

그가 도시를 떠난다. (die Stadt 도시)

명사의 격변화

명사가 문장 안에서 어떤 역할을 하는가에 따라서 격이 나뉘고, 격에 따라 관사가 변화한다. 명사의 격은 1격(Nominativ), 2격(Genitiv), 3격(Dativ), 4격(Akkusativ)으로 부른다.

1 정관사 변화

	남성 m.	여성 f.	중성 n.	복수 Pl.
1격(N.)	der	die	das	die
2격(G.)	des	der	des	der
3격(D.)	dem	der	dem	den
4격(A.)	den	die	das	die

 정관사류에 속하는 **dieser** (이 ~), **jener** (저 ~)는 정관사의 어미처럼 'dieser, diese, dieses, diese'로 변화한다. **jeder** (모든 ~, 개개의 ~), **solcher** (그런 ~), **aller** (모든 ~) 등도 이와 같이 변화하는 정관사류에 속한다.

2 부정관사 변화

	m.	f.	n.
1격	ein	eine	ein
2격	eines	einer	eines
3격	einem	einer	einem
4격	einen	eine	ein

 부정관사류인 **kein**은 부정관사처럼 'kein, keine, kein'으로 어미 변화한다. 소유대명사(**mein, dein, sein, ihr, unser, euer, Ihr**)도 마찬가지이다. 이들은 복수에서는 부정관사가 없으므로 정관사 어미를 따라 **keine, meine** 등이 된다.

1. 명사의 격변화

문장 안에서의 격에 따라서 명사에 변화가 있는 곳이 있다.

★ 남성, 중성 : 단수 2격에 대부분 −(e)s가 붙는다.
　　　　　　 약변화하는 남성명사는 1격을 제외한 2, 3, 4격에 _(e)n이 붙는다.
★ 여성 : 여성 명사는 단수에서 변화하지 않는다.
★ 복수 : 성의 구분 없이 복수 관사를 사용하고 3격에 _n을 붙인다.
　　　　 (예외: 복수가 _s로 끝나는 명사들은 3격에 −n을 붙이지 않는다.)

	m.	f.	n.	Pl.
1격	der Mann	die Frau	das Kind	die Kinder
2격	des Mannes	der Frau	des Kindes	der Kinder
3격	dem Mann	der Frau	dem Kind	den Kindern
4격	den Mann	die Frau	das Kind	die Kinder

	m.	f.	n.	Pl.
1격	ein Mann	eine Frau	ein Kind	Männer
2격	eines Mannes	einer Frau	eines Kindes	Männer
3격	einem Mann	einer Frau	einem Kind	Männern
4격	einen Mann	eine Frau	ein Kind	Männer

〈약변화 명사〉

	m.	Pl.
1격	der Student	die Studenten
2격	des Studenten	der Studenten
3격	dem Studenten	den Studenten
4격	den Studenten	die Studenten

(1) 1격

① 주어는 항상 1격이다.

→ **Der Hut ist schön.** 그 모자가 멋지다. (der Hut 모자 / schön 아름다운, 멋진)

→ **Das Auto ist neu.** 그 자동차는 새것이다. (neu 새로운)

② sein 동사의 뒤에 오는 명사는 1격이다.

→ **Das ist ein großer Tisch.** 그것은 큰 탁자이다. (groß 큰)

→ **Das ist eine neue Vase.** 그것은 새 꽃병이다. (die Vase 꽃병)

(2) 2격

① 명사의 뒤에서 소유를 의미한다.

→ **Ich kenne den Besitzer des Hauses.** 나는 그 집의 주인을 알고 있다.
 (kennen (+4격) 알다 / der Besitzer 소유주, 주인)

→ **Kennst du den Mann der Frau?** 그 여자의 남편을 알고 있니?

→ **Das ist das Haus meines Großvaters.** 그것은 내 할아버지의 집이다.

→ **Das ist das Auto seiner Freundin.** 그것은 그의 여자친구의 자동차이다.

② 2격 지배 동사와 2격 지배 전치사의 목적어로 사용된다. (2격 지배 동사는 구어체에서 사용되는 경우가 드물기 때문에 초급에서는 다루지 않는다. 2격 지배 전치사는 11과 전치사를 참조할 것!)

(3) 3격

① 3격 지배 동사의 목적어로 사용된다.

> **예** begegnen 마주치다, helfen 돕다, danken 감사하다, gehören ~의 것이다, gefallen ~의 마음에 들다, gratulieren 축하하다, antworten 대답하다, es geht ~ gut ~가 잘 지내다

→ **Ich helfe der Lehrerin.** 나는 그 여선생님을 돕는다.

→ **Der Hut gefällt dem Studenten.** 모자가 그 대학생의 마음에 든다.

➡ Er begegnet einem Ausländer. 그는 한 외국인과 마주친다. (der Ausländer 외국인)

➡ Das Auto gehört meinem Bruder. 그 차는 내 형의 것이다.

② 3격 지배 전치사의 목적어로 사용된다. (11과 전치사를 참조할 것!)

➡ Ich fahre mit dem Freund nach Berlin. 나는 그 친구와 함께 베를린으로 간다.
 (mit (+3격) ~와 함께)

(4) 4격

① 4격 지배 동사의 목적어로 사용된다.

> 예 bitten 부탁하다, fragen 묻다, verstehen 이해하다, grüßen 인사하다, anrufen 전화하다

➡ Ich kaufe ein Buch. 나는 책 한 권을 산다. (kaufen (+4격) 사다)

➡ Wie findest du die Jacke? 너 그 재킷 어떻다고 생각하니?
 (finden (+4격) 발견하다, finden 4격 ~(부사) ~을 ~라고 생각하다)

➡ Ich finde den Rock schön. 나는 그 치마가 멋지다고 생각해. (der Rock 치마)

➡ Ich verstehe die Frage nicht. 나는 그 질문을 이해하지 못한다. (die Frage 질문)

➡ Er grüßt seinen Nachbarn. 그는 이웃사람에게 인사한다. (der Nachbar 이웃 (약변화명사))

② 4격 지배 전치사의 목적어로 사용된다. (11과 전치사를 참조할 것!)

➡ Ich kaufe Blumen für meine Mutter. 나는 어머니를 위해서 꽃을 산다.
 (die Blume, _n 꽃 / für (+4격) ~를 위해서)

③ 3 · 4격 지배 동사에서는 3격과 4격 두 개의 목적어가 사용된다. '~에게(3격) ~을(4격) ~하다'

> 예 geben 주다, schenken 선물하다, schicken 보내다, zeigen 보여주다, bringen 가져다주다

➡ Ich gebe dem Kind den Ball. 나는 그 아이에게 공을 준다.

➡ Er schreibt der Freundin einen Brief. 그는 여자친구에게 편지를 쓴다.

➡ Er bringt seinem Sohn ein Buch. 그는 아들에게 책 한 권을 가져다준다.

연습문제 Lektion 04

1 빈칸에 알맞은 형태로 정관사를 넣으세요.

① Ich helfe ＿＿＿＿＿＿ Kind. 나는 그 아이를 돕는다. (helfen+3격 / das Kind 아이)

② Die Jacke gefällt ＿＿＿＿＿＿ Studentin. 재킷이 그 여대생 마음에 든다.
(gefallen+3격 / die Studentin 여대생)

③ Das ist das Auto ＿＿＿＿＿＿ Studenten. 그것은 그 대학생의 자동차이다.
(der Student, _en 대학생 (약변화명사))

④ Findest du ＿＿＿＿＿＿ Tisch schön?
너 그 탁자 멋지다고 생각하니? (finden+4격 / der Tisch 탁자)

⑤ Er dankt ＿＿＿＿＿＿ Lehrerin und ＿＿＿＿＿＿ Lehrer.
그는 그 여자 선생님과 남자 선생님께 감사한다. (danken+3격 / die Lehrerin 여교사 / der Lehrer 교사)

⑥ Er zeigt ＿＿＿＿＿＿ Mann ＿＿＿＿＿＿ Weg.
그가 그 남자에게 길을 알려준다. (der Mann 남자 / der Weg 길)

⑦ Ich bringe ＿＿＿＿＿＿ Gast ＿＿＿＿＿＿ Zeitung.
나는 손님에게 신문을 가져다드린다. (der Gast 손님 / die Zeitung 신문)

2 주어진 단어를 사용하여 독일어 문장을 만들어보세요. (4격 연습)

> 예 나는 문장 하나를 쓴다. (ich / ein Satz (m.) / schreiben) - Ich schreibe einen Satz.

① 나는 치마 하나를 산다. (ich / ein Rock (m.) / kaufen)

② 레나테가 한 가지 실수를 한다. (Renate / ein Fehler (m.) 실수 / machen)

③ 뮐러 씨가 그 창문을 연다. (Herr Müller / das Fenster / öffnen)

④ 그녀가 그 선생님께 질문한다. (sie / der Lehrer / fragen)

⑤ 그는 그 질문을 반복한다. (er / die Frage / wiederholen 반복하다)

⑥ 우리는 그 아이를 부른다. (wir / das Kind / rufen 부르다)

⑦ 그들은 자동차 한 대를 산다. (sie / ein Auto / kaufen)

⑧ 우리는 그 여자친구를 방문한다. (wir / die Freundin / besuchen 방문하다)

⑨ 나는 그 단어들을 공부한다. (ich / die Wörter / lernen 배우다, 공부하다)

⑩ 그가 어느 남자에게 인사한다. (er / ein Mann / grüßen 인사하다)

Lektion 5 인칭대명사, 소유대명사

1. 인칭대명사

인칭대명사는 격에 따른 변화를 외워두고 문장에서의 위치에 따라 필요한 격에 맞춰 사용한다. (인칭대명사 2격은 사용되는 예가 드물기 때문에 1, 3, 4격만 알아두면 된다.)

1격	3격	4격	1격	3격	4격
ich	mir	mich	wir	uns	uns
du	dir	dich	ihr	euch	euch
er	ihm	ihn			
es	ihm	es	sie	ihnen	sie
sie	ihr	sie			
			Sie	Ihnen	Sie

(1) 1격

➡ Seid <u>ihr</u> Koreaner? - Ja, <u>wir</u> sind Koreaner.
   너희들 한국인이니?   그래, 우리 한국인이야.

➡ Woher kommt die Frau? - <u>Sie</u> kommt aus Deutschland.
   그 부인은 어디에서 왔습니까? 그녀는 독일 출신입니다.

➡ Wo wohnt der Student? - <u>Er</u> wohnt dort.
   그 학생은 어디에 삽니까? 그는 저기에 살고 있습니다.

(2) 3격

➡ Ich antworte <u>dir</u> (<u>ihm</u> / <u>ihr</u> / <u>ihnen</u>).
   내가 너에게 (그에게 / 그녀에게 / 그들에게) 대답한다.

➡ Wir helfen <u>euch</u> (<u>ihm</u> / <u>ihnen</u> / <u>Ihnen</u>).
   우리가 너희를 (그를 / 그들을 / 당신을) 돕는다.

➡ Ist das dein Schlüssel, Klaus? - Nein, der gehört mir nicht.
  클라우스, 그것이 너의 열쇠니?   아니, 그것은 내 것이 아니야.

➡ Wie geht es dir? - Danke, es geht mir gut.
  어떻게 지내?   고마워, 잘 지내.

★ antworten(대답하다), helfen(돕다), gehören(~의 것이다), es geht ~gut(~가 잘 지내다)는 3격목적어가 필요한 '3격 지배 동사'이다.

(3) 4격

➡ Ich liebe dich (ihn / sie / euch).
  나는 너를 (그를 / 그녀를 (또는 그들을) / 너희들을) 사랑한다.

➡ Er fragt mich (uns / sie / Sie).
  그가 내게 (우리에게 / 그녀(또는 그들)에게 / 당신에게) 질문한다.

➡ Ich habe viele Nachbarn, aber ich kenne sie nicht.
  나는 많은 이웃들이 있다. 그러나 그들을 알지 못한다.

➡ Herr Huber, ich verstehe Sie nicht.
  후버 씨, 저는 당신을 이해하지 못하겠습니다. (당신 말씀을 못 알아듣겠습니다.)

➡ Was sagt ihr? Ich verstehe euch nicht.
  너희들 무슨 말 하고 있니? 너희 말을 못 알아듣겠어.

➡ Wo ist denn Anna? Ich suche sie schon den ganzen Morgen.
  안나는 대체 어디 있니? 나는 벌써 아침 내내 그녀를 찾고 있어.

★ lieben(사랑하다), fragen(질문하다), kennen(알다), verstehen(이해하다), suchen(찾다)과 같은 동사는 4격목적어를 필요로 하는 타동사이다.

(4) du, ihr, Sie

독일어에서는 '너', '너희들', '당신(들)'을 가리키는 인칭대명사가 다르다.

① 서로 처음 만난 사이나 격식을 차리는 사이에서는 상대방을 가리킬 때 'Sie'라고 한다.

➡ **Wie heißen Sie?** 당신은 이름이 무엇입니까?

➡ **Woher kommen Sie, Frau Schuster?** 슈스터 부인, 당신은 어디 출신입니까?

② 서로 친한 사이, 즉 가족과 친구 등은 상대를 가리킬 때 한 사람에게는 'du', 두 사람 이상은 'ihr'라고 한다. (학생들 사이에서는 처음 만났어도 보통 'du'를 사용한다.)

➡ **Wie heißt du?** 너 이름이 뭐니?

➡ **Woher kommt ihr?** 너희들은 어디 출신이니?

★ 'Sie'를 보통 '존칭 Sie'라고 말한다. 하지만 우리나라의 존칭과는 다르다는 것을 기억해야 한다. 가족, 친지 등 친밀한 관계에서는 윗사람에게도 'du'라고 말한다.

➡ **Was machst du, Oma?** 할머니, 뭐하세요?

(5) 명사와 인칭대명사 순서

① 명사는 3격+4격 순서로 쓴다.

② 인칭대명사는 4격+3격 순서로 쓴다.

③ 인칭대명사와 명사가 이어서 나오는 경우에는 항상 대명사를 명사 앞에 둔다.

➡ **Bringst du dem Freund das Paket ?**
네가 그 친구에게 소포를 가져다주니? (명사 3격 + 4격)

➡ **Bringst du ihm das Paket ?**
네가 그에게 그 소포를 가져다주니? (대명사(3격)가 명사(4격)보다 앞에 위치)

➡ **Bringst du es dem Freund?**
네가 그것을 그 친구에게 가져다주니? (대명사(4격)가 명사(3격)보다 앞에 위치)

- **Ja, ich bringe es ihm.** 그래, 내가 그것을 그에게 가져다준다. (대명사 4격 + 3격)

2 소유대명사

ich	mein 나의	wir	unser 우리의
du	dein 너의	ihr	euer 너희의
Sie	Ihr 당신(들)의	Sie	Ihr 당신(들)의
er	sein 그(그것)의		
es	sein 그것의	sie	ihr 그(것)들의
sie	ihr 그녀(그것)의		

위의 표에 있는 소유대명사를 사용할 때 뒤에 오는 명사의 성과 격에 따라 소유대명사의 끝(어미)부분이 부정관사 어미처럼 변화한다. 예를 들면 아래와 같이 변화하는 것이다.

	m.	f.	n.	Pl.
1격	mein Bruder	meine Schwester	mein Zimmer	meine Freunde
2격	meines Bruders	meiner Schwester	meines Zimmers	meiner Freunde
3격	meinem Bruder	meiner Schwester	meinem Zimmer	meinen Freunden
4격	meinen Bruder	meine Schwester	mein Zimmer	meine Freunde

➡ Das ist <u>mein Onkel</u>. 그분은 내 삼촌이다. (1격)

➡ Das ist das Auto <u>meines Onkels</u>. 그것은 내 삼촌의 자동차이다. (2격)

➡ Das Auto gehört <u>meinem Onkel</u>. 그 자동차는 내 삼촌 것이다. (gehören+3격)

➡ Sie kennt schon <u>meinen Onkel</u>. 그녀는 이미 내 삼촌을 알고 있다. (kennen+4격)

➡ Das ist <u>meine Freundin</u> Anita. 그 사람은 내 여자친구 아니타이다. (1격)

➡ Anna, wo wohnt <u>deine Schwester</u>? 안나, 너의 언니는 어디에 사시니? (1격)

➡ Wir lieben <u>unseren Großvater</u> und <u>unsere Großmutter</u>.
  우리는 할아버지와 할머니를 사랑한다. (lieben+4격)

➡ Er hilft <u>meinen Kindern</u>.
  그가 내 아이들을 도와준다. (helfen+3격 / Kind의 복수 Kinder, 복수3격이므로 _n을 붙임.)

➡ Wie geht es <u>deiner Tochter</u>? 네 딸은 어떻게 지내니? (es geht+3격)

➡ Wie geht es <u>deinen Eltern</u>? 네 부모님은 안녕하시니?

연습문제 Lektion 05

1. 인칭대명사를 사용하여 대답해보세요.

① Kennen Sie den Mann? - Ja, ich kenne _____.
  그 남자를 아십니까?   예, 그를 압니다.

② Liebst du mich? - Ja, ich liebe _____.
  나를 사랑해?   그래, 너를 사랑해.

③ Kennst du die Leute? - _____
  너 그 사람들 아니?   그래, 그들을 알아. (die Leute 사람들 (복수형으로만 사용))

④ Lernt Peter die Wörter? - _____
  페터가 단어들을 공부하니?   그래, 그는 그것들을 공부해. (das Wort-Wörter 단어)

⑤ Fragst du die Lehrerin oft? - _____
  그 여선생님께 자주 질문하니?   그래, 자주 질문해.

⑥ Gehört dir das Fahrrad? - Ja, es _____
  자전거가 너의 것이니?   그래, 내 것이야. (das Fahrrad 자전거)

⑦ Schmeckt euch das Essen? - Ja, es _____
  너희에게 음식이 맛있니?   그래, 맛있어.

⑧ Gehören die Bücher Markus? - Ja, sie _____
  책들은 마르쿠스의 것이니?   그래, 그의 것이야.

⑨ Gefällt Ihnen das Zimmer? - _____
  방이 마음에 드십니까?   예, 방이 제 마음에 듭니다.

Übungen

2. 다음 문장을 독일어로 작문해보세요.

① 당신의 조부모님은 어디에 사십니까?
(Ihr 당신의 / wohnen 살다 / die Großeltern 조부모님 (die Eltern 부모님))
_____

② 여기에 그녀의 남동생이 살고 있다. (ihr 그녀의 / der Bruder 남자형제)
_____

③ 나는 그녀의 남동생을 알고 있다. (kennen+4격 알다)
_____

④ 우리는 우리 선생님께 질문한다. (fragen+4격 묻다)
_____

⑤ 당신은 제 어머니를 모르십니까?
_____

⑥ 나는 나의 고양이를 찾고 있습니다. (suchen+4격 찾다 / die Katze 고양이)
_____

Lektion 6 분리동사와 비분리동사

동사 앞에 붙는 전철(접두어 Präfix)의 종류에 따라 분리동사와 비분리동사가 있다.

★ 일반동사 : stehen (서 있다)
★ 분리동사 : aufstehen (일어서다), beistehen(도와주다) (auf, bei는 분리전철)
★ 비분리동사 : verstehen (이해하다), entstehen (생겨나다) (ver, ent는 비분리전철)

1 분리동사와 비분리동사의 특징

(1) 강세: 분리전철에는 강세가 있고, 비분리전철에는 강세가 없다.

(2) 분리전철은 현재형과 과거형, 명령형 문장에서 동사로부터 분리하여 문장의 끝에 위치한다.

➡ (aufstehen) Ich stehe um 7 Uhr auf. 나는 일곱 시에 일어난다.

(3) 과거분사형

① 분리동사는 기본동사의 과거분사를 분리전철 뒤에 그대로 연결한다.
stehen의 과거분사가 gestanden이므로, aufstehen의 과거분사는 aufgestanden이 된다.

② 비분리동사는 기본동사의 과거분사에서 'ge'를 빼고 연결한다.
stehen의 과거분사가 gestanden이므로, verstehen의 과거분사는 verstanden이 된다.
(13과 과거분사형 참조.)

(4) zu + Inf. : 분리 동사는 zu가 분리전철과 기본 동사 사이로 들어간다. (예: aufzustehen)

2 분리동사

(1) 분리전철: 분리전철 가운데 많이 쓰이는 것들은 다음과 같다.

> ab-: abfahren (출발하다), abholen ((차로) 마중가다, 가서 가져오다), abnehmen (줄어들다)
> an-: anrufen (전화하다), anfangen (시작하다), ankommen (도착하다)
> auf-: aufstehen (일어나다), aufmachen (열다)

> aus-: ausgehen (외출하다), ausziehen ((옷을) 벗다)
> bei-: beistehen (돕다), beitragen (기여하다)
> ein-: einkaufen (쇼핑하다), einsteigen (승차하다), einladen (초대하다)
> her-: herstellen (제작하다)
> mit-: mitbringen (가지고 가다), mitmachen (함께하다)
> nach-: nachdenken (숙고하다)
> statt-: stattfinden (개최되다)
> vor-: vorhaben (계획하고 있다), vorstellen (소개하다)
> zu-: zumachen (닫다), zustimmen (찬성하다)
> zurück-: zurückgeben (돌려주다), zurückkommen (돌아오다)

(2) 분리동사의 현재형

➡ Wir gehen heute Abend aus. 우리는 오늘 저녁에 외출한다.

➡ Die Buchmesse findet im Herbst statt. 서적박람회가 가을에 개최된다.

(3) 분리동사의 과거형 (13과 과거형 참조)

➡ Ich machte das Fenster auf. 나는 창문을 열었다.

(machen 하다 - machte - gemacht / aufmachen 열다 - machte ... auf - aufgemacht)

➡ Er hatte nichts vor. 그는 아무 계획도 없었다.

(haben 가지고 있다 - hatte - gehabt / vorhaben 계획하고 있다 - hatte ... vor - vorgehabt)

(4) 분리동사의 현재완료형

(13과 현재완료형 참조. 현재완료형은 'haben (또는 sein) + ... p.p.')

➡ Ich habe ihn am Bahnhof abgeholt. 나는 그를 역에서 데려왔다.

(holen 가져오다 - holte - geholt / abholen 마중나가다 - holte ... ab - abgeholt)

➡ Der Zug ist schon abgefahren. 기차가 이미 출발했다.

(fahren 가다 - fuhr - gefahren / abfahren 출발하다 - fuhr ... ab - abgefahren)

(5) 분리동사의 명령형 (16과 명령형 참조)

➡ Zieh deine Schuhe aus! 신발을 벗어라! (ausziehen 벗다 / die Schuhe 구두)

➡ **Bitte steigen Sie ein!** 승차하십시오! (einsteigen 승차하다)

3 비분리동사

(1) 비분리전철: 비분리전철로 사용되는 아래 여덟 가지를 외워두어야 한다.

> be-: bestellen (주문하다), bekommen (받다), beginnen (시작하다)
> ge-: gefallen (~의 마음에 들다), gehören (~의 소유이다)
> ent-: entdecken (발견하다), entwickeln (전개하다)
> emp-: empfehlen (추천하다)
> er-: erziehen (교육하다), erfahren (경험하다)
> ver-: verstehen (이해하다), verkaufen (팔다), verlassen (떠나다)
> zer-: zerstören (파괴하다)
> miss-: misshandeln (학대하다)

(2) 비분리동사의 현재형

➡ **Ich bestelle eine Tasse Kaffee.** 나는 커피 한 잔을 주문한다.

➡ **Er empfiehlt mir das Hotel.** 그는 내게 그 호텔을 추천한다.
(empfehlen은 현재형 불규칙동사. du empfiehlst, er empfiehlt)

(3) 비분리동사의 과거형

➡ **Das Konzert begann um 7 Uhr.** 콘서트는 일곱 시에 시작했다.
(beginnen 시작하다 - begann - begonnen)

➡ **Er verkaufte sein Auto.** 그는 자동차를 팔았다.
(kaufen 사다 - kaufte - gekauft / verkaufen 팔다 - verkaufte - verkauft)

(4) 비분리동사의 현재완료형

➡ **Er hat nichts verstanden.** 그는 아무것도 이해하지 못했다.
(stehen 서 있다 - stand - gestanden / verstehen 이해하다 - verstand - verstanden)

➡ **Das Zimmer hat mir gut gefallen.** 방이 매우 내 마음에 들었다.
(fallen 떨어지다 - fiel - gefallen / gefallen (+3격) ~의 마음에 들다 - gefiel - gefallen)

4 분리 · 비분리 동사

(1) 분리 · 비분리 전철: über-, um-, unter-, voll-, wider-, wieder-

위와 같은 분리 · 비분리 전철은 뒤에 연결되는 동사에 따라 분리하는 경우도 있고 분리하지 않는 경우도 있다.

(2) 분리동사로 사용되는 예

> untergehen (지다, 가라앉다), widerspiegeln (반영하다), wiedergeben (재현하다), wiedersehen (다시 만나다)

(3) 비분리동사로 사용되는 예

> übernachten (숙박하다), überzeugen (설득하다), unterbrechen (중단하다), unterrichten (가르치다, 강의하다), untersuchen (조사하다), vollenden (완성하다), widersprechen (반대하다), widerstehen (저항하다)

(4) 분리 · 비분리 동사: 하나의 동사가 분리동사, 비분리동사 두 가지로 쓰이는 경우이며, 이때 각각 의미가 다르다.

★ **übersetzen** (건네주다 / 번역하다)

➡ (분리동사) Er setzt uns über. 그가 우리를 건네준다.

➡ (비분리동사) Er übersetzt den Text. 그는 그 텍스트를 번역한다.

★ **wiederholen** (다시 가져오다 / 반복하다)

➡ (분리동사) Ich hole meinen Ball wieder. 나는 내 공을 도로 가져온다.

➡ (비분리동사) Er wiederholt seine Frage. 그가 그의 질문을 반복한다.

★ **umgehen** (대하다, 다루다 / 우회하다)

➡ (분리동사) Sie geht freundlich mit ihren Nachbarn um.
그녀는 이웃들을 친절하게 대한다. (freundlich 친절한)

➡ (비분리동사) Er umgeht die Antwort auf ihre Frage.
그는 그녀의 질문에 대한 답을 회피한다. (die Antwort 대답)

연습문제 Lektion 06

1 과거분사형을 만들어보세요.

① rufen - gerufen / anrufen - _____

② ziehen - gezogen / ausziehen - _____

③ steigen - gestiegen / einsteigen - _____

④ machen - gemacht / zumachen - _____

⑤ fallen - gefallen / gefallen - _____

⑥ kaufen - gekauft / verkaufen - _____

⑦ hören - gehört / gehören - _____

⑧ kommen - gekommen / bekommen - _____

2 주어진 단어들을 사용해 독일어로 작문해보세요.

① 어머니께서는 여섯 시에 일어나신다. (meine Mutter / aufstehen / um 6 Uhr)
_____

② 슈테판은 여자친구에게 전화한다. (Stefan / anrufen / seine Freundin)
_____

③ 안나가 파티에 함께 온다. (Anna / mitkommen / zur Party)
_____

④ 안나는 와인을 가져 온다. (Anna / mitbringen / Wein)
_____

Übungen

⑤ 아버지께서 오늘 집으로 돌아오신다. (Mein Vater / zurückkommen / heute / nach Haus)

_____

⑥ 우리는 그를 내일 다시 만난다. (wiedersehen / ihn / morgen)

_____

3 다음 질문에 독일어로 대답해보세요.

① Kaufst du gern ein? 쇼핑 즐겨 하니?

_____

② Wann kommst du von der Uni (oder: vom Büro) zurück?
대학에서 (또는 사무실에서) 언제 돌아오니? (um 4 Uhr 네 시에)
(die Uni = die Universität 대학 / das Büro 사무실)

_____

③ Wann fängt der Film an? 영화는 언제 시작하니? (um 2 Uhr 두 시에)

_____

④ Verstehst du mich? 너 내 말 알아듣고 있니?

_____

⑤ Wen lädst du zur Party ein? 너는 누구를 파티에 초대하니?
(wen wer(누구?)의 4격형 / die Party 파티)

_____

Lektion 7 형용사 어미변화

형용사가 명사 앞에 위치하여 명사를 수식하는 역할을 할 때, 뒤에 오는 명사의 성, 수, 격에 따라 형용사의 어미가 변화한다.

- Der Tisch ist sehr groß. 그 탁자가 아주 크다. (groß(큰) 변화하지 않음)
- Das ist ein großer Tisch. 그것은 큰 탁자이다. (명사를 수식할 때는 어미변화)
- Ich kaufe den großen Tisch. 나는 그 큰 탁자를 산다. (어미변화)

형용사 어미변화의 형태는 명사를 수식하는 형용사 앞에 관사가 있는지 없는지, 그리고 어떤 관사류가 있는지에 따라서, 강변화, 약변화, 혼합변화 세 가지가 있다.

1 강변화 : (無관사) 형용사 + 명사

	m.	f.	n.	Pl.
1격	alter Wein	gute Luft	rotes Licht	viele Häuser
2격	alten Weines	guter Luft	roten Lichtes	vieler Häuser
3격	altem Wein	guter Luft	rotem Licht	vielen Häusern
4격	alten Wein	gute Luft	rotes Licht	viele Häuser

(1) 1격

- Alter Wein ist teuer. 오래된 와인은 비싸다. (der Wein 와인 / teuer 비싼)
- Das sind große Städte. 그것은 큰 도시들이다. (die Stadt - Städte 도시)

(2) 2격

- Das ist der Autor vieler guter Bücher. 그 사람은 많은 좋은 책들의 저자이다. (der Autor 저자)

(3) 3격

- Ich helfe einigen netten Frauen. 나는 몇몇 친절한 여자들을 돕는다. (nett 친절한)
- Er begegnet vielen fremden Männern.
  그는 낯선 많은 남자들과 마주친다. (fremd 낯선)

(4) 4격

- Guten Tag! 안녕하세요. (낮 인사)
- Guten Appetit! 맛있게 드세요. (der Appetit 식욕)
- Ich kaufe braune Eier ein. 나는 갈색 계란들을 산다. (braun 갈색의 / das Ei - Eier 계란)
- Ich brauche frische Luft. 나는 신선한 공기가 필요해. (frisch 신선한 / die Luft 공기)

2. 약변화 : 정관사류(der, dieser, jener, solcher, mancher, jeder, aller) + 형용사

	m.	f.	n.	Pl.
1격	der alte Lehrer	die schöne Frau	dieses große Haus	alle schönen Städte
2격	des alten Lehrers	der schönen Frau	dieses großen Hauses	aller schönen Städte
3격	dem alten Lehrer	der schönen Frau	diesem großen Haus	allen schönen Städten
4격	den alten Lehrer	die schöne Frau	dieses große Haus	alle schönen Städte

(1) 1격

- Das ist der teure Tisch. 그것이 그 비싼 탁자이다.
- Das ist die braune Jacke. 그것이 그 갈색 재킷이다. (die Jacke 재킷)
- Das ist das lustige Lied. 그것이 그 재미있는 노래이다.
(lustig 유쾌한, 우스운 / das Lied 노래)
- Das sind die lieben Kinder. 그들이 그 사랑스런 아이들이다. (lieb 사랑스런)

(2) 2격

- Das ist das Buch des fleißigen Schülers.
그것은 부지런한 그 학생의 책이다. (fleißig 부지런한)
- Das ist der Mann der netten Frau. 그 사람은 친절한 그 부인의 남편이다. (nett 친절한)
- Das ist die Tasche des schönen Mädchens.
그것은 아름다운 그 소녀의 가방이다. (die Tasche 가방 / schön 아름다운 / das Mädchen 소녀)

➡ Das ist die Mutter der neugierigen Kinder.
그분은 호기심 많은 그 아이들의 어머니이다. (neugierig 호기심 많은)

(3) 3격

➡ Ich antworte dem alten Arzt. 나는 그 나이든 의사에게 대답한다. (der Arzt 의사)

➡ Ich helfe der alten Frau. 나는 그 나이든 부인을 돕는다.

➡ Wir helfen dem kleinen Mädchen. 우리는 그 어린 소녀를 돕는다. (klein 작은, 어린)

➡ Er antwortet den neugierigen Kindern. 그는 호기심 많은 그 아이들에게 대답한다.

(4) 4격

➡ Ich grüße den netten Nachbarn. 나는 친절한 그 이웃사람에게 인사한다.

➡ Ich grüße die nette Frau. 나는 그 친절한 부인에게 인사한다.

➡ Er zeigt mir das alte Foto.
그가 나에게 오래된 그 사진을 보여준다. (das Foto - Fotos 사진)

➡ Er zeigt mir die alten Fotos. 그가 내게 오래된 그 사진들을 보여준다.

3 혼합변화 : 부정관사류(ein, kein, 소유대명사) + 형용사

	m.	f.	n.	Pl.
1격	ein brauner Anzug	meine neue Bluse	kein gutes Zimmer	meine guten Freunde
2격	eines braunen Anzuges	meiner neuen Bluse	keines guten Zimmers	meiner guten Freunde
3격	einem braunen Anzug	meiner neuen Bluse	keinem guten Zimmer	meinen guten Freunden
4격	einen braunen Anzug	meine neue Bluse	kein gutes Zimmer	meine guten Freunde

(1) 1격

➡ Das ist ein billiger Tisch. (eine neue Jacke, ein kleines Zimmer)
그것은 싼 탁자이다. (새 재킷이다. 작은 방이다.) (billig 값싼)

➡ Das sind seine lieben Kinder. 그들은 그의 사랑스런 아이들이다.

(2) 2격

➡ Das ist der Hund eines dünnen Mannes. (einer hübschen Frau, eines kleinen Kindes, meiner guten Freunde) 그것은 어떤 마른 남자의 (어느 예쁜 여자의, 어느 작은 아이의, 내 좋은 친구들의) 개다.

(3) 3격

➡ Ich antworte einem fremden Gast. (einer hübschen Frau, einem kleinen Kind, meinen guten Freunden) 나는 한 낯선 손님에게 (한 예쁜 여자에게, 한 작은 아이에게, 나의 좋은 친구들에게) 대답한다.

(4) 4격

➡ Er zeigt mir einen billigen Tisch. (eine neue Jacke, ein kleines Zimmer, seine neuen Bücher) 그는 나에게 값싼 탁자를 (새 재킷을, 작은 방을, 그의 새 책들을) 보여준다.

4 주의할 형용사 어미변화

(1) hoch(높은)는 어미변화를 할 때 c가 탈락한다.

➡ Das Gebäude ist hoch. 그 건물은 높다.
das <u>hohe</u> Gebäude 그 높은 건물 / ein <u>hohes</u> Gebäude 한(어느) 높은 건물

(2) -el, -er로 끝나는 형용사는 어미변화를 할 때 원형의 e가 탈락한다.

dunkel : die dunkle Straße 어두운 도로
teuer : ein teurer Mantel 비싼 외투

(3) viel(많은)과 wenig(적은, 얼마 되지 않는)

① viel (wenig) + 물질(추상)명사: 명사는 반드시 단수를 쓰고 viel, wenig는 어미변화 하지 않는다.

→ **Ich habe viel Geld (viel Zeit).** 나는 돈이 많다. (시간이 많다)

→ **Wir haben wenig Zeit.** 우리는 시간이 별로 없다.

→ **Viel Glück!** 행운을 빌게! / **Viel Erfolg!** 좋은 성과 있기를! / **Viel Vergnügen!** 즐거운 시간 되기를!

→ (예외) **Vielen Dank!** 고마워!

② viele (wenige) + 셀 수 있는 명사: 명사는 반드시 복수를 쓰고 viele, weinige는 강변화한다.

→ **Ich habe viele gute Freunde.** 나는 좋은 친구들이 많이 있다.

→ **Viele fremde Besucher kommen nach München.** 많은 타지의 방문객들이 뮌헨으로 온다. (der Besucher 방문객)

→ **Hier gibt es wenige schöne Häuser.** 이곳에 얼마 안 되는 아름다운 집들이 있다. (아름다운 집들이 거의 없다.) (es gibt (+4격) ~이 있다, 존재하다)

5. 형용사의 명사화

(1) 형용사와 같이 성과 격에 따른 어미변화를 하지만 형용사를 대문자로 써서 명사화한다. 관사와 어미에 따라 남성 변화를 하면 남자를 의미하고, 여성 변화를 하면 여자, 복수 변화를 하면 복수의 사람들을 의미한다.

예 alt (늙은)

(m.) der Alte, ein Alter 노인 (남자) / (f.) die Alte, eine Alte 노인 (여자) /
(Pl.) die Alten, Alte 노인들

예 deutsch (독일의)

der Deutsche, ein Deutscher 독일남자 / die Deutsche, eine Deutsche 독일여자 /
die Deutschen, Deutsche 독일인들

많이 쓰이는 단어들: (아래의 남성형을 가지고 여성과 복수를 연습해볼 것!)

> der Abgeordnete, ein Abgeordneter (국회)의원
> der Angeklagte, ein Angeklagter 피고
> der Beamte, ein Beamter 공무원
> der Bekannte, ein Bekannter 지인(知人)
> der Kranke, ein Kranker 환자
> der Reisende, ein Reisender 여행자
> der Verletzte, ein Verletzter 부상자
> der Verwandte, ein Verwandter 친척

➡ Ich kenne einen Deutschen (eine Deutsche / einige Deutsche).
나는 한 독일 남자를 (독일 여자를 / 몇 명의 독일인을) 알고 있다.

➡ Den Deutschen (Die Deutsche / Die Deutschen) habe ich eingeladen.
나는 그 독일 남자를 (그 독일 여자를 / 그 독일 사람들을) 초대했다.
(einladen 초대하다 - lud ... ein - eingeladen)

➡ Der Vorsitzende ist der Vater meines Freundes.
그 의장이 내 친구의 아버지이다.

➡ Hier in diesem Haus wohnen einige Blinde.
여기 이 건물에 맹인 몇 사람이 살고 있다. (blind 눈먼)

➡ Er besucht seine Verwandten.
그는 그의 친척들을 방문한다. (verwandt ~와 친척관계인)

➡ Die Arbeitslosen erhalten Arbeitslosengeld. 실업자들은 실업수당을 받는다.
(arbeitslos 무직인, 실업상태인)

(2) 중성변화 - 추상적 의미.

형용사가 중성 형태로 명사화하면 '...한 것'이라는 의미가 된다.

> das Gute 좋은 것, 선 / das Schöne 아름다운 것, 미
> das Alte (= Altes) 낡은 것 / das Neue (= Neues) 새로운 것

➡ Wir haben auf unserer Reise viel Schönes und Interessantes gesehen.
우리는 여행 중에 아름답고 흥미로운 많은 것을 보았다.

연습문제 Lektion 07

1 괄호 안에 주어진 형용사를 알맞은 형태로 넣으세요.

① Das ist ein _____ Tisch. (klein)
　그것은 작은 탁자이다. (der Tisch 탁자)

② Salzburg ist eine _____ Stadt. (schön)
　잘츠부르크는 아름다운 도시이다. (die Stadt 도시)

③ Ich grüße den _____ Mann. (jung)
　나는 그 젊은 남자에게 인사한다.

④ Da kommt unsere _____ Lehrerin. (neu)
　저기 우리 새 여선생님이 오신다.

⑤ Das ist mein _____ Fahrrad. (neu)
　저것이 나의 새 자전거이다. (das Fahrrad 자전거)

⑥ Sie hat _____ _____ Freundinnen. (viel, gut)
　그녀는 좋은 여자친구들이 많다. (die Freundin - Freundinnen 여자친구)

⑦ Ich danke den _____ Studenten. (nett)
　나는 그 친절한 대학생들에게 감사한다. (der Student - Studenten 대학생)

2 괄호 안에 주어진 형용사를 알맞은 형태로 넣으세요.

① Die _____ trinken gern Kaffee. (deutsch) 독일인들은 커피를 즐겨 마신다.

② Gibt es in der Zeitung etwas _____? (neu) 신문에 새로운 것이 있니?

③ Hier wohnen einige _____ von mir. (bekannt)
　이곳에 내가 아는 몇 사람이 살고 있다.

④ Viele _____ fahren ins Ausland in Urlaub. (deutsch)
　많은 독일인이 외국으로 휴가를 간다.

Übungen

⑤ Man hat die _____ ins Krankenhaus gebracht. (verletzt)
사람들이 부상자들을 병원으로 데려갔다. (das Krankenhaus 병원 / bringen - brachte - gebracht 가져다주다, 데려가다)

3 다음 문장을 독일어로 작문해보세요.

① 맛있게 드세요! (der Appetit)

② 그가 내게 오래된 사진 한 장을 보여준다. (zeigen / das Foto)

③ 나는 그 멋진 재킷을 산다. (schön / die Jacke)

④ 나는 시간이 많다. (die Zeit)

Lektion 8 — 형용사의 비교급과 최상급

1 비교급과 최상급 형태

(1) 규칙 변화하는 형용사: 비교급 ~er, 최상급 ~st

schnell 빠른 - schneller - schnellst
klein 작은 - kleiner - kleinst
schön 아름다운 - schöner - schönst
billig 싼 - billiger - billigst

(2) 형용사가 -t, -d, -s, -ß, -z로 끝나는 경우 최상급은 ~est (비교급은 그대로 ~er)

breit 넓은 - breiter - breitest
wild 야생의 - wilder - wildest
süß 달콤한 - süßer - süßest

(3) a, o, u가 변화하는 경우: 1음절의 형용사에 a, o, u가 있으면 비교급과 최상급에서 대개 ä, ö, ü로 변음한다.

lang 긴 - länger - längst
jung 젊은 - jünger - jüngst
klug 현명한 - klüger - klügst
kalt 차가운 - kälter - kältest
arm 가난한 - ärmer - ärmst

kurz 짧은 - kürzer - kürzest
alt 늙은 - älter - ältest
stark 강한 - stärker - stärkst
warm 따뜻한 - wärmer - wärmst
schwach 약한 - schwächer - schwächst

(4) 불규칙 변화

gut 좋은 - besser - best
groß 큰 - größer - größt
hoch 높은 - höher - höchst
nah 가까운 - näher - nächst
viel 많은 - mehr - meist

wenig 적은 - minder (weniger) - mindest (wenigst)
(gern 기꺼이, 즐겨 - lieber - am liebsten)

2. 비교급과 최상급 형용사의 어미변화

(1) 형용사가 명사를 수식하는 경우는 형용사의 비교급과 최상급에 어미를 붙인다.

명사를 수식하는 형용사의 최상급은 '정관사+_ste' 형태를 취한다.

eine schöne Stadt 아름다운 도시 - eine schönere Stadt 더 아름다운 도시 - die schönste Stadt 가장 아름다운 도시

ein altes Schloß 오래된 성 - ein älteres Schloß 더 오래된 성 - das älteste Schloß 가장 오래된 성

➡ Das ist sein jüngerer Bruder. 그 사람은 그의 남동생이다.

➡ Der heißeste Monat ist der Juli. 가장 더운 달은 7월이다.
(heiß 뜨거운, 더운 / der Monat (달력의) 달)

(2) 명사를 수식하지 않는 술어적 용법의 형용사 최상급은 'am ~sten' 형태를 사용한다.

➡ Onkel Franz ist alt, meine Mutter ist älter, Tante Luise ist am ältesten. 프란츠 삼촌은 나이가 많다. 우리 엄마가 더 나이가 많고, 루이제 이모가 가장 나이가 많다.

➡ Der Bleistift ist teuer, der Kugelschreiber ist teurer, der Füller ist am teuersten. 그 연필은 비싸다. 그 볼펜은 더 비싸고, 그 만년필이 가장 비싸다.

(3) viel, wenig의 비교급과 최상급 변화

viel의 비교급인 mehr와 wenig 비교급인 weniger(=minder)는 뒤에 단수가 오든 복수가 오든 어미가 변화하지 않는다.

➡ Er spendet viel Geld, sein Bruder spendet mehr Geld, sein Vater spendet das meiste Geld. 그는 많은 돈을 기부한다. 그의 형은 더 많은 돈을, 그리고 그의 아버지가 가장 많은 돈을 기부한다.

→ Er hat viele Bücher, sein Bruder hat mehr Bücher, sein Vater hat die meisten Bücher. 그는 책을 많이 가지고 있다. 그의 형은 더 많은 책을 갖고 있고 그의 아버지가 가장 많은 책을 가지고 있다.

(4) sein (또는 werden이나 bleiben) 뒤에 오는 최상급: '정관사+_ste' 또는 'am _sten'?

① 여럿 가운데 최고일 경우에는 '정관사 + _ste'를 사용한다. '~들 중에서'는 복수2격 형이나 'von +복수3격', 'unter + 복수 3격'을 쓸 수 있다.

→ Er ist der größte in seiner Klasse. 그는 반에서 키가 제일 크다.

→ Sie ist die schnellste von uns allen.
그녀가 우리 모두 중에서 가장 빠르다. (allen alle(모든 사람들)의 3격형)

→ Er ist der fleißigste unter den Brüdern. 그가 형제들 가운데 가장 부지런하다.

② 그 자체가 어떤 상황 하에서 최고일 경우에는 'am _sten'을 사용한다.

→ Er ist am fleißigsten kurz vor der Prüfung. 그는 시험 직전에 가장 부지런하다.

→ Der See ist am tiefsten hier. 이 호수는 이곳이 가장 깊다.

3 형용사 비교 용법

(1) so 원급 wie ~: ~만큼 ~한

→ Stefan ist so groß wie Stefanie. 슈테판은 슈테파니만큼 크다.

→ Das Wohnzimmer ist genau so groß wie das Arbeitszimmer.
거실은 서재와 크기가 똑같다.
(das Wohnzimmer 거실 / das Arbeitszimmer 서재 / genau 정확한)

→ Das Wohnzimmer ist doppelt so groß wie das Arbeitszimmer.
거실은 서재보다 두 배 더 크다. (doppelt so 원급 wie ~ ~보다 두 배 더 ~한)

→ Er ist nicht so reich wie sein Bruder.
그는 그의 형만큼 그렇게 부유하지는 않다. (reich 부유한)

→ Der Film war so interessant, wie ich gehört habe.
영화가 내가 들었던 것만큼 재미있었다.
(interessant 재미있는 / wie ~하는 바와 같이 / hören - hörte - gehört 듣다)

(2) 비교급 + als ~ : ~보다 더 ~한

→ Stefan ist größer als Stefanie. 슈테판은 슈테파니보다 더 크다.

→ Das Wohnzimmer ist nicht größer als das Arbeitszimmer.
거실은 서재보다 더 크지 않다.

→ Er ist berühmter als sein Vater. 그는 아버지보다 더 유명하다. (berühmt 유명한)

→ Der Film war interessanter, als ich gedacht habe.
영화는 내가 생각했던 것보다 더 재미있었다. (denken - dachte - gedacht 생각하다)

→ Ich habe keine schönere Blume gesehen als diese.
나는 이보다 더 아름다운 꽃을 본 적이 없었다. (sehen - sah - gesehen 보다 / dieser, dieses, diese 이것, Blume가 여성이기 때문에 이 문장에서는 diese가 사용되었음)

(3) weniger 원급 als ~ : ~보다 덜 ~한

→ Er ist weniger beliebt als sie. 그는 그녀보다 덜 인기 있다.

(4) mehr 원급(A) als 원급(B): B라기보다는 A하다

→ Er ist mehr geizig als sparsam.
그 사람은 절약한다기보다는 인색한 편이다. (geizig 인색한 / sparsam 아끼는, 절약하는)

(5) je 비교급 s .... v, desto(umso) 비교급 v+s .... : s(누구, 어떤 것)가 더 ~할수록 s(누구, 어떤 것)가 더욱 ~하다
(je로 시작하는 문장은 부문장이기 때문에 동사가 끝에 위치한다. 17과 접속사 참조)

→ Je älter man wird, desto weiser wird man.
사람이 나이가 들수록 더 현명해진다. (weise 현명한)

→ Je früher ihr kommt, umso mehr Zeit haben wir.
너희들이 일찍 올수록 우리가 시간이 더 많아진다. (früh 시간이 이른)

(6) immer 비교급 = 비교급 und 비교급: 점점 더 ~한

→ Die Preise steigen immer höher.
가격이 점점 더 오르고 있다. (der Preis - Preise 가격 / steigen 오르다)

연습문제 Lektion 08

1 다음 형용사의 비교급, 최상급 형태를 써보세요.

> 예 작은 klein - kleiner - kleinst

① 젊은 jung - _____ - _____

② 큰 groß - _____ - _____

③ 높은 hoch - _____ - _____

④ 가까운 nah - _____ - _____

⑤ 짧은 kurz - _____ - _____

⑥ 긴 lang - _____ - _____

⑦ 즐겨 gern - _____ - _____

⑧ 강한 stark - _____ - _____

⑨ 따뜻한 warm - _____ - _____

⑩ 차가운 kalt - _____ - _____

Übungen

2 주어진 형용사를 알맞은 형태로 넣어보세요.

① Marion ist _____ als ich. (fleißig)
마리온이 나보다 부지런하다.

② Das Fahrrad ist teuer, das Motorrad ist _____, das Auto ist _____.
그 자전거는 비싸다. 그 오토바이가 더 비싸다. 그 자동차가 가장 비싸다.

③ Der Schüler ist _____ _____ in unserer Klasse. (gut)
그 학생이 우리 반에서 1등이다.

④ _____ _____ Jahreszeit ist der Herbst. (schön)
가장 아름다운 계절은 가을이다. (die Jahreszeit 계절 / der Herbst 가을)

⑤ Bitte sprechen Sie _____! (laut)
좀 더 크게 말씀해 주십시오.

⑥ Er hat _____ Zeit als ich. (viel)
그는 나보다 시간이 더 많다.

⑦ Ich habe _____ Bücher, aber Thomas hat _____ Bücher als ich. (viel)
나는 책을 많이 가지고 있다. 그러나 토마스는 나보다 더 많은 책을 갖고 있다.

⑧ Anna geht so _____ wie ich. (langsam)
안나는 나처럼 그렇게 천천히 걷는다.

⑨ Ich suche eine _____ Hose als diese. (dünn)
저는 이것보다 좀 더 얇은 바지를 찾고 있습니다.

⑩ Wie heißt _____ _____ Berg in Korea? (hoch)
한국에서 가장 높은 산의 이름은 무엇입니까? (der Berg 산)

Lektion 9 의문문과 부정문

1 의문사가 없는 의문문: '동사+주어 ~?'

(1) 의문문이 긍정이면 '그렇다'는 'Ja', '아니다'는 'Nein'으로 대답한다.

➡ Wohnen Sie in Seoul? 서울에 사십니까?
- Ja, ich wohne in Seoul. 예, 서울에 삽니다.
- Nein, ich wohne nicht in Seoul. Ich wohne in Incheon.
 아닙니다. 서울에 살지 않습니다. 저는 인천에 삽니다.

➡ Kommt Stefan aus Deutschland? 슈테판은 독일 출신이니?
- Ja, er kommt aus Deutschland. 그래, 그는 독일 출신이야.
- Nein, er kommt nicht aus Deutschland. Er kommt aus Österreich.
 아니야, 그는 독일 출신이 아니라 오스트리아 출신이야.

(2) nicht나 kein_ 같은 부정의 말이 들어 있는 의문문인 경우, 대답에서 질문과 똑같이 부정할 때는 'Nein', 질문과 반대로 긍정할 때는 'Doch'를 사용한다. 우리말과 다르기 때문에 주의해야 한다.

➡ Kommt Stefan nicht aus Deutschland? 슈테판은 독일 출신이 아니야?
- Nein, er kommt nicht aus Deutschland. Er kommt aus Österreich.
 그래, 그는 독일 출신이 아니라 오스트리아 출신이야.
- Doch, er kommt aus Deutschland. 아니, 그는 독일 출신이야.

➡ Geht ihr nicht nach Haus? 너희들 집에 가지 않니?
- Nein, wir gehen nicht nach Haus. Wir gehen ins Kino.
 그래, 우리는 집에 가지 않고 극장에 간다.
- Doch, wir gehen nach Haus. 아니, 우리 집에 가.

2 의문사가 있는 의문문: '의문사+동사+주어 ~?'

(1) wer 누구? (2격 wessen, 3격 wem, 4격 wen)

- Wer ist das? 저 사람은 누구입니까?
- Wer ist da? 거기 누구세요?
- Wem gehört die Tasche? 그 가방은 누구 것이니?
- Wen hast du eingeladen? 너는 누구를 초대했니?

(2) was 무엇?

- Was ist das? 그것은 무엇입니까?
- Was ist los? 무슨 일이야?
- Was suchst du da? 거기서 무엇을 찾고 있니?

(3) 의문부사

★ wann 언제?
- Wann kommt er? 그는 언제 오니?

★ wo 어디에?
- Wo arbeitest du? 너는 어디에서 일하니?

★ woher 어디로부터?
- Woher kommt ihr? 너희들은 어디에서 왔니?

★ wohin 어디로?
- Wohin gehen Sie? 어디로 가십니까?

★ wie 어떻게, 얼마나
- Wie ist das Zimmer? 방은 어때?
- Wie geht es dir? 어떻게 지내니?
- Wie kommen wir zum Bahnhof? 역으로 어떻게 갑니까?

➡ Wie alt ist der Student? 그 대학생은 몇 살입니까?

★ **wie viel** (단수)? **wie viele** (복수)? 얼마나 많이?

➡ Wie viel kostet das? 그것은 얼마입니까?

➡ Wie viel Zeit hast du noch? 너는 시간이 얼마나 더 있니?

➡ Wie viele Autos hat er denn?
그는 대체 자동차가 몇 대니? (**denn** (의문문에서) 도대체)

➡ Wie viele Zimmer hat die Wohnung? 그 집은 방이 몇 개니?

★ **warum** (= **wieso**) 왜?

➡ Warum gehst du nicht zur Party? 너는 왜 파티에 가지 않니?

3 부정문 nicht / kein_

(1) nicht

형용사, 부사를 부정할 때나 문장 전체를 부정할 때는 nicht를 사용한다. 목적어인 '정관사+명사'를 부정할 때는 그 뒤에 nicht를 붙인다.

➡ Ist die Tasche neu? - Nein, sie ist nicht neu.
그 가방 새것이니?   아니, 새것 아니야.

➡ Ist das Zimmer groß? - Nein, es ist nicht groß.
방이 크니?   아니, 크지 않아.

➡ War der Film interessant? - Nein, er war nicht interessant.
영화 재미있었어?   아니, 재미있지 않았어.

➡ Kaufst du den Anzug nicht? - Nein, ich kaufe den Anzug nicht.
(= Nein, den kaufe ich nicht.) 그 양복 사지 않니? – 그래, 사지 않아.

➡ Haben Sie meine Mutter gesehen? - Nein, ich habe sie nicht gesehen.
제 어머니 보셨나요?   아니요, 못 봤는데요.

(2) kein_

'ein+명사'와 '관사 없는 명사'를 부정할 때는 kein을 사용한다. kein은 뒤에 나오는 명사의 성과 격에 따라서 소유대명사처럼 어미 변화한다.

	m.	f.	n.	Pl.
1격	kein	keine	kein	keine
2격	keines	keiner	keines	keiner
3격	keinem	keiner	keinem	keinen
4격	keinen	keine	kein	keine

➡ Kaufst du eine Tasche? - Nein, ich kaufe keine Tasche.
　가방을 사니?　　　　　　　아니, 가방 사지 않아.

➡ Brauchst du einen Tisch? - Nein, ich brauche keinen Tisch.
　탁자 하나 필요해?　　　　　아니, 탁자 필요하지 않아.

➡ Hast du ein Auto? - Nein, ich habe kein Auto.
　너 자동차 있니?　　　　　아니, 나 자동차 없어. (das Auto 자동차)

➡ Hast du Hunger? - Nein, ich habe keinen Hunger.
　배고프니?　　　　　　아니, 배고프지 않아. (der Hunger 배고픔)

➡ Haben Sie Kinder? - Nein, ich habe keine Kinder.
　자녀가 있으신가요?　　　아니요, 저는 아이들이 없습니다.

➡ Trinkst du noch Bier? - Nein, ich trinke kein Bier mehr.
　맥주 더 마실래?　　　　　아니, 더 이상 맥주 마시지 않을래. (das Bier 맥주)

 **연습문제** Lektion 09

1 다음 질문에 독일어로 대답하세요.

① Kommen Sie aus Japan? 일본 출신입니까?

- Nein, _____

② Sind Sie nicht verheiratet? 기혼 아니십니까?

- Nein, _____

③ Bist du nicht müde? 너 피곤하지 않니?

- Doch, _____

④ Haben Sie keine Kinder? 자녀가 없으십니까?

- Nein, _____

⑤ Hast du keinen Durst? 너 목마르지 않니?

- Doch, _____

2 nicht, kein, keine, keinen 중에서 골라 넣으세요.

① Maria isst _____ Fleisch. 마리아는 고기를 먹지 않는다. (das Fleisch 고기)

② Es regnet _____ so viel. 비가 그리 많이 오지 않는다.

③ Ich habe _____ Appetit. 나는 식욕이 없다. (der Appetit 식욕)

④ Er fährt heute _____ nach Incheon. 그는 오늘 인천에 가지 않는다.

⑤ Hier habe ich _____ Freunde. 나는 이곳에 친구들이 없다.
(der Freund - Freunde 친구)

Übungen

3 독일어로 의문문을 만들어 보세요.

① 너 컴퓨터 한 대 필요하니? (der Computer / brauchen)
_____

② Jochen은 언제 오니?
_____

③ 너희들 극장에 가니? (ins Kino)
_____

④ 그 사과들은 얼마입니까? (der Apfel - Äpfel 사과 / kosten 값이 (얼마)이다)
_____

⑤ 너 누구를 보고 있니? (sehen)
_____

⑥ 너는 왜 커피를 마시지 않니? (der Kaffee 커피 / trinken 마시다)
_____

Lektion 10 수사, 척도 및 시간

1 기수

0 null	10 zehn	20 zwanzig	30 dreißig
1 eins	11 elf	21 einundzwanzig	40 vierzig
2 zwei	12 zwölf	22 zweiundzwanzig	50 fünfzig
3 drei	13 dreizehn	23 dreiundzwanzig	60 sechzig
4 vier	14 vierzehn	24 vierundzwanzig	70 siebzig
5 fünf	15 fünfzehn	25 fünfundzwanzig	80 achtzig
6 sechs	16 sechzehn	26 sechsundzwanzig	90 neunzig
7 sieben	17 siebzehn	27 siebenundzwanzig	100 (ein)hundert
8 acht	18 achtzehn	28 achtundzwanzig	200 zweihundert
9 neun	19 neunzehn	29 neunundzwanzig	300 dreihundert

1,000 tausend 1,000,000 eine Million
2,000,000 zwei Millionen
101 hunderteins 110 hundertzehn
250 zweihundertfünfzig 365 dreihundertfünfundsechzig
2,340 zweitausenddreihundertvierzig

2 시간

➡ Wie viel Uhr ist es ? Wie spät ist es? 몇 시입니까?

시간을 말하는 방법은 공식적 시간과 일상생활의 시간, 두 가지가 있다.

(1) 공식적 시간 (기차 출발 도착 시간, 라디오 등)

Es ist 3.00 Uhr. drei Uhr
      3.10   drei Uhr zehn
      3.15   drei Uhr fünfzehn

3.20	drei Uhr zwanzig
3.25	drei Uhr fünfundzwanzig
3.30	drei Uhr dreißig
3.40	drei Uhr vierzig
3.45	drei Uhr fünfundvierzig
3.50	drei Uhr fünfzig

(2) 일상생활에서의 시간

Es ist 3.00 Uhr.	drei (Uhr)
3.05	fünf (Minuten) nach drei (Uhr) (die Minute - Minuten 분)
3.10	zehn nach drei
3.15	(ein) Viertel nach drei (Viertel: 4분의 1)
3.20	zwanzig nach drei / zehn vor halb vier
3.25	fünf vor halb vier
3.30	halb vier
3.35	fünf nach halb vier
3.40	zwanzig vor vier / zehn nach halb vier
3.45	(ein) Viertel vor vier
3.50	zehn vor vier
3.55	fünf vor vier

➡ Um wie viel Uhr öffnet die Bank? 은행은 몇 시에 엽니까?

　- Um neun Uhr. 아홉 시에 엽니다.

➡ Um wie viel Uhr schließt die Post? 우체국은 몇 시에 닫습니까?

　- Um halb sechs schließt die Post. 우체국은 다섯 시 반에 닫습니다.

★ 3시 30분이 halb vier라는 것에 주의해야 한다. 1시 30분은 halb zwei, 2시 30분은 halb drei가 되는 것이다. 정각 몇 시와 몇 시 삼십 분 양쪽이 기준이 되고 20분과 40분에서 전치사 'vor(~전)'와 'nach(~후)'의 사용이 나뉘는데 주의해서 연습해 볼 것!

3 서수

서수는 숫자에 점을 찍어서 나타낸다. 서수로 읽으면서 형용사 어미변화를 해야 한다.

> 1. erst
> 2. ~ 19.: 기수+t
> 2. zweit, 3. dritt, 4. viert, ~ 10. zehnt, 11. elft, 12. zwölft, ~ 19. neunzehnt (예외: 3. dritt, 7. siebt, 8. acht)
> 20 이상: 기수+st
> 20. zwanzigst, 21. einundzwanzigst, 22. zweiundzwanzigst, ~ 30. dreißigst, ~ 100. hundertst

(1) 서수는 형용사로서 어미가 변화한다.

➡ im 21.(einundzwanzigsten) Jahrhundert 21세기에

➡ Das war mein 3. (dritter) Versuch. 그것은 나의 세 번째 시도였다.

➡ Er wohnt im 2. (zweiten) Stock. 그는 3층에 살고 있다.
(독일어에서 건물의 1층은 das Erdgeschoss이고, der erste Stock (첫 번째 층)이 2층이다. 따라서 der zweite Stock은 3층이다.)

(2) 날짜는 서수로 말한다.

➡ Der Wievielte ist heute? (= Den Wievielten haben wir heute?)
오늘이 며칠입니까?

- Heute ist der 1. (erste) Mai. (Heute haben wir den ersten Mai.)
오늘은 5월 1일입니다.

➡ **Am wievielten beginnen die Sommerferien?** 여름방학은 며칠에 시작합니까?
  - **Am 20. (zwanzigsten) Juli beginnen die Ferien.**
    방학은 7월 20일에 시작합니다.
    ('~일에'라고 말할 때는 전치사 'an'을 사용한다. 'am'은 'an dem'의 축약형.)

➡ **Wann sind Sie geboren?** 당신은 언제 태어났습니까?
  - **Ich bin am 8.(achten) April 1985 geboren.**
    저는 1985년 4월 8일에 태어났습니다.

➡ **Wann hast du Geburtstag?**
    너 생일이 언제니? (직역하면 '언제 생일을 갖고 있니?'라고 묻는 것이다.)
  - **Ich habe am 12.(zwölften) September Geburtstag.**
    9월 12일이 내 생일이야.

  ★ 월 이름 (모두 남성)
    1월 Januar - 2월 Februar - 3월 März - 4월 April - 5월 Mai - 6월 Juni - 7월 Juli
    8월 August - 9월 September - 10월 Oktober - 11월 November - 12월 Dezember

(1) 요일

➡ **Welcher (Wochen)Tag ist heute?** 오늘은 무슨 요일입니까?
  = **Welchen (Wochen)Tag haben wir heute?**

➡ **Heute ist Montag. (= Heute haben wir Montag.)** 오늘은 월요일입니다.

> **Sonntag** 일요일 - **Montag** 월요일 - **Dienstag** 화요일 - **Mittwoch** 수요일 - **Donnerstag** 목요일
> - **Freitag** 금요일 - **Samstag** (또는 **Sonnabend**) 토요일

(2) 배수: 기수+mal ~번, ~배

Dreimal pro Tag! 하루에 세 번
doppelt = zweimal 두 배의

(3) 단위

① 단위를 나타내는 명사가 여성일 때: 둘 이상에서 복수형을 사용한다.
  eine Tasse Kaffee 커피 한 잔, zwei Tassen Kaffee 커피 두 잔
  eine Flasche Wein 와인 한 병, zwei Flaschen Wein 와인 두 병

② 단위를 나타내는 명사가 남성이나 중성일 때: 둘 이상에서도 복수형을 쓰지 않는다.
  ein Glas Bier 맥주 한 컵, zwei Glas Bier 맥주 두 컵
  ein Kilo Kartoffeln 감자 1킬로, zwei Kilo Kartoffeln 감자 2킬로

(4) 수식 : +(und), −(weniger), ×(mal), ÷(durch), =(ist, macht)

➡ Wieviel ist zwei und drei? - Das ist fünf.
  2더하기 3은 얼마입니까? – 5입니다

5+7=12 Fünf und sieben ist[macht] zwölf.
14-6=8 Vierzehn weniger sechs macht acht.
4×6=24 Vier mal sechs ist vierundzwanzig.
12÷4=3 Zwölf durch vier ist drei.

(5) 화폐, 연도, 전화번호

1,00 Euro: ein Euro 1유로

-,50 Euro: fünfzig Cent 50센트

10,50 Euro: zehn Euro fünfzig 10유로 50(센트)

1749년: siebzehnhundertneunundvierzig

1985년: neunzehnhundertfünfundachtzig

2000년: zweitausend

2010년: zweitausendzehn

전화번호 2345-6789: zwei drei vier fünf sechs sieben acht neun

(또는 dreiundzwanzig fünfundvierzig siebenundsechzig neunundachtzig)

연습문제 Lektion 10

1. 다음 숫자를 독일어로 적어보세요.

　① 12 _____

　② 17 _____

　③ 21 _____

　④ 35 _____

　⑤ 68 _____

　⑥ 149 _____

　⑦ 851 _____

　⑧ 3709 _____

　⑨ 1848년 _____

　⑩ 2011년 _____

　⑪ im 20. Jahrhundert _____

2. 다음 시간을 독일어의 일상회화 표현으로 읽어보세요.

　① 2:15 zwei Uhr fünfzehn = _____

　② 1:30 ein Uhr dreißig = _____

　③ 5:25 fünf Uhr fünfundzwanzig = _____

　④ 9:35 neun Uhr fünfunddreißig = _____

　⑤ 12:40 zwölf Uhr vierzig = _____

Übungen

3. 다음 질문에 독일어로 대답하세요.

① Welcher Tag ist heute? 오늘은 무슨 요일입니까?

___

② Der Wievielte ist heute? 오늘은 며칠입니까?

___

③ Wann haben Sie Geburtstag? 당신 생일은 언제입니까?

___

④ Um wie viel Uhr fängt der Film an? 영화는 몇 시에 시작하니?
(anfangen 시작하다 (분리동사) / fangen 현재형 불규칙 변화 du fängst, er fängt)

___

⑤ Wie ist deine Telefonnummer? 너 전화번호가 어떻게 되니?

___

전치사 I (2격 지배 / 3격 지배 / 4격 지배)

전치사는 의미, 용법과 함께 격 지배를 외워두어야 한다. 예를 들어 '그 친구와 함께'는 3격 지배 전치사인 'mit'를 사용하여 'mit dem Freund'가 되고, '그 친구를 위해서'는 4격 지배 전치사인 'für'를 사용하여 'für den Freund'가 된다.

전치사는 격 지배에 따라 2격 지배, 3격 지배, 4격 지배, 3·4격 지배의 네 가지로 구분한다.

1 2격 지배 전치사 : 다음 전치사 뒤에는 명사나 대명사의 2격형이 온다.

(1) (an)statt: ~ 대신에

➡ Er hat statt des Sofas einen Sessel gekauft.
그는 소파 대신에 안락의자를 샀다. (das Sofa 소파 / der Sessel (일인용) 안락의자)

(2) während: ~ 동안에

➡ Während der Sommerferien arbeitet er bei einer Fabrik.
여름방학 동안에 그는 어느 공장에서 일한다. (die Ferien 방학 (복수로만 사용))

(3) wegen: ~ 때문에

➡ Wegen der Hausaufgabe kann er nicht ausgehen.
숙제 때문에 그는 외출할 수 없다. (die Hausaufgabe 숙제 / ausgehen 외출하다)

(4) trotz: ~에도 불구하고

➡ Trotz des starken Regens haben wir Fußball gespielt.
비가 심하게 오는데도 우리는 축구를 했다. (stark 강한 / der Regen 비 / Fußball spielen 축구를 하다)

2 3격 지배 전치사 : 다음 전치사 뒤에는 명사나 대명사의 3격형이 온다.

(1) aus: ~로부터

➡ Ich komme aus Seoul. 나는 서울 출신이다.

➡ **Er holt die Teller aus der Küche.**
그는 부엌에서 접시들을 가져온다. (**der Teller - Teller** 접시 / **die Küche** 부엌)

(2) von: ~로부터

➡ **Der Zug fährt um 10 Uhr von Frankfurt ab.**
기차는 열 시에 프랑크푸르트에서 출발한다. (**der Zug** 기차 / **abfahren** 출발하다)

➡ **Das ist das Auto von meinem Onkel.**
그것은 내 삼촌의 차이다. (**von**은 2격과 같은 의미의 소유를 나타낼 수 있다.)

(3) nach: ~를 향하여 (+중성 국가명, 도시명), ~ 후에

➡ **Er fährt heute nach Busan.** 그는 오늘 부산으로 간다.

➡ **Trinken wir nach dem Essen Kaffee!** 식사 후에 커피를 마시자. (**das Essen** 식사)

➡ **Wann gehst du nach Hause?** 너 언제 집에 가니?
(**nach Haus(e)** 집으로 (관사는 쓰지 않는다. 숙어로 외워둘 것!))

(4) zu: ~를 향하여 (+특정 장소, 건물, 사람)

➡ **Wie komme ich zum Bahnhof?** 역으로 어떻게 갑니까? (**zum = zu dem**)

➡ **Er geht zum Arzt.** 그는 의사에게 (진찰받으러) 간다.

➡ **Ich bin am Abend zu Hause.**
나는 저녁에 집에 있다. (**zu Haus(e)** 집에 (관사는 쓰지 않는다. 숙어로 외워둘 것!))

(5) mit: ~와 함께, ~을 가지고

➡ **Ich gehe heute mit meinen Freunden schwimmen.**
나는 오늘 친구들과 함께 수영하러 간다. (**gehen + Inf.** ~하러 가다 / **schwimmen** 수영하다)

➡ **Wir fahren mit unserem Auto in Urlaub.**
우리는 우리 차를 타고 휴가 간다. (**der Urlaub** 휴가)

(6) seit: ~이래로

➡ **Ich lerne seit dem letzten Semester Deutsch.**
나는 지난 학기부터 독일어를 공부하고 있다. (**letzt** 지난 / **das Semester** 학기)

➡ **Er wohnt schon seit 5 Jahren in Berlin.** 그는 벌써 5년 전부터 베를린에 살고 있다.
(das Jahr - Jahre 복수3격형이기 때문에 _n을 붙여야 한다)

(7) bei: ~옆에, ~의 집에, ~할 때

➡ **Das Postamt liegt bei dem Kaufhaus.** 우체국은 백화점 옆에 있다.
(das Postamt 우체국 / das Kaufhaus 백화점)

➡ **Er wohnt nicht mehr bei mir.** 그는 이제는 내 집에 살지 않는다.
(nicht mehr 더 이상 ~하지 않다)

➡ **Er arbeitet bei Samsung.** 그는 삼성에서 일하고 있다.

➡ **Beim Essen sieht er fern.** 그는 식사하면서 텔레비전을 본다.
(fernsehen 텔레비전을 보다)

(8) gegenüber: ~ 맞은편에 (gegenüber는 주로 3격 명사 뒤에 위치한다.)

➡ **Die Bank liegt der Post gegenüber. (= ~ gegenüber der Post.)**
은행은 우체국 맞은편에 있다. (die Bank 은행 / die Post = das Postamt 우체국)

❸ 4격 지배 전치사 : 다음 전치사 뒤에는 4격형이 온다.

(1) durch: ~을 통하여

➡ **Er geht durch den Park spazieren.** 그는 공원을 통하여 산책한다.
(der Park 공원 / spazieren gehen 산책하다)

(2) für: ~을 위하여, ~을 찬성하는

➡ **Ich kaufe ein Geschenk für meine Mutter.** 나는 어머니를 위해 선물을 산다.
(das Geschenk 선물)

➡ **Ich bin für seine Entscheidung.** 나는 그의 결정에 찬성이다.
(sein동사 + für ~ ~에 찬성이다)

(3) ohne: ~없이

➡ Er macht nichts ohne seine Mutter. 그는 어머니 없이는 아무것도 하지 않는다.
(nichts 아무것도 ~하지 않다 (영어의 nothing))

➡ Er ist seit drei Wochen ohne Arbeit. 그는 3주 전부터 일이 없다. (실직 상태이다.)
(die Woche - Wochen 주 / die Arbeit 일)

(4) um: ~ 주위에, ~을 돌아서, 정각 ~시에

➡ Die Kinder sitzen um den Tisch. 아이들이 탁자에 둘러앉아 있다.

➡ Sie geht um das Haus. 그녀는 건물을 돌아서 간다.

➡ Der Zug fährt um 13:30 Uhr ab. 기차가 13시 30분에 출발한다.

(5) gegen: ~을 향하여, ~시쯤에, ~에 반대하는

➡ Das Fahrrad fährt gegen einen Baum. 자전거가 나무를 향해 달린다. (부딪힌다.)
(der Baum 나무)

➡ Ich bin gegen deine Entscheidung. 나는 너의 결정에 반대한다.
(sein동사 + gegen ~ ~에 반대하다 / die Entscheidung 결정)

➡ Er kommt gegen 3 Uhr an. 그는 세 시경에 도착한다.

(6) bis: ~까지

➡ Wir fliegen bis München und dann nehmen den Zug nach Salzburg.
우리는 뮌헨까지 비행기로 가고 그 다음에 잘츠부르크 행 기차를 탄다.
(fliegen 비행기를 타고 가다)

➡ Wie lange dauert es von hier bis zum Bahnhof?
여기부터 역까지 얼마나 걸립니까? (bis는 다른 전치사와 함께 사용되는 경우가 많다.)
(dauern (시간이 얼마) 걸리다, 지속되다)

(7) entlang: ~을 따라 (4격의 뒤에 위치한다)

➡ Gehen Sie immer die Straße entlang! 계속 이 도로를 따라 가십시오.
(die Straße 도로)

연습문제 Lektion 11

알맞은 전치사, 또는 전치사 + 명사를 넣어 문장을 완성해보세요.

① 아버지께서 오늘 집에 계시다.

　　Mein Vater ist heute _____

② 우리는 내일 홍콩에 간다.

　　Wir fliegen morgen _____ Hongkong.

③ 그는 아파서 침대에 누워 있다.

　　_____ liegt er im Bett.

　(die Krankheit 질병 / liegen 누워 있다 / das Bett 침대)

④ 우체국 맞은편에 은행이 하나 있다.

　　_____ gibt es eine Bank. (die Post 우체국)

⑤ 수업 후에 너는 뭐 할 거니?

　　Was machst du _____? (der Unterricht 수업)

⑥ 그녀는 빵집에 간다.

　　Sie geht _____. (die Bäckerei 빵집)

⑦ 내 사촌이 내 집에 살고 있다.

　　Mein Vetter wohnt _____ (der Vetter 사촌)

Übungen

⑧ 그는 그의 할머니를 위해서 꽃을 산다.

   Er kauft Blumen _____ (die Großmutter 할머니)

⑨ 내 여동생은 3년 전부터 베를린에서 공부하고 있다.

   Meine Schwester studiert _____ in Berlin.
   (das Jahr, _e)

⑩ 그들은 그들의 아이들과 함께 놀고 있다. (die Kinder 아이들)

   Sie spielen _____

Lektion 12 전치사 II (3·4격 지배 / 전치사와 함께 쓰이는 동사들)

1 3·4격 지배 전치사

이 전치사들은 정지된 상태를 의미할 때는 뒤에 3격이, 그리고 동작의 방향을 의미하면 뒤에 4격이 쓰인다. 예를 들어 '그가 방안에 있다'는 정지 상태를 나타낼 때는 3격을 써서 'Er ist in dem (=im) Zimmer.'가 되고, '그가 방으로 들어간다'라는 동작의 방향을 나타낼 때는 4격을 써서 'Er geht in das (=ins) Zimmer.'가 된다.

★ '전치사+정관사'의 축약형

an dem = am	in dem = im	bei dem = beim
zu dem = zum	von dem = vom	an das = ans
auf das = aufs	in das = ins	durch das = durchs
vor das = vors	über das = übers	zu der = zur

(1) an: (수직적 의미로) ~에 / ~로

➡ **Das Bild hängt an der Wand.** 그림이 벽에 걸려 있다.
(3격) (hängen 걸려 있다, ~을 (어디)로 걸다 / die Wand 벽)

➡ **Er hängt das Bild an die Wand.** 그는 그림을 벽에 건다. (4격)

➡ **Ich hätte gern einen Tisch am Fenster.**
(레스토랑에서) 창가에 있는 탁자를 주시면 좋겠습니다. (3격)
(hätte gern +4격 ~을 갖고 (마시고, 먹고) 싶다 / das Fenster 창문)

➡ **Er stellt den Tisch ans Fenster.** 그는 탁자를 창가로 놓는다. (4격) (stellen 세워놓다)

➡ **Er wohnt am Meer.** 그는 바닷가에 산다.
(das Meer 바다. 바다로 ans Meer, 강가에 am Fluss, 강가로 an den Fluss, 호숫가에 am See, 호숫가로 an den See)

(2) auf: ~위에 / ~위로

➡ **Die Vase steht auf dem Tisch.** 꽃병이 탁자 위에 서 있다. (3격) (**die Vase** 꽃병)

➡ **Ich stelle die Vase auf den Tisch.** 나는 꽃병을 탁자 위에 세워둔다. (4격)

(3) unter: ~아래에 / ~아래로

➡ **Die Katze liegt unter dem Tisch.** 고양이가 탁자 아래에 누워 있다. (3격)
(**liegen** 놓여 있다, 누워 있다)

➡ **Er legt die Zeitung unter den Tisch.** 그는 신문을 탁자 아래에 놓는다. (4격)
(**legen** ~을 (어디)로 놓다)

(4) über: ~위에 / ~위로

➡ **Das Bild hängt über dem Sofa.** 그림이 소파 위에 걸려 있다. (3격)

➡ **Er hängt das Bild über das Sofa.** 그는 그림을 소파 위로 건다. (4격)

(5) hinter: ~뒤에 / ~뒤로

➡ **Der Koffer steht hinter der Tür.** 트렁크는 문 뒤에 있다. (3격)

➡ **Er stellt den Koffer hinter die Tür.** 그가 트렁크를 문 뒤에 세워둔다. (4격)

(6) vor: ~앞에 / ~앞으로

➡ **Ein alter Baum steht vor dem Dorf.** 오래된 나무 한 그루가 마을 앞에 서 있다.
(3격) (**das Dorf** 마을)

➡ **Sie setzt sich vor den Fernseher.** 그녀는 텔레비전 앞에 앉는다. (4격)
(**der Fernseher** 텔레비전)

(7) in: ~안에 / ~안으로

→ Er ist jetzt in der Küche. 그는 지금 부엌에 있다. (3격)

→ Ich gehe heute ins Theater. 나는 오늘 연극 보러 간다. (4격)
(das Theater 극장, 연극무대. 영화 보러 ins Kino, 콘서트로 ins Konzert)

(8) neben: ~옆에 / ~옆으로

→ Der Schrank steht neben dem Fenster. 장롱은 창문 옆에 있다. (3격)
(der Schrank 장롱)

→ Stellen Sie den Tisch neben den Schrank. 탁자를 장롱 옆으로 세워두십시오. (4격)

(9) zwischen: ~사이에 / ~사이로

→ Er sitzt zwischen seinen Eltern. 그는 부모님 사이에 앉아 있다. (3격)

→ Er setzt sich zwischen die beiden Freunde. 그는 두 친구 사이로 앉는다. (4격)
(beide 양쪽의, 둘 다)

2. 시간적 의미로 사용될 때

3·4격 지배 전치사가 시간적 의미로 사용될 때에는 뒤에 3격이 온다.

(1) an: +하루에서의 시간, 요일

am Morgen 아침에	am Vormittag 오전에	am Mittag 정오에
am Nachmittag 오후에	am Abend 저녁에	am Montag 월요일에
am Dienstag 화요일에	...	

→ Er kommt am Abend an. 그는 저녁에 도착한다.

→ Das Festival beginnt am Sonntag. 축제가 일요일에 시작된다.

(2) in: +주, 월, 연, 계절

in dieser Woche 이번 주에	im (Monat) Januar 1월에
im Februar 2월에	in diesem Monat 이번 달에
in diesem Jahr 올해	im Jahr 1990 1990년에
im Frühling 봄에	im Sommer 여름에
im Herbst 가을에	im Winter 겨울에
in der Nacht 밤에	

➡ **Im Frühling blühen bunte Blumen.** 봄에 색색의 꽃들이 피어난다.
(blühen 피어나다 / bunt 다채로운, 알록달록한)

➡ **In diesem Jahr kauft er ein Auto.** 그는 올해 차를 산다.

(3) vor: ~전에

➡ **Wir machen vor dem Abendessen einen kurzen Spaziergang.**
우리는 저녁 식사 전에 짧은 산책을 한다.
(das Abendessen 저녁식사 / Spaziergang machen 산책하다)

(4) zwischen: ~사이에

➡ **Das Geschäft ist zwischen dem 1.(ersten) und dem 5.(fünften) August geschlossen.** 그 상점은 8월 1일과 5일 사이에 닫혀 있다.
(geschlossen 닫혀 있는 ('schließen 닫다'의 과거분사형))

3 동사와 함께 오는 전치사

어떤 동사가 어떤 전치사와 함께 쓰이는지 외워두어야 동사를 바르게 사용할 수 있다. 3·4격 지배 전치사인 경우는 격까지 암기한다. 예를 들어 '기다리다'는 'warten auf 4격'이므로 '나는 버스를 기다리고 있다'라고 할 때 'Ich warte auf den Bus.'라고 말한다. 자주 사용되는 동사+전치사의 예를 들면 다음과 같다.

> abhängen von ~ ~에 달려 있다
> aufpassen auf ~(4격) ~에 유의하다, 주의하다
> bitten jn.(4) um ~ 누구에게 ~을 부탁하다
> (jn= jemanden, 'jemand 누군가'의 4격형, 사람의 4격형을 써야한다는 의미이다.)
> danken jm.(3) für ~ 누구에게 ~에 대해 감사하다
> (jm= jemandem, 'jemand 누군가'의 3격형, 사람의 3격형을 써야한다는 의미이다.)
> denken an ~(4) ~을 생각하다
> einladen jn. zu ~ 누구를 ~에 초대하다
> erzählen von ~ ~에 대해 이야기해주다
> fragen jn. nach ~ 누구에게 ~에 관해 묻다
> nachdenken über ~(4) ~에 대해 숙고하다
> sprechen mit jm. über ~(4) 누구와 ~에 대해 이야기하다
> teilnehmen an ~(3) ~에 참가하다
> warten auf ~(4) ~을 기다리다

➡ Ich danke Ihnen für die Einladung. 초대에 감사드립니다. (die Einladung 초대)

➡ Er hat mich nach dem Weg zum Bahnhof gefragt.
그는 내게 역으로 가는 길에 대해 물었다. (der Weg 길)

➡ Er hat mich zum Abendessen eingeladen. 그가 나를 저녁 식사에 초대했다.

4 전치사 + 대명사

(1) 전치사가 대명사와 연결되는 경우 대명사가 사람을 가리키는 경우에는 그대로 인칭대명사를 사용한다.

➡ Kaufst du das Geschenk für deine Mutter? 어머니를 위해서 선물을 사는 거니?
- Ja, ich kaufe es für sie. 그래 어머니(sie)를 위해서 그것을 사는 거야.

➡ Wartest du auf den Freund? 그 친구를 기다리니?
- Ja, ich warte auf ihn. 그래, 그를 기다리고 있어.

(2) 대명사가 지칭하는 것이 사람이 아닐 경우에는 'da전치사' 형태를 사용한다. 전치사가 모음으로 시작될 경우는 'dar전치사'가 된다.

➡ Lernst du für die Prüfung? 시험을 위해서 공부하고 있니?
  - Ja, ich lerne dafür. 그래, 그것을 위해서 공부하고 있어.

➡ Wartest du auf den Bus? 버스를 기다리니?
  - Ja, ich warte darauf. 그래, 그것을 기다리고 있어.

연습문제 Lektion 12

1 전치사와 관사를 넣어 문장을 완성하세요.

① Er geht jetzt _____ Büro. 그는 지금 사무실로 간다. (das Büro 사무실)

② Sie stellt die Gläser _____ Küchenschrank.
그녀는 컵들을 찬장 안으로 세워둔다. (das Glas - Gläser 컵 / der Küchenschrank 찬장)

③ Die Lampe hängt _____ Tisch. 전등이 탁자 위에 걸려 있다.

④ Wir gehen _____ Abend _____ Konzert.
우리는 저녁에 콘서트에 간다. (das Konzert 콘서트)

⑤ Wir gehen _____ Meer in Urlaub. 우리는 바다로 휴가를 간다. (das Meer 바다)

⑥ Die Mutter setzt das Kind _____ Stuhl. 어머니가 아이를 의자에 앉힌다.
(der Stuhl 의자)

⑦ Die Bank ist zwischen _____ Post und _____ Supermarkt.
은행은 우체국과 슈퍼마켓 사이에 있다. (die Post 우체국, der Supermarkt 슈퍼마켓)

⑧ Das Fahrrad steht _____ Haus. 자전거는 집 앞에 서 있다. (das Haus 집)

⑨ Der Garten ist _____ Haus. 정원은 집 뒤에 있다. (der Garten 정원)

⑩ Machen wir _____ Mittagessen Spaziergang! 점심식사 후에 산책을 합시다.
(das Mittagessen 점심식사)

Übungen

2 다음 질문에 '전치사+대명사' 또는 'da(r)전치사'를 써서 답하세요.

① Dankt er dir für das Geschenk?

   - Ja, er dankt mir _____.

② Spricht der Kellner mit dem Gast?

   - Ja, er spricht _____.

③ Denkst du an deinen Vater?

   - Ja, ich denke _____.

④ Fragt er dich nach der Prüfung?

   - Ja, er fragt mich _____.

⑤ Wartest du auf die Kinder?

   - Ja, ich warte _____.

Lektion 13 동사의 시제 – 과거, 현재완료, 과거완료, 미래

1 동사의 과거형과 과거분사형

과거시제, 현재완료, 과거완료 시제를 만들기 위해서 우선 과거형과 과거분사형을 알아야 한다.

(1) 규칙동사

① 부정형(_en) – 과거형 (_te) – 과거분사형 (ge_t)

machen - machte - gemacht 하다
suchen - suchte - gesucht 찾다, 구하다
leben - lebte - gelebt 살다

② 어간이 _t, _d, _fn, _gn 등으로 끝나는 경우: 과거형은 _ete, 과거분사형은 ge_et

arbeiten - arbeitete - gearbeitet 일하다
öffnen - öffnete - geöffnet 열다

③ 부정형이 _ieren으로 끝나는 동사는 과거분사에 'ge'를 붙이지 않는다.

studieren - studierte - studiert 대학에 다니다, 전공하다
diktieren - diktierte - diktiert 받아쓰게 하다

④ 분리동사는 과거분사에서 'ge'가 전철과 기본 동사 사이로 들어온다.

aufmachen - machte ... auf - aufgemacht 열다
zuhören - hörte ... zu - zugehört 경청하다

⑤ 비분리동사(be_, ge_, ent_, emp_, er_, ver_, zer_, miss_)는 과거분사에 'ge'를 붙이지 않는다.

besuchen - besuchte - besucht 방문하다
erleben - erlebte - erlebt 체험하다

(2) 불규칙동사의 과거형과 과거분사형

불규칙 동사는 과거형과 과거분사형을 암기해야 한다.

부정형-과거-과거분사

sein - war - gewesen ~이다, 있다
haben - hatte - gehabt 갖고 있다
werden - wurde - geworden ~이 되다

bleiben - blieb - geblieben 머물다
essen - aß - gegessen 먹다
geben - gab - gegeben 주다
gehen - ging - gegangen 가다
helfen - half - geholfen 돕다
kommen - kam - gekommen 오다
sehen - sah - gesehen 보다
sprechen - sprach - gesprochen 말하다
stehen - stand - gestanden 서 있다

(분리동사)

abfahren - fuhr ... ab - abgefahren 출발하다
ankommen - kam ... an - angekommen 도착하다

(비분리동사)

bekommen - bekam - bekommen 받다
gefallen - gefiel - gefallen 마음에 들다
verstehen - verstand - verstanden 이해하다

2. 과거형

과거형은 역사를 서술할 때, 또는 신문, 동화 등에서 주로 사용한다. 조동사와 sein 동사, haben 동사는 현재완료형보다 과거형을 많이 사용한다.

〈과거형 어미변화〉

(부정형)	(machen)	(haben)	(sein)	(geben)
과거형	machte	hatte	war	gab
ich _	machte	hatte	war	gab
du _st	machtest	hattest	warst	gabst
er _	machte	hatte	war	gab
wir _en	machten	hatten	waren	gaben
ihr _t	machtet	hattet	wart	gabt
sie, Sie _en	machten	hatten	waren	gaben

➡ **Wo warst du gestern?** 너 어제 어디 갔었니?
➡ **Waren Sie schon einmal in Busan?** 부산에 한번 가보셨습니까?
➡ **Ich hatte keine Zeit.** 나는 시간이 없었다.
➡ **Im Dorf gab es keine Bank.** 그 마을에 은행이 없었다.
  (gab geben의 과거형 / es gibt ~ ~이 있다, 존재하다)

3. 현재완료형: 'haben / sein + ... p.p.'

현재완료형은 현재보다 앞선 시제를 나타내며 회화에서는 과거형보다 현재완료형을 많이 사용한다. 현재완료형은 동사에 따라 haben 또는 sein을 조동사로 취하고 문장의 맨 끝에 본동사의 과거분사를 둔다. 어떤 동사가 haben과 연결되고, 어떤 동사가 sein과 연결되는지 따로 구분하여 외워두어야 한다.

(1) haben + p.p. : 모든 타동사, 상태나 지속을 나타내는 자동사, 조동사, 재귀동사 등의 완료형은 haben과 연결된다.

예 **legen** 놓다, **stellen** 세우다, **setzen** 앉히다, **hängen** 걸다, **stecken** 꽂다, **liegen** 놓여 있다, **stehen** 서 있다, **sitzen** 앉아 있다

예 **helfen** 돕다

(현재) Er hilft mir.
(과거) Er half mir.
(현재완료) Er hat mir geholfen. 그가 나를 도와주었다.

➡ Er **hat** die Tasse auf den Tisch **gestellt**. 그는 찻잔을 탁자 위에 놓았다. (stellen)

➡ Ich **habe** mich auf den Stuhl **gesetzt**. 나는 의자에 앉았다. (setzen)

➡ Der Vortrag **hat** um 4 Uhr **begonnen**. 강연은 네 시에 시작되었다.
(beginnen - begann - begonnen)

(2) sein + p.p. : 자동사 중 다음 동사들은 완료형이 sein과 연결된다.

① 장소이동을 나타내는 자동사

예 **fahren** 가다, **fallen** 떨어지다, **fliegen** 날아가다, **gehen** 가다, **kommen** 오다, **steigen** 올라가다, **einsteigen** 타다, **aussteigen** 내리다

➡ Ich **bin** letzte Woche nach Busan **gefahren**. 나는 지난주에 부산에 갔다.
(fahren - fuhr - gefahren)

➡ Er **ist** gestern in Berlin **angekommen**. 그는 어제 베를린에 도착했다.
(ankommen - kam ... an - angekommen)

➡ Wir **sind** aus dem Bus **ausgestiegen**. 우리는 버스에서 내렸다.
(aussteigen - stieg ... aus - ausgestiegen)

② 상태변화를 나타내는 자동사

예 **aufstehen** 일어나다, **aufwachen** 깨어나다, **einschlafen** 잠들다, **sterben** 죽다, **wachsen** 자라나다

➡ Vor zwei Monaten **ist** sein Großvater **gestorben**.
두 달 전에 그의 할아버지께서 돌아가셨다. (sterben - starb - gestorben)

→ Die Kinder sind bald eingeschlafen. 아이들이 곧 잠들었다.
　(einschlafen - schlief ... ein - eingeschlafen)

③ sein ~이다, 있다, werden ~이 되다, bleiben 머무르다

→ Er ist damals sehr glücklich gewesen. 그는 당시에 매우 행복했다.
　(sein - war - gewesen)

→ Wie lange ist dein Freund in Deutschland geblieben?
　네 친구는 독일에 얼마나 오랫동안 머물렀니? (bleiben - blieb - geblieben)

→ Ich bin wieder gesund geworden. 나는 다시 건강해졌다.
　(werden - wurde - geworden)

④ geschehen (일이) 생기다, passieren 발생하다, begegnen 마주치다, gelingen ~에게 성공하다, mißlingen 실패하다, ausweichen 피하다

→ Was ist denn passiert? 대체 무슨 일이 일어났던 것이니?
　(passieren - passierte - passiert)

→ Gestern bin ich meinem alten Freund begegnet.
　어제 나는 내 옛 친구를 만났다. (begegnen - begegnete - begegnet (+3격))

→ Es ist mir gelungen, ihn zu überreden.
　나는 그를 설득할 수 있었다. (그를 설득하는 일이 내게 이루어졌다.)
　(gelingen - gelang - gelungen / überreden 설득하다)
　(es .... zu Inf.(~) ~하는 것 그것은 ...하다, 18과 'zu 부정형' 참조할 것.)

4 과거완료: hatte / war + ... p.p.

과거와 현재완료보다 앞선 시제가 과거완료이다.

→ Gestern kam Herr Braun nach Hamburg. Vorher hatte er seine Mutter in Köln besucht.
　브라운 씨는 어제 함부르크로 왔다. 그 전에 그는 쾰른에 계신 어머니를 방문했다.
　(kommen - kam - gekommen 오다 / besuchen - besuchte - besucht 방문하다)

→ **Nachdem er Blumen gekauft hatte, ging er zur Großmutter.**
꽃을 산 뒤에 그는 할머니께 갔다. (kaufen - kaufte - gekauft (규칙변화) / gehen - ging - gegangen / nachdem ~한 후에 (종속접속사가 이끄는 부문장), 17과 접속사 참조할 것)

→ **Kaum hatte ich den Platz genommen, da fing der Film an.**
내가 앉자마자 영화가 시작되었다. (nehmen - nahm - genommen / anfangen - fing ... an - angefangen 시작하다 / kaum 거의 ~하지 않다, 막 ~하자마자)

5 미래형: werden + ... Inf.

(1) 미래를 의미

미래에 일어날 일은 미래형으로 나타낼 수도 있지만, 미래를 의미하는 부사가 함께 있을 경우에 보통 현재형으로 미래를 나타낸다.

→ **Morgen werden wir einen Ausflug machen.** 내일 우리는 피크닉 갈 것이다.
  = **Morgen machen wir einen Ausflug.** (Ausflug machen 피크닉 가다)

→ **Wann wirst du das Paket von der Post abholen?**
소포를 언제 우체국에서 가져올 거니?
  = **Wann holst du das Paket von der Post ab?**

(2) 현재에 대한 추측

미래형이 현재에 대한 추측을 의미하기도 한다.

→ **Wo ist Karl? - Ich weiß es nicht, er wird zu Haus sein.** 칼은 어디에 있니?
  – 모르겠어. 집에 있을 거야. (weiß wissen(알다)의 불규칙현재형 ich weiß, du weißt, er weiß, wir wissen, ihr wisst, sie wissen)

→ **Er wird wohl noch arbeiten.** 그는 아마 더 일할 것이다. (wohl 아마)

→ **Sie werden in diesem Sommer keine Ferienreise machen.**
그들은 올여름에 휴가여행을 가지 않을 것이다.
(die Ferienreise = die Ferien 방학, 휴가 + die Reise 여행)

> 참고: 독일어는 현재, 과거, 현재완료, 과거완료, 미래, 미래완료의 여섯 가지 시제가 있다. 미래완료 'werden + ... p.p. haben (sein)'는 초급에서는 설명을 생략한다.

연습문제 Lektion 13

1 다음 문장의 동사를 과거형으로 고쳐 넣으세요.

① Ich <u>bin</u> nicht lange dort. 나는 그곳에 오래 있지 않았다. (dort 그곳에)

② Es <u>wird</u> dunkel. 날이 어두워졌다. (dunkel 어두운)

③ Wir <u>haben</u> einen Hund. 우리는 개 한 마리가 있었다. (der Hund 개)

④ Es <u>gibt</u> nichts Neues. 새로운 것이 아무것도 없었다.

⑤ Wo <u>bist</u> du? 너 어디에 있었니?

⑥ <u>Habt</u> ihr ein Auto? 너희들 자동차를 갖고 있었어?

⑦ Da <u>steht</u> ein Baum. 그곳에 나무 한 그루가 서 있었다.

2 주어진 동사를 사용하여 현재완료형 문장을 만들어보세요.

① Wir _____ das Essen _____. (bestellen)
우리는 식사를 주문했다. (bestellen - bestellte - bestellt)

② Der Zug _____ schon _____. (abfahren) 기차가 이미 출발했다.

③ _____ du das schon _____? (wissen)
너 그것 이미 알고 있었어? (wissen - wusste - gewusst)

④ Wann _____ du _____? (aufstehen)
너 언제 일어났니? (aufstehen - stand ... auf - aufgestanden)

Übungen

⑤ _____ ihr Kaffee _____? (trinken)
너희들 커피 마셨니? (trinken - trank - getrunken)

⑥ Wir _____ in den Bus _____. (einsteigen) 우리는 버스에 탔다.

⑦ Es _____ mir in Berlin gut _____. (gefallen)
베를린이 내 마음에 들었다. (gefallen - gefiel - gefallen)

⑧ Der Unterricht _____ um 10 Uhr _____. (beginnen)
수업은 열 시에 시작되었다.

3 조동사 werden을 넣어 미래시제를 만들어보세요.

① Er macht seine Aufgaben nicht. 그는 자기 과제를 하지 않는다.

_____

② Fährst du auch mit? 너도 함께 가니? (mitfahren 함께 타고 가다, 함께 태워주다)

_____

Lektion 14 조동사

1. 조동사의 현재형

	können	müssen	dürfen	mögen	(möchten)	wollen	sollen
ich	kann	muss	darf	mag	möchte	will	soll
du	kannst	musst	darfst	magst	möchtest	willst	sollst
er, es, sie	kann	muss	darf	mag	möchte	will	soll
wir	können	müssen	dürfen	mögen	möchten	wollen	sollen
ihr	könnt	müsst	dürft	mögt	möchtet	wollt	sollt
sie, Sie	können	müssen	dürfen	mögen	möchten	wollen	sollen

〈동사의 위치〉 (조동사 +... Inf.)

조동사가 오면 본동사는 부정형 형태로 문장의 끝에 위치한다. 분리동사도 분리하지 않고 부정형으로 끝에 온다.

➡ Er fährt heute nach Busan. 그는 오늘 부산에 간다.
　→ Er muss heute nach Busan fahren. 그는 오늘 부산에 가야 한다.
➡ Er lädt Leo zur Party ein. 그는 레오를 파티에 초대한다. (die Party 파티)
　→ Er will Leo zur Party einladen. 그는 레오를 파티에 초대하고자 한다.

2. 조동사의 용법

(1) können

① 능력, 가능성: ~할 수 있다

➡ Er kann sehr gut schwimmen. 그는 수영을 잘할 수 있다.
➡ Kannst du heute zu mir kommen? 너 오늘 내 집에 올 수 있니?

② 추측: ~일 수 있다

➡ Wo ist Karl? - Er kann zu Haus sein.
칼은 어디에 있니? 집에 있을 수도 있어.

③ 공손한 질문

➡ Können (Könnten) Sie mir helfen? – 저를 좀 도와주시겠습니까?
(**könnten**은 **können**의 접속법2식 형태로서 좀 더 공손한 용법으로 사용된다. 21과 접속법2식 참조)

(2) müssen

① 외부적인 강제, 강요, 필요: ~해야 한다, 하지 않을 수 없다

➡ Sabine muss morgen nach Köln fahren. 자비네는 내일 쾰른에 가야 한다.

➡ Man muss Geduld haben. 사람은 인내심을 가져야 한다. (**die Geduld** 인내)

➡ Musst du heute ins Büro gehen? 너 오늘 사무실에 가야 하니?

➡ Müssen Sie auch für eine Prüfung lernen?
당신도 시험을 위해 공부해야 합니까? (**die Prüfung** 시험)

➡ Wieviel muss ich zahlen? (= Wieviel habe ich zu zahlen? = Was kostet es?) 제가 얼마를 내야 합니까? (**zahlen** 돈을 지불하다)

➡ Man muss lachen, wenn man ihn sieht. 그를 보면 웃지 않을 수 없다.
(**lachen** 웃다 / **sehen** 보다, 현재형 불규칙 변화 **du siehst, er sieht**)

② 강한 추측: ~임에 틀림없다

➡ Suchst du die Zeitung? Sie muss auf dem Schreibtisch liegen.
신문을 찾고 있니? 분명 책상 위에 있을 거야. (**der Schreibtisch** 책상)

(3) dürfen

① 허가: ~해도 좋다

➡ Darf man hier parken? 이곳에 주차해도 됩니까? (**parken** 주차하다)

→ **Darf ich ins Kino gehen?** - **Ja, du darfst ins Kino gehen.**
제가 극장에 가도 되나요?   그래 극장에 가도 좋다.

② **dürfen nicht (kein_)** : ~하면 안 된다 (금지)

→ **Man darf hier nicht rauchen.** 이곳에서 담배를 피우면 안 됩니다.
(**rauchen** 담배 피우다)

③ 공손한 질문 (**Darf ich ~?**): 제가 ~해도 될까요?

→ **Darf ich Sie nach Haus begleiten?** 당신을 집으로 바래다드릴까요?
(**begleiten** 동행하다, 바래다주다)

④ **dürfte** (**dürfen**의 접속법 2식 형태): 가능, 개연성

→ **Es dürfte nicht schwer sein.** 그것은 어렵지 않을 것이다.
(**schwer** 무거운, 힘든, 어려운)

(4) mögen

① 기호: (4격을 지배하는 본동사로 사용된다.) ~을 좋아하다

→ **Ich mag klassische Musik.** 나는 클래식 음악을 좋아한다.
(**klassisch** 고전주의의, 고전적인)

→ **Marie mag ihn nicht.** 마리는 그를 좋아하지 않는다.

② 가능성: ~일지도 모른다

→ **Das mag nicht wahr sein.** 그것이 사실이 아닐지도 모른다. (**wahr** 진실한, 참된)

③ **möchte** (**mögen**의 접속법 2식 형태): ~하고 싶다 (소망, 의도)

→ **Möchten Sie noch etwas trinken?** 마실 것 좀 더 하시겠습니까?
→ **Ich möchte (gern) in Deutschland studieren.** 나는 독일에서 공부하고 싶다.

(5) wollen

① 계획, 의지: ~하고자 하다

→ **Ich will morgen abreisen.** 나는 내일 여행을 떠나려고 한다. (**abreisen** 여행 떠나다)

➡ **Herr Braun will seinen Freund zum Bahnhof fahren.**
브라운 씨는 친구를 역으로 태워다주려고 한다. (fahren 가다, (+4격) ~를 차로 나르다)

② (제3자의) 주장: ~했다고 주장하다

이 용법은 보통 wollen 뒤에 완료부정형이 온다. 'wollen + ... p.p. haben(sein)'

➡ **Peter will in den USA lange gelebt haben.**
페터는 자신이 미국에 오래 살았다고 한다.
(die USA 미국 (복수로 쓴다) in den USA 미국에서, in die USA 미국으로)

(6) sollen

① 도덕적 의무

➡ **Du sollst Vater und Mutter ehren!** 네 부모님을 공경해야 한다. (ehren 공경하다)

② 충고, 권유: (접속법 2식형 sollte를 쓰면 더 정중한 표현)

➡ **Der Arzt hat gesagt, ich soll nicht so viel rauchen.**
의사가 나에게 담배를 그렇게 많이 피우지 말라고 했다.

➡ **Du solltest mehr Sport treiben.** 너는 좀 더 운동을 해야 할 것 같다.
(Sport treiben 운동을 하다)

③ 소문, 간접적 지식: ~ 라고들 한다

➡ **Es soll dort sehr schön sein.** 그곳이 매우 아름답다고들 한다.

★ 본동사 없이 조동사가 단독으로 사용될 때도 있다.

➡ **Er kann gut Englisch. = Er kann gut Englisch sprechen.**
그는 영어를 잘할 수 있다.

➡ **Ich muss nach Hause. = Ich muss nach Hause gehen.**
나는 집에 가야 한다.

➡ **Das will ich nicht.** 나는 그것을 원하지 않는다.

3. 과거형: 조동사는 현재완료형보다 과거형을 더 많이 사용한다.

können - konnte	müssen - musste
dürfen - durfte	mögen - mochte
wollen - wollte	sollen - sollte

과거형 어미변화 :

> 예 **konnte** (13과 과거형 어미변화 참조)
>
> ich konnte / du konntest / er konnte
>
> wir konnten / ihr konntet / sie (Sie) konnten

➡ Ich konnte nicht schlafen. 나는 잠을 잘 수 없었다.

➡ Konntet ihr mich nicht anrufen? 너희들 내게 전화할 수 없었니?
  (anrufen (+4격) ~에게 전화하다)

➡ Wir wollten ausgehen. 우리는 외출하려고 했었다. (ausgehen 외출하다)

➡ Er musste heute länger arbeiten. 그는 오늘 좀 더 오래 일해야 했다.
  (länger 더 오랫동안 lang(긴) 또는 lange(오랫동안)의 비교급)

4. 조동사의 완료형

조동사의 현재완료형은 'haben+... p.p.'형으로 만든다. 조동사의 과거분사는 두 가지가 있다. 문장에서 조동사가 단독으로 쓰인 경우는 과거분사가 'ge_t' 형태가 되고, 조동사가 본동사와 함께 쓰인 경우는 과거분사가 조동사 원형과 같은 형태가 된다.

(1) 다른 본동사 없이 조동사가 단독으로 쓰인 경우: 'haben .... ge__t' (gekonnt, gemusst, gedurft, gemocht, gewollt, gesollt)

현재형 Das kann ich nicht mehr. 나는 더 이상 그것을 할 수 없다.
과거형 Das konnte ich nicht mehr. 나는 더 이상 그것을 할 수 없었다.
현재완료형 → Das **habe** ich nicht mehr **gekonnt**.

현재형 Er muss nach Berlin. 그는 베를린에 가야 한다.
과거형 Er musste nach Berlin. 그는 베를린에 가야 했다.
현재완료형 → Er hat nach Berlin gemusst.

(2) '조동사 + … Inf.' 인 경우: 'haben … Inf. +조동사의 Inf.' (können, müssen, dürfen, mögen, wollen, sollen)

현재형 Er muss drei Tage im Bett liegen. 그는 사흘간 침대에 누워 있어야 한다.
과거형 Er musste drei Tage im Bett liegen. 그는 사흘간 침대에 누워 있어야 했다.
현재완료형 → Er hat drei Tage im Bett liegen müssen.

현재형 Die Studenten wollen an die See fahren. 학생들은 바다로 가려고 한다.
　　　(See는 성에 따라 의미가 다르다. die See = das Meer 바다 / der See 호수)
과거형 Die Studenten wollten an die See fahren. 학생들은 바다로 가려고 했다.
현재완료형 → Die Studenten haben an die See fahren wollen.

연습문제 Lektion 14

1 조동사의 현재형을 적어보세요.

① du _____ (können)

② der Student _____ (müssen)

③ er _____ (sollen)

④ wir _____ (dürfen)

⑤ ich _____ (müssen)

⑥ die Frau _____ (wollen)

⑦ du _____ (mögen)

⑧ die Kinder _____ (können)

⑨ ich _____ (wollen)

⑩ das Kind _____ (müssen)

Übungen

2 다음 문장을 독일어로 작문해보세요.

(1) 나는 독일어를 약간 말할 수 있다. (ein bisschen 약간 / sprechen 말하다)

_____

(2) 그는 그의 선생님을 방문하려고 한다. (besuchen (+4격) 방문하다)

_____

(3) 이곳에 주차해도 됩니까? (parken 주차하다)

_____

(4) 나는 내일 다섯 시에 일어나야 한다. (morgen 내일 / aufstehen 일어나다)

_____

(5) 너 지금 아침 식사하고 싶니? (jetzt 지금 / frühstücken 아침 식사하다)

_____

(6) 저를 도와주실 수 있습니까? (helfen (+3격) 돕다)

_____

(7) 우리는 열심히 공부해야 한다. (fleißig 부지런한, 열심히)

_____

Lektion 15 재귀동사, 비인칭동사

〈재귀동사〉

재귀동사는 동사 앞에 sich를 붙여 암기하고 주어에 맞게 sich를 변형시켜 사용해야 한다.

1 재귀대명사의 형태: 주어가 3인칭인 경우는 무조건 sich, 1인칭과 2인칭은 인칭대명사와 형태가 같다.

> er, es, sie(sg.), sie(Pl.), Sie - sich
> ich - mir, mich / du - dir, dich / wir - uns / ihr - euch

예 **sich**(4격) **freuen** 기뻐하다

→ Ich freue mich. 나는 기쁘다.
→ Freust du dich? 너 기쁘니?
→ Er freut sich. 그가 기뻐한다.
→ Wir freuen uns. 우리는 기쁘다.
→ Freut ihr euch? 너희들 기쁘니?
→ Die Kinder freuen sich. 아이들이 기뻐한다.

예 **sich**(3격) **die Hände waschen** 손을 씻다 (die Hand - Hände 손)

→ Ich wasche mir die Hände. 나는 손을 씻는다.
→ Du wäschst dir die Hände.
→ Er wäscht sich die Hände.
→ Wir waschen uns die Hände.
→ Ihr wascht euch die Hände.
→ Sie waschen sich die Hände.

2. 재귀대명사의 격

(1) 재귀대명사는 4격으로 쓰이는 경우가 많다.

sich freuen über ~에 대해서 기뻐하다
→ Das Mädchen freut sich über das Geschenk. 소녀가 그 선물에 대해서 기뻐한다.

sich erinnern an ~ ~을 기억하다
→ Ich konnte mich an nichts erinnern. 나는 아무것도 기억할 수 없었다.
(nichts 아무것도 ~하지 않다 (영어의 nothing))

sich entschuldigen bei ~ ~에게 사과하다
→ Du musst dich bei ihm entschuldigen. 너는 그에게 사과해야 한다.

sich ärgern über ~ ~에 대해 화나다
→ Ich habe mich darüber geärgert. 나는 그것에 대해서 화가 났다.

sich erholen 쉬다
→ Ich möchte mich gut erholen. 나는 푹 쉬고 싶다.

sich wundern über ~ ~에 대해 놀라다
→ Sie werden sich über deinen Erfolg wundern.
그들은 너의 성공에 대해 놀랄 것이다. (der Erfolg 성공)

(2) 다른 4격 목적어가 있을 경우에 재귀대명사는 3격을 사용한다.

sich(3)+4격+ansehen 구경하다, 관람하다
→ Ich möchte mir das Nationalmuseum ansehen.
나는 국립박물관을 구경하고 싶습니다.
(das Museum 박물관, das Nationalmuseum 국립박물관)

sich(3)+4격+leisten können ~을 재정적으로 감당할 수 있다

➡ Ich kann mir so eine große Wohnung nicht leisten.
  나는 그렇게 큰 집을 감당할 수 없다.

sich(3)+4격+vorstellen 상상하다

➡ Das kann ich mir nicht vorstellen. 나는 그것을 상상할 수 없다.

➡ Stell dir meine Lage vor! 내 상황을 상상해봐라! (die Lage 위치, 상황)

sich(3)+4격+waschen 씻다

➡ Ich wasche mir das Gesicht. 나는 얼굴을 씻는다. (das Gesicht 얼굴)

3 재귀동사

(1) 순수 재귀동사: 다른 용법 없이 재귀동사로만 사용되는 동사들이 있다.

sich bewerben um ~ ~을 얻으려고 지원하다
sich ereignen 발생하다
sich erkälten 감기 걸리다
sich verspäten 지각하다, 연착하다

➡ Gestern hat sich hier ein Unfall ereignet.
  어제 이곳에서 사고가 발생했다. (der Unfall 사고)

➡ Der Bus hat sich um 5 Minuten verspätet. 버스가 5분 늦게 도착했다.

(2) 타동사 → 재귀동사: 타동사로도 사용되고 재귀동사로도 사용되는 동사들이 있다.

freuen (타동사: 기쁘게 하다) → **sich freuen** (재귀동사: 기뻐하다)

(타동사) Sein Geschenk hat mich gefreut. 그의 선물이 나를 기쁘게 했다.

(재귀동사) Ich habe mich über sein Geschenk gefreut.
  나는 그의 선물에 대해 기뻤다.

aufregen (타동사: 흥분시키다) → **sich aufregen** (재귀동사: 흥분하다)

➡ Der Unfall hat ihn aufgeregt. 사고가 그를 흥분하게 했다.

→ Er hat sich über den Unfall aufgeregt. 그는 그 사고에 대해 흥분했다.

(3) 전치사와 함께 오는 재귀동사

an ~(4격)
sich erinnern an ~을 기억하다 / sich gewöhnen an ~에 익숙해지다

auf ~(4)
sich freuen auf ~을 고대하다 / sich verlassen auf ~을 신뢰하다 / sich vorbereiten auf ~을 준비하다

für ~(4)
sich bedanken für ~에 감사하다 / sich entscheiden für ~으로 결정하다 / sich interessieren für ~에 관심이 있다

in ~(4)
sich verlieben in ~에 대해 사랑에 빠지다

mit ~(3)
sich beschäftigen mit ~에 전념, 몰두하다 / sich unterhalten mit ~와 이야기하다 / sich verabreden mit ~와 (만날) 약속을 하다

nach ~(3)
sich sehnen nach ~을 그리워하다 / sich erkundigen nach ~에 관해 문의하다

über ~(4)
sich ärgern über ~에 대해 화나다 / sich aufregen über ~에 대해 흥분하다 / sich beschweren über ~에 대해 불평하다 / sich freuen über ~에 대해 기뻐하다 / sich unterhalten über ~에 대해 이야기하다 / sich wundern über ~에 대해 놀라다

um ~(4)
sich bemühen um ~을 얻으려고 노력하다 / sich bewerben um ~을 얻으려고 지원하다 / sich kümmern um ~을 돌보다

von ~(3)
sich erholen von ~로부터 회복되다 / sich verabschieden von ~와 작별하다

vor ~(3)

sich fürchten vor~을 두려워하다

→ Susi bewirbt sich um das Stipendium. 수지는 그 장학금을 받으려고 지원한다.
 (bewerben 현재형 불규칙 du bewirbst, er bewirbt)

→ Er beschäftigt sich mit Sport. 그는 운동에 전념하고 있다.

→ Ich bedanke mich bei ihm für die Hilfe. 나는 그에게 도움에 감사한다.
 (die Hilfe 도움)

→ Wir unterhalten uns oft über die Politik. 우리는 자주 정치에 대해서 이야기한다.
 (die Politik 정치, 정책)

→ Ich kann mich nicht an die Frau erinnern. 나는 그 여자가 기억나지 않는다.

→ Wir verabschieden uns von den Kindern. 우리는 아이들과 작별한다.

(4) 상호대명사

주어가 복수일 때 재귀대명사가 상호대명사 'einander'(서로, 상호간)와 같은 의미로 해석되는 경우가 있다.

예를 들어 'Maria und Marko lieben sich.'라는 문장이 다음 두 가지 의미를 가질 수 있다.

→ Maria und Marko lieben sich.
  = Maria und Marko lieben einander. 마리아와 마르코는 서로 사랑한다.
    Maria und Marko lieben sich selbst. 마리아와 마르코는 자기 자신을 사랑한다.

→ Maria und Marko streiten sich oft. 마리아와 마르코는 서로 자주 싸운다.

《 비인칭 동사 》

비인칭 주어 es를 주어로 하는 동사들이다.

1 날씨, 기온

→ Es regnet. 비가 온다. (regnen 비 오다)

→ Es schneit. 눈이 온다. (schneien 눈 오다)

→ Es ist draußen kalt. 밖은 날이 차다. (draußen 밖에 / kalt 차가운, 추운)

2. 하루에서의 때, 계절, 시간 등

➡ Es ist Sommer. 여름이다.

➡ Es wird Abend. 저녁이 되고 있다.

➡ Es ist schon spät. 벌써 날이 늦었다. (schon 벌써 / spät 늦은)

➡ Wie spät ist es jetzt? - Es ist sieben Uhr. 지금 몇 시니? 일곱 시야.

3. 비인칭 표현

➡ Wie geht es dir? - Es geht.
  어떻게 지내? 그저 그래.

➡ Wie gefällt es dir in Seoul? 서울이 마음에 드니?
  (gefallen (+3격) ~마음에 들다, 현재형 불규칙변화 du gefällst, er gefällt)

➡ Es handelt sich um Zeit. (Es geht um Zeit.) 시간이 문제이다.
  (es handelt sich um ~, es geht um ~ ~이 문제이다, ~이 중요하다)

➡ Es tut mir leid. 유감스럽다.

4. 비인칭 목적어 es: 의미 없이 형식적인 목적어이지만 es를 생략할 수 없다.

➡ Ich habe es eilig. 나는 급하다. (eilig 급한, 서두르는)

➡ Er hat es weit gebracht. 그는 출세했다.
  (es weit bringen 출세하다, bringen - brachte - gebracht)

연습문제 Lektion 15

1. 재귀대명사를 넣어보세요.

① Ich wasche _____ die Haare. 나는 머리를 감는다.

② Ich wasche _____. 나는 씻는다.

③ Ich wünsche _____ ein neues Auto. 나는 새 차를 한 대 갖고 싶다.

④ Ich freue _____ auf die Sommerferien. 나는 여름방학을 고대하고 있다.

⑤ Kannst du _____ das vorstellen? 너 그것을 상상할 수 있니?

⑥ Wir müssen _____ schnell entscheiden. 우리는 빨리 결정해야 한다.

⑦ Maria interessiert _____ für die koreanische Literatur.
마리아는 한국 문학에 관심이 있다. (koreanisch 한국의, 한국어의 / die Literatur 문학)

⑧ Maria und Marko wünschen _____ eine Tochter.
마리아와 마르코는 딸을 갖고 싶어 한다.

⑨ Möchtest du _____ erholen? 너 쉬고 싶니?

⑩ Freut ihr _____ über das Geschenk? 너희들 그 선물에 대해 기뻐하고 있니?

Übungen

2. 다음 문장을 독일어로 작문해보세요.

① 여름에 비가 많이 온다.
___

② 벌써 어두워지고 있다. (dunkel 어두운)
___

③ 베를린이 당신 마음에 드십니까?
___

④ 나는 감기에 걸렸다. (현재완료형 / sich erkälten)
___

⑤ 나는 독일에 대해 관심이 있다. (sich interessieren für~)
___

⑥ 그녀는 편찮으신 어머니를 돌보고 있다. (sich kümmern um ~ / krank 아픈)
___

Lektion 16 명령형

2인칭을 나타내는 Sie, ihr, du에 따라서 명령형이 달라진다.

1 존칭 Sie에 대한 명령형: _____en Sie ...!

서로 모르는 사이, 또는 이름 앞에 Herr, Frau, Fräulein을 붙여 격식을 갖추는 사이에는 Sie 명령형을 쓴다.

〈일반동사〉 **Kommen Sie zu mir, bitte!**
　　　　　제게 좀 오십시오.

〈분리동사〉 **Steigen Sie bitte ein!**
　　　　　(차에) 타십시오. (einsteigen 승차하다)

〈재귀동사〉 **Setzen Sie sich, bitte!**
　　　　　앉으십시오. (sich setzen 앉다)

〈sein동사〉 **Seien Sie ruhig, bitte!**
　　　　　조용히 해주십시오. (ruhig 조용한, 안정된)

〈haben〉　 **Haben Sie keine Angst!**
　　　　　두려워하지 마십시오. (die Angst 두려움)

➡ **Bleiben Sie bitte am Apparat!**
　 전화 끊지 말고 계십시오.
　 (der Apparat 기기, 기계 / 여기에서는 der Telefonapparat(전화기)의 의미)

➡ **Warten Sie bitte einen Augenblick, Herr Schneider!**
　 잠깐만 기다려 주십시오, 슈나이더 씨.
　 (der Augenblick 순간 / einen Augenblick = einen Moment 잠깐만)

➡ **Grüßen Sie bitte Ihre Eltern von mir!**
　 당신 부모님께 안부 전해주십시오.
　 (grüßen (+4격) ~에게 인사하다, (+4격 von ~) ~에게 ~의 안부를 전하다)

2 ihr에 대한 명령: ＿＿t ...!

서로 du로 지칭하는 사람이 2인 이상일 때 ihr에 대한 명령형을 쓴다. 명령형에서 주어인 ihr는 쓰지 않는다.

〈일반동사〉 **Kommt zu mir!** 내게로 와라!

〈분리동사〉 **Hört zu!** 너희들 잘 들어봐라! (zuhören 경청하다)

〈재귀동사〉 **Setzt euch, bitte!** 너희들 앉아라.

〈sein동사〉 **Seid ruhig!** 조용히들 있어라.

〈haben〉 **Habt keine Angst, Kinder!** 두려워하지 마라, 얘들아.

➡ **Grüßt eure Eltern von mir!** 너희 부모님께 안부 전해줘.

3 du에 대한 명령: ＿＿(e) ...!

가족, 친구, 친지 등 서로 이름(Vorname)만 부르는 친밀한 관계에서는 du에 대한 명령형을 쓴다. du에 대한 명령형은 현재형과 다르기 때문에 주의해야 한다.

(1) 일반 동사: ＿＿(e)!

➡ **Komm zu mir!** 내게로 와!

➡ **Hör zu!** 잘 들어봐!

➡ **Setz dich, bitte!** 앉아라!

➡ **Grüß deine Eltern von mir!**
네 부모님께 안부 전해줘!

➡ **Mutti, komm doch mal her!**
엄마, 이리 좀 오세요! (herkommen 이쪽으로 오다)

➡ **Mein Kind, bitte spring doch nicht herum!**
얘야, 이리 저리 뛰지 마라! (herumspringen 뛰어 돌아다니다)

➡ **Stell die Bierflaschen auf den Tisch!**
맥주병들을 탁자 위에 올려놓아라! (die Flasche - Flaschen 병, die Bierflasche 맥주병)

(2) 어간이 -d, -t 등으로 끝나는 동사: _____e!

➡ **Warte einen Moment!**
잠깐 기다려! (warten 기다리다)

➡ **Entschuldige!**
실례! 미안! (entschuldigen 용서하다)

➡ **Antworte so schnell wie möglich!**
가능한 한 빨리 답장해! (schnell 빠른 / möglich 가능한 / so ~ wie möglich 가능한 한 ~하게)

(3) sein, haben 동사

➡ **Sei ruhig!**
조용히 있어라!

➡ **Hab keine Angst, Thomas!**
토마스, 두려워하지 마!

(4) 강변화 동사

① a 모음이 변화하는 동사는 변화하지 않은 원형의 어간으로 명령형을 만든다.

(laufen 달리다/ du läufst) **Lauf schnell!**
빨리 달려!

(fangen 잡다/ du fängst) **Fang damit an!**
그것을 시작해라! (anfangen 시작하다)

(lassen 그대로 두다/ du lässt) **Lass mich in Ruhe!**
나를 좀 조용히 내버려 둬! (die Ruhe 고요, 평온 / ~(4격) in Ruhe lassen ~를 귀찮게 하지 않다)

② e 모음이 변화하는 동사는 du에서 변화한 어간으로 명령형을 만든다.

(sprechen 말하다/ du sprichst) Sprich bitte leiser! 좀 작게 이야기해라!
(leiser leise(소리가 작은)의 비교급)

(essen 먹다/ du isst) Iss viel Obst!
과일을 많이 먹어라! (das Obst 과일)

(nehmen 받다, 잡다/ du nimmst) Nimm Platz!
앉아라! (Platz nehmen 앉다)

(helfen 돕다/ du hilfst) Hilf mir!
나를 도와줘!

(lesen 읽다/ du liest) Lies den Brief!
편지를 읽어봐! (der Brief 편지)

 **연습문제** Lektion 16

1. 주어진 동사의 du에 대한 명령형을 적어보세요.

① (warten 기다리다) _____ einen Moment! 잠깐만 기다려!

② (leben 살다) _____ wohl! 잘 지내! (작별인사)

③ (geben 주다) _____ mir das Buch! 그 책 좀 내게 줘!

④ (sehen 보다) _____ da die Vögel! 저기 새들 좀 봐! (der Vogel - Vögel 새)

⑤ (werden 되다) _____ glücklich! 행복해지기를!

⑥ (öffnen 열다) _____ das Fenster, bitte! 창문 좀 열어줘!

⑦ (eintreten 들어서다) _____ in dieses Zimmer _____! 이 방안으로 들어와!

⑧ (einladen 초대하다) _____ deine Freunde _____! 네 친구들을 초대해!

Übungen

2. 다음 문장을 독일어로 작문해보세요.

(1) Fischer 씨, 좀 크게 말씀해 주십시오. (sprechen)

_____

(2) 담배를 그렇게 많이 피우지 마십시오. (rauchen)

_____

(3) Rita, 우산 잊지 마라! (vergessen 잊다 / der Regenschirm 우산)

_____

(4) 애들아, 차에 타라! (einsteigen)

_____

(5) Martin, 맥주 그렇게 많이 마시지 마! (trinken)

_____

Lektion 17 접속사

1 등위(대등) 접속사

등위 접속사 뒤에는 '주어+동사'의 정치 문장이 온다.

(1) und 그리고

→ Ich besuche heute meine Großeltern und meine Schwester besucht sie am Sonntag.
나는 오늘 조부모님을 찾아뵙고 내 동생은 일요일에 찾아뵌다. (**die Großeltern** 조부모님)

(2) aber 그러나

→ Früher habe ich lange in Busan gelebt, aber jetzt lebe ich in Seoul.
나는 전에 부산에 오래 살았지만 지금은 서울에 살고 있다.

(3) oder 또는

→ Ich gehe allein einkaufen oder Erika kommt mit.
내가 혼자 쇼핑가거나 아니면 에리카가 함께 갈 것이다.
(**allein** 혼자 / **gehen + ... Inf.** ~하러 가다, **einkaufen gehen** 쇼핑하러 가다)

(4) denn ~ 이기 때문이다

→ Er ist immer müde, denn er arbeitet zu viel.
그는 항상 피곤하다. 일을 너무 많이 하기 때문이다.
(**zu + 형용사(부사)** 너무 ~한, **zu viel** 너무 많이)

(5) (nicht/kein) ~, sondern ~이 아니라 ~이다

→ Er geht mit seinen Freunden nicht ins Kino, sondern er bleibt zu Hause.
그는 친구들과 함께 극장에 가지 않고 집에 머무른다.

2 부사적 접속사

부사적 접속사 뒤에 오는 문장은 '동사+주어'로 도치된다.

(1) dann 그리고 나서, 그 다음에

➡ Wir haben zusammen zu Mittag gegessen, dann haben wir Spaziergang gemacht.
우리는 함께 점심을 먹었고, 그 다음에 산책을 했다. (zusammen 함께)

(2) deswegen (=darum, daher, deshalb) 그렇기 때문에

➡ Sein Auto ist jetzt in der Autowerkstatt, deswegen fährt er mit der U-Bahn ins Büro.
그의 자동차가 지금 수리공장에 가 있다. 그렇기 때문에 그는 지하철을 타고 사무실에 간다.
(die Werkstatt 공장, 작업장 / die U-Bahn 지하철, mit der U-Bahn 지하철을 타고)

(3) trotzdem (=dennoch) 그런데도, 그럼에도 불구하고

➡ Es regnet stark, trotzdem gehen sie zum Essen aus.
비가 심하게 온다. 그런데도 그들은 외식하러 나간다.
(das Essen 식사, zum Essen 식사하러 / ausgehen 외출하다)

(4) sonst 그렇지 않으면

➡ Du solltest mehr Sport treiben, sonst wirst du immer dicker.
너는 운동을 더 많이 하는 게 좋겠다. 그렇지 않으면 점점 더 뚱뚱해질 거야. (dick 두꺼운, 뚱뚱한 / immer+비교급 점점 더 ~한)

(5) also 그러므로, 따라서

➡ In Berlin wohnt Erika allein und hat dort keine Freunde, also fühlt sie sich oft einsam.
베를린에서 에리카는 혼자 살고 있고 그곳에는 친구들도 없다. 그러므로 그녀는 자주 외로움을 느낀다. (sich fühlen 느끼다 / oft 자주 / einsam 외로운)

3 종속접속사

종속접속사가 이끄는 문장은 부문장으로서 동사가 부문장의 끝에 위치한다. 주문장이 먼저 오면 '주문장 (주어+동사...), 종속접속사+주어+... 동사'가 되고, 부문장이 앞에 오면 주문장은 도치하여 '<u>종속접속사+주어+... 동사</u>, 주문장 (동사+주어...)'가 된다.

(1) wenn ~할 때 (시간적으로 현재, 미래, 반복된 과거), ~한다면 (조건)

➡ Immer wenn ich meinen Großvater besuchte, erzählte er von seiner Jugendzeit.
내가 할아버지를 방문했을 때마다 할아버지는 자신의 젊은 시절에 대해 이야기했다.
(erzählen von ~ ~에 대해 이야기하다 / die Jugendzeit 청소년 시절, 젊은 시절)

➡ Wenn du in Deutschland studieren willst, musst du fleißig Deutsch lernen. 네가 독일에서 대학에 다니고자 한다면 열심히 독일어를 공부해야 한다.

(2) als ~했을 때 (일회적인 과거)

➡ Als er mich anrief, war ich nicht im Büro.
그가 전화했을 때 내가 사무실에 없었다.
(anrufen 전화하다 - rief ... an - angerufen / sein - war - gewesen)

(3) dass (영어의 that절)

➡ Es war schön, dass der Kellner uns das Menü empfohlen hat.
웨이터가 우리에게 정식을 추천해주었던 것이 좋았어.
(der Kellner 웨이터 / das Menü 정식 / empfehlen 추천하다 - empfahl - empfohlen)

➡ Ich habe gehört, dass du nächste Woche nach Berlin fährst.
네가 다음 주에 베를린에 간다는 이야기를 들었다.

➡ Er wurde so nervös, dass er nicht ruhig sitzen bleiben konnte.
그는 편안히 앉아 있을 수 없을 정도로 신경이 예민해졌다. (so ~, dass ~ ~할 정도로 그렇게 ~하다)
(werden - wurde - geworden / nervös 신경질적인)

(4) ob ~인지 아닌지

→ Ich weiß nicht, ob ich diesen Sommer in Urlaub fahren kann.
올여름에 내가 휴가를 갈 수 있을지 모르겠다.

(5) weil (이유) ~이기 때문에

→ Ich konnte das Zimmer nicht mieten, weil die Miete sehr hoch war.
방세가 매우 비쌌기 때문에 나는 그 방을 빌릴 수 없었다.
(mieten (방이나 집을) 빌리다, 세내다 / die Miete 방세, 집세)

(6) obwohl ~에도 불구하고

→ Obwohl mir die Jacke gefallen hat, konnte ich sie nicht kaufen.
그 재킷이 마음에 들었는데도 나는 그것을 살 수 없었다.
(gefallen 마음에 들다 - gefiel - gefallen)

(7) bis ~할 때까지

→ Du kannst bei mir bleiben, bis du ein Zimmer findest.
네가 방을 찾을 때까지 내 집에 머무를 수 있다.

(8) bevor ~하기 전에

→ Er hat lange in München gelebt, bevor er nach Berlin kam.
베를린으로 오기 전에 그는 뮌헨에 오래 살았다.

(9) während ~하는 동안에, ~하는 반면에

→ Während der Mann im Garten gearbeitet hat, hat die Frau das Mittagessen zubereitet.
남편이 정원에서 일하는 동안 부인은 점심식사를 준비했다.
(der Garten 정원 / zubereiten (음식을) 준비하다, 마련하다 - bereitete ... zu - zubereitet)

(10) nachdem ~하고 난 후에

★ nachdem이 이끄는 부문장의 시제는 주문장 시제보다 앞선다. 주문장이 현재이면 nachdem 문장은 현재완료, 주문장이 과거나 현재완료면 nachdem 문장은 과거완료가 된다.

→ **Nachdem ich mich gewaschen hatte, ging ich gleich ins Bett.**
씻고 난 후에 나는 곧 잠자리에 들었다.
(sich waschen 씻다, waschen - wusch - gewaschen / gleich 곧 / das Bett 침대 / ins Bett gehen 잠자리에 들다, gehen - ging - gegangen)

(11) damit ~하기 위해서

→ **Er kauft Blumen, damit sich seine Frau darüber freut.**
아내가 기뻐하도록 그는 꽃을 산다.
(sich freuen über ~ ~에 대해서 기뻐하다 / darüber 그것에 대해서)

4 복합접속사

(1) entweder A, oder B: A이거나 또는 B (둘 중의 하나)

→ **Wir gehen entweder ins Museum, oder wir sehen uns die Stadt an.**
우리는 박물관에 가거나 아니면 도시를 구경할 것이다.
(das Museum 박물관 / sich 4격 ansehen ~을 구경하다)

(2) sowohl A als auch B: A도 B도 다 (양쪽 모두 긍정)

→ **Er spricht gut sowohl Englisch als auch Deutsch.**
그는 영어도 독일어도 잘한다. (sprechen 말하다, 현재형 불규칙 du sprichst, er spricht)

(3) nicht nur A, sondern auch B: A뿐 아니라 B도 ~하다.

→ **Er hat nicht nur viel Geld verdient, sondern auch wurde er sehr berühmt.**

그는 돈을 많이 벌었을 뿐 아니라 유명해지기도 했다. (verdienen 벌다 - verdiente - verdient / werden ~이 되다 - wurde - geworden / berühmt 유명한)

(4) weder A, noch B: A도 B도 ~하지 않다. (양쪽 모두 부정)

➡ **Ich habe weder Lust dazu noch Zeit.** 나는 그것을 할 마음도 없고 시간도 없다.
(die Lust 욕구, 기분)

 **연습문제** Lektion 17

1 독일어로 작문해보세요.

① 내가 그에게 가거나 아니면 그에게 전화한다. (anrufen (+4격) ~에게 전화하다)

② 그는 잠옷을 입고 침대에 누웠다.
(der Schlafanzug 잠옷 / anziehen ~을 입다 - zog ... an - angezogen / sich legen 눕다)

③ 나는 아침 식사를 하지 않고 커피 한 잔만 마셨다.
(frühstücken 아침 식사하다 / trinken 마시다 - trank - getrunken)

④ 나는 그것에 대해서 들었으나 곧 잊었다. (hören 듣다 / vergessen 잊다 - vergass - vergessen)

⑤ 우리는 파티에 갈 수 없어. 왜냐하면 내일 시험이 있기 때문이야.
(denn / die Prüfung 시험)

⑥ 그는 배가 고팠다. 그래서 그는 한 레스토랑으로 갔다. (der Hunger 허기 / deshalb)

⑦ 그 방은 매우 작았다. 그런데도 방세가 비쌌다.
(klein 작은 / trotzdem / die Miete 방세, 집세)

Übungen

⑧ 그가 오늘 오는지 아닌지 나는 모르겠다. (ob / wissen 알다)

___

2 주어진 접속사를 사용해 두 문장을 연결해보세요.

① Er trinkt keinen Kaffee mehr. Das weiß ich. (dass)

___

② Er kann das Auto nicht kaufen. Es ist sehr teuer. (weil)

___

③ Morgen ist schönes Wetter. Dann machen wir Spaziergang. (wenn)

___

④ Wir haben das Museum besucht. Danach gingen wir zu unserem Vater. (nachdem)
(동사 시제 주의!) (danach 그 후에)

___

⑤ Er hat viel gelernt. Er hat die Prüfung nicht bestanden. (obwohl)
(die Prüfung bestehen 시험에 합격하다 - bestand - bestanden)

___

Lektion 18 부정형 (zu 없는 부정형, zu 부정형)

1. zu 없는 부정형

'조동사 + ... 부정형'과 미래형 'werden + ... 부정형'은 앞에서 다루었으므로 여기에서는 생략한다.

그 외에 zu 없는 부정형을 필요로 하는 동사들로는 lassen, hören, sehen, bleiben, gehen 등이 있다.

(1) lassen ... Inf. ~하게 하다, ~하게 시키다.

➡ **Er lässt sich die Haare schneiden.** 그는 머리를 자른다.
(미용사에게 머리를 자르게 시킨다는 의미에서 lassen 동사를 사용한다.)
(das Haar - Haare 머리카락 / schneiden 자르다)

(2) hören ... Inf. ~하는 소리를 듣다 / sehen ... Inf. ~하는 것을 보다

➡ **Ich hörte die Vögel singen.**
나는 새들이 노래하는 소리를 들었다. (singen 노래하다)

➡ **Wir sehen die Kinder im Garten spielen.**
우리는 아이들이 정원에서 노는 것을 보고 있다. (spielen 놀다)

(3) gehen ... Inf. ~하러 가다

➡ **Ich gehe am Nachmittag einkaufen.**
나는 오후에 쇼핑하러 간다.

➡ **Wir gehen morgen schwimmen.**
우리는 내일 수영하러 간다.

(4) bleiben ... Inf. ~인 채로 있다.

➡ **Er bleibt im Bett liegen.**
그는 침대에 누운 채로 있다.

➡ **Die Menschen bleiben dort stehen.**
사람들이 그곳에 선 채로 있다.

2. zu 부정형 (zu Inf.)

zu 부정형과 결합하는 동사와 명사 가운데 자주 사용되는 것은 다음과 같다.

(1) anfangen ... zu Inf. ~하기 시작하다

→ Es hat angefangen zu regnen.
비가 오기 시작했다. (anfangen - fing ... an - angefangen)

(2) aufhören ... zu Inf. ~하기를 중단하다, 끝내다

→ Wir haben aufgehört zu rennen.
우리는 달리기를 멈추었다. (rennen 달리다)

(3) bitten ... zu Inf. ~하기를 부탁하다

→ Ich bitte dich mir zu helfen.
나를 도와주기를 너에게 부탁할게.

(4) versuchen ... zu Inf. ~을 시도하다, 해보다

→ Ich habe versucht, das Kind zu beruhigen. 나는 아이를 달래려고 해 보았다.
(versuchen - versuchte - versucht / beruhigen 달래다, 안심시키다)

(5) vergessen ... zu Inf. ~하는 것을 잊다

→ Hast du vergessen, das Paket abzuschicken? 소포 보내는 것을 잊었니?
(vergessen - vergass - vergessen / das Peket 소포 / abchicken 발송하다 / 분리동사는 분리 전철과 본동사 사이에 zu가 들어오고 붙여 쓴다)

(6) es ist ~ ... zu Inf. ~하는 것은 ~하다 (영어의 'it ... to 부정사' 용법)

→ Es war (un)möglich, ihn zu überreden. 그를 설득하는 것이 (불)가능했다.
(möglich 가능한 / unmöglich 불가능한 / überreden 설득하다)

→ Es ist schwer (leicht), die Sätze ins Deutsche zu übersetzen.
그 문장들을 독일어로 옮기는 것이 어렵다 (쉽다). (übersetzen 번역하다)

(7) Zeit haben ... zu Inf. ~할 시간이 있다

➡ Wir haben keine Zeit, dich zu besuchen.
   우리는 너를 방문할 시간이 없다.

(8) Lust haben ... zu Inf. ~할 마음(기분, 욕구)이 있다

➡ Hast du Lust, mit mir ins Kino zu gehen?
   나와 함께 극장에 갈 생각 있니?

(9) haben ... zu Inf. = müssen ~해야 한다

➡ Wir haben noch weiter zu fahren.
   우리는 좀 더 가야 한다. (weiter 계속해서, 이어서)

(10) sein ... zu Inf. ~될 수 있다, ~되어야 한다

➡ Die Arbeit ist in dieser Woche zu erledigen.
   그 작업은 이번 주 안에 처리될 수 있다. (erledigen 해결하다, 처리하다)

➡ Was ist dagegen zu tun?
   그에 맞서 어떤 일이 행해져야 할까? (dagegen 그에 반해, 그 일에 대항해서)

(11) brauchen nicht ... zu Inf. ~할 필요 없다. brauchen nur ... zu Inf. ~만 하면 된다.

➡ Du brauchst nicht zu kochen.
   요리할 필요 없어. (kochen 요리하다)

➡ Du brauchst nur zu uns zu kommen.
   너는 우리에게 오기만 하면 된다.

3. um zu, statt zu, ohne zu

(1) um ... zu Inf. ~하기 위하여

→ Du musst viel lernen, um die Prüfung zu bestehen.
시험에 합격하기 위해서 너는 많이 공부해야 한다.

(2) (an)statt ... zu Inf. ~하는 대신에

→ Sie hat bis elf Uhr geschlafen, anstatt früh aufzustehen.
일찍 일어나는 대신에 그녀는 열한 시까지 잤다. (**aufstehen** 일어나다 (분리동사))

(3) ohne ... zu Inf. ~하지 않고

→ Er ist zu mir gekommen, ohne mich vorher anzurufen. 나에게 미리 전화하지 않고 그가 내게로 왔다. (**vorher** 사전에, 미리)

 **연습문제** Lektion 18

1. 주어진 단어를 사용하여 문장을 만들어보세요.

① Ich - laufen - sehen - die Kinder 나는 아이들이 달리는 것을 본다. **(laufen 달리다)**

_____

② Er - stehen - bleiben - lange dort (과거형) 그는 그곳에 오랫동안 선 채로 있었다.

_____

③ Wir - lernen - haben - weiter 우리는 계속 공부해야 한다.

_____

④ Er - keine Lust - ausgehen - haben 그는 외출할 마음이 없다.

_____

⑤ Er - anrufen - vergessen - hat (현재완료형) 그는 전화하는 것을 잊었다.

_____

Übungen

2. 빈칸을 채워 문장을 완성해보세요.

① 저에게 미리 전화하실 필요 없습니다.

   Sie _____ _____ vorher mich anzurufen.

② 그는 할머니를 방문하기 위해서 함부르크로 간다.

   Er fährt nach Hamburg, _____ seine Großmutter _____ besuchen.

③ 그 아이는 부모님께 묻지 않고 극장에 갔다.

   Das Kind ist ins Kino gegangen, _____ seine Eltern _____ fragen.

④ 그는 독일어를 공부하기 시작했다.

   Er hat angefangen, _____.

⑤ 학생들은 텍스트를 이해하려고 애쓰고 있다.

   Die Schüler versuchen, den Text _____.

⑥ 올바른 해답을 찾는 것이 어려웠다.

   _____ war schwer, die richtige Lösung _____ . (die Lösung 해답)

⑦ 우리는 너희를 방문할 시간이 있어.

   Wir haben Zeit, euch _____.

Lektion 19 관계대명사

관계문은 그 앞에 위치한 명사나 대명사를 좀 더 정확하게 서술하는 역할을 한다. 관계문을 이끌어주는 관계대명사는 선행사인 명사나 대명사와 성과 수가 일치하고, 격은 관계문 안에서의 격에 따른다. 관계대명사는 정관사 형태와 유사하지만 2격과 복수 3격이 정관사와 다르다. 관계대명사는 관계문의 맨 앞에 위치하고 (전치사와 함께 올 때는 '전치사+관계대명사'), 관계문은 종속문이기 때문에 동사가 끝에 위치한다.

1. 관계대명사의 형태

	m.	f.	n.	Pl.
1격	der	die	das	die
2격	dessen	deren	dessen	deren
3격	dem	der	dem	denen
4격	den	die	das	die

2. 1격, 2격, 3격, 4격

(1) 1격

➔ Hier wohnt die Studentin. Sie (=Die Studentin) kommt aus Deutschland.

→ (관계문) Hier wohnt die Studentin, die aus Deutschland kommt.
독일 출신인 그 여대생이 여기에 산다.

➔ Hast du den Brief gelesen? Der Brief ist am Morgen angekommen.

→ Hast du den Brief gelesen, der am Morgen angekommen ist?

= Hast du den Brief, der am Morgen angekommen ist, gelesen?
아침에 도착한 그 편지 읽었니? (선행사와 관계문 사이에 과거분사, 동사 부정형 등이 있어도 된다. 과거분사, 동사 부정형이 관계문 뒤에 위치할 수도 있다.)

(2) 2격

2격이 수식하는 명사는 관사 없이 2격 관계대명사와 함께 온다.

➡ Das ist der Arzt. Ich kenne seine Frau (=die Frau des Arztes).
  → Das ist der Arzt, dessen Frau ich kenne.
    저 사람이 내가 그의 부인을 알고 있는 그 의사이다.

➡ Das ist die Schülerin. Ich kenne ihre Eltern (=die Eltern der Schülerin).
  → Das ist die Schülerin, deren Eltern ich kenne.
    그 아이는 내가 그의 부모님을 알고 있는 그 여학생이다.

(3) 3격

➡ Das ist der Ausländer. Ich habe gestern ihm (=dem Ausländer) geholfen.
  → Das ist der Ausländer, dem ich gestern geholfen habe.
    그 사람이 어제 내가 도와주었던 그 외국인이다.

➡ Meine Freunde wohnen in Berlin. Ich bin gestern meinen Freunden begegnet.
  → Meine Freunde, denen ich gestern begegnet bin, wohnen in Berlin.
    내가 어제 만났던 내 친구들은 베를린에 산다.

(4) 4격

➡ Das sind die Leute. Ich habe gestern sie (=die Leute) kennengelernt.
  → Das sind die Leute, die ich gestern kennengelernt habe.
    그들은 내가 어제 알게 된 사람들이다.

➡ Das ist das Buch. Ich wollte es (=das Buch) einmal lesen.
  → Das ist das Buch, das ich einmal lesen wollte.
    그것은 내가 한번 읽고 싶었던 책이다.

3 전치사 + 관계대명사

(1) 전치사와 함께 오는 명사가 관계대명사가 될 때는 '전치사+관계대명사'가 된다. 전치사를 떼어서 문장 중간이나 끝에 둘 수 없다.

➡ Morgen treffe ich eine Freundin. Ich bin mit ihr (=mit der Freundin) zur Schule gegangen.
   → Morgen treffe ich eine Freundin, mit der ich zur Schule gegangen bin.
   내일 나는 함께 학교에 다녔던 한 여자 친구를 만난다.

➡ Er hat das Buch geschrieben. Viele Leute interessieren sich für das Buch.
   → Er hat das Buch geschrieben, für das sich viele Leute interessieren.
   많은 사람들이 관심 있어 하는 그 책을 그가 썼다.

(2) 선행사가 장소를 의미하는 명사일 경우, 'in der', 'in dem'과 같이 '그곳에서'라는 의미가 될 때 이것을 'wo'로 바꿔 쓸 수 있다. 이때 선행사가 도시명이나 국가명일 경우에는 'wo'만 가능하다.

➡ Das ist das Haus, in dem (= wo) Goethe geboren wurde.
   저기가 괴테가 태어난 집이다.
   (werden ... geboren 태어나다 / gebären - gebar - geboren 낳다)

➡ Er fliegt morgen nach Bonn, wo das Konferenz stattfindet.
   내일 그는 회의가 열리는 본으로 간다. (das Konferenz 회의 / stattfinden 개최되다)

4 관계대명사 was

was가 전치사와 함께 올 때는 'wo+전치사'(전치사가 모음으로 시작할 경우는 'wor+전치사')로 쓴다.

(1) 형용사나 형용사 최상급이 중성 명사화한 경우(das Schönste와 같은 형태), 지시대명사 das, 부정대명사 etwas, nichts, alles, vieles가 선행사가 될 경우에 관계대명사는 was가 된다.

➡ Das war das Beste, was ich machen konnte.
그것이 내가 할 수 있었던 최선의 것이었다.

➡ Er sagte mir nichts, was ich wissen wollte.
그는 내가 알고 싶어 했던 그 무엇도 내게 말하지 않았다.

(2) was가 앞에 나온 문장 전체에 관계되기도 한다.

➡ Er hat ihr einen Ring geschenkt. Das hat sie überrascht.
→ Er hat ihr einen Ring geschenkt, was sie überrascht hat.
그가 내게 반지를 선물했다. 그것이 (반지를 선물한 것이) 그녀를 깜짝 놀라게 했다.

➡ Endlich kommt Peter morgen zurück. Ich habe schon lange darauf gewartet.
→ Endlich kommt Peter morgen zurück, worauf ich schon lange gewartet habe.
마침내 페터가 내일 돌아온다. 나는 벌써 오랫동안 그것을 기다렸다.
(warten auf ~ ~을 기다리다)

연습문제 Lektion 19

1 관계대명사를 넣어보세요.

① Das ist der Student, _____ sehr gut Fußball spielt.
(Fußball spielen 축구를 하다) 그 사람은 축구를 아주 잘하는 대학생이다.

② Das ist das Kind, _____ Mutter mit mir arbeitet.
그 애는 그의 어머니가 나와 함께 일하고 있는 그 아이이다.

③ Das sind meine Freunde, _____ ich eingeladen habe.
그들은 내가 초대한 내 친구들이다.

④ Ich habe die Frau getroffen, _____ du mir vorgestellt hast.
나는 네가 내게 소개했던 그 부인을 만났다.

⑤ Da kommt der Freund, _____ wir gewartet haben.
우리가 기다렸던 친구가 저기 온다. (warten auf ~(4격) ~를 기다리다)

⑥ Ich fahre morgen in die Stadt, _____ Stefan wohnt.
내일 나는 슈테판이 살고 있는 도시에 간다.

⑦ Er hat mir etwas gesagt, _____ ich gar nicht wusste.
그는 내가 전혀 몰랐던 어떤 이야기를 내게 해주었다.

Übungen

2 두 문장을 관계문으로 연결시켜 보세요.

① Die Kinder haben sich gefreut. Ich habe <u>ihnen</u> Spielzeuge geschenkt.
(das Spielzeug, _e 장난감)

② Ich treffe heute den deutschen Freund. Ich habe letztes Jahr <u>bei ihm</u> Urlaub verbracht. (verbringen 시간을 보내다 - verbrachte - verbracht)

③ Waren Sie schon einmal in Italien? <u>In Italien</u> studiert Ihr Sohn.

Lektion 20 수동태

수동태에서는 능동태와 달리 행위자보다 사건이나 과정이 더 중요하다. 능동태에서의 4격 목적어가 수동태에서 주어가 된다. (4격이 아닌 목적어는 수동태에서 주어가 될 수 없다. 이런 경우에는 비인칭주어 'es'가 주어가 된다.) 능동태에서의 행위자는 수동태에서 'von+3격'이 된다. (일반적인 사람들을 나타내는 주어인 'man'은 수동태에서 'von+3격'으로 들어오지 않고 생략된다.)
수동태 문장의 기본 형태는 'werden + ... p.p.'이고 werden이 시제에 따라 변화한다.

1. 수동태의 시제 (능동태 ↔ 수동태)

(1) 현재 (현재형 ↔ werden ... p.p.)

➡ Er reserviert ein Zimmer. 그가 방을 예약한다.
　→ Ein Zimmer wird von ihm reserviert. 방이 그에 의해서 예약된다.

➡ Er schenkt ihr die Uhr. 그가 그녀에게 시계를 선물한다.
　→ Die Uhr wird ihr von ihm geschenkt. 시계가 그에 의해서 그녀에게 선물된다.

(2) 과거 (과거형 ↔ wurde ... p.p.)

➡ Der Lehrer fragte mich. 선생님이 내게 질문하셨다.
　→ Ich wurde von dem Lehrer gefragt. 나는 선생님으로부터 질문을 받았다.

➡ Man beobachtete den Dieb. 사람들이 도둑을 목격했다. (beobachten 관찰하다, 주시하다 - beobachtete - beobachtet)
　→ Der Dieb wurde beobachtet. 도둑이 목격되었다.

(3) 현재완료 (haben ... p.p. ↔ sein ... p.p. worden)

➡ Anna hat das Kind vom Kindergarten abgeholt.
　안나가 아이를 유치원에서 데려왔다.
　→ Das Kind ist von Anna vom Kindergarten abgeholt worden.
　　아이는 안나에 의해 유치원에서 데려와졌다. (수동태 문장이라도 우리말로 옮길 때는 능동태로 표현하는 것이 자연스러운 경우가 많다.)

➡ Wir haben Familie Meier zum Essen eingeladen.
우리가 마이어 가족을 식사에 초대했다.

→ Familie Meier ist von uns zum Essen eingeladen worden.
마이어 가족이 우리로부터 식사에 초대받았다.

 werden 동사의 과거분사형
위의 문장들과 같이 수동태 완료형에서 werden의 과거분사는 'worden'이지만, werden이 본동사로 쓰일 경우의 완료형에서 과거분사는 'geworden'이다.

➡ Es wird immer dunkler. 점점 어두워진다.
→ Es ist immer dunkler geworden. 점점 어두워졌다. (본동사 werden의 현재완료)

(4) 과거완료 (hatte ... p.p. ↔ war ... p.p. worden)

➡ Wir hatten ihn nicht eingeladen. 우리는 그를 초대하지 않았다.
→ Er war von uns nicht eingeladen worden. 그는 우리에게 초대받지 못했다.

➡ Der Ausländer hatte das Formular ausgefüllt.
(das Formular 서식 / ausfüllen 기입하다) 외국인이 서식을 기입했다.
→ Das Formular war von dem Ausländer ausgefüllt worden.
서식이 외국인에 의해서 기입되었다.

(5) 미래 (werden ... Inf. ↔ werden ... p.p. werden)

➡ Er wird die Plätze reservieren. 그가 좌석들을 예약할 것이다.
→ Die Plätze werden von ihm reserviert werden.
좌석들이 그에 의해서 예약될 것이다.

➡ Alle werden die Produkte kaufen. 모든 사람들이 그 생산품들을 살 것이다.
→ Die Produkte werden von allen gekauft werden.
그 생산품들이 모두에 의해서 구입될 것이다.

★ 미래완료(werden ... p.p. haben ↔ werden ... p.p. worden sein)는 초급에서는 생략하기로 한다.

2 자동사의 수동태

4격 목적어가 없는 자동사를 수동태로 만들 때는 비인칭 주어 'es'가 주어가 된다. 이 'es'는 도치되거나 후치되는 문장에서는 생략된다.

➡ **Er hat mir noch nicht geantwortet.** 그가 내게 아직 대답하지 않았다.
 → Es ist mir von ihm noch nicht geantwortet worden.
 = Mir ist von ihm noch nicht geantwortet worden.
  그에 의해서 아직 내게 답변되지 않았다.

➡ **Viele haben mir geholfen.** 많은 사람들이 나를 도왔다.
 → Es ist mir von vielen geholfen worden.
 = Von vielen ist mir geholfen worden.
  많은 사람들로부터 내게 도움이 주어졌다.

3 조동사가 있는 수동태

조동사 자체는 수동태가 없고 조동사 뒤에 연결되어 있는 본동사가 수동태 형태가 된다.

(1) 현재, 과거: 조동사 ... Inf. → 조동사 ... **p.p. werden**

➡ **Er muss seine Rechnung bezahlen.** 그는 그의 계산서를 지불해야 한다.
 → Seine Rechnung muss von ihm bezahlt werden.
  그의 계산서가 그에 의해서 지불되어야 한다. (**die Rechnung** 계산, 계산서)

➡ **Hier darf man nicht rauchen.** 이곳에서는 담배피우면 안 된다.
 → Hier darf nicht geraucht werden. (비인칭 주어 'es'가 도치되면서 생략된 문장이다.)

(2) 현재완료: haben ... Inf. 조동사 → haben ... **p.p. werden** 조동사

➡ **Die Freunde haben die Wohnung renovieren müssen.**
  친구들이 집을 수리해야 했다.
 → Die Wohnung hat von den Freunden renoviert werden müssen.
  집이 친구들에 의해서 수리되어야 했다.

➡ Der Arzt hat den Patienten operieren müssen.
의사가 그 환자를 수술해야 했다. (der Patient 환자 / operieren 수술하다)

→ Der Patient hat von dem Arzt operiert werden müssen.
환자가 의사로부터 수술을 받아야 했다.

(3) 미래: werden ... Inf. 조동사 → werden ... **p.p. werden** 조동사

➡ Die Polizei wird ihn verhaften können.
경찰이 그를 체포할 수 있을 것이다. (die Polizei 경찰 / verhaften 체포하다)

→ Er wird von der Polizei verhaftet werden können.
그가 경찰에 의해 체포될 수 있을 것이다.

4 상태수동: sein +... 타동사의 p.p.

'sein + ... 타동사의 p.p.'는 '~되어 있다'라는 의미의 상태 수동이다. 여기에서 과거분사는 '~되어진'이라는 의미의 형용사 역할을 한다. 상태수동은 현재와 과거 두 가지 시제가 있다.

➡ Der Verkäufer hat das Kleid schon verkauft. 판매원이 그 옷을 이미 팔았다.
Das Kleid ist schon verkauft. 그 옷이 이미 팔려 있다. (상태수동 현재)

➡ Die Mutter hat das Essen gekocht. 어머니께서 음식을 요리하셨다.
Das Essen ist jetzt gekocht. 음식이 지금 요리되어 있다. (상태수동 현재)

➡ Er hat jeden Tag das Zimmer aufgeräumt. 그는 매일 방을 정돈했다.
Das Zimmer ist immer aufgeräumt. 그 방은 항상 정돈되어 있다. (상태수동 현재)
Das Zimmer war immer aufgeräumt. 그 방은 항상 정돈되어 있었다. (상태수동 과거)

➡ Die Eintrittskarten waren schon ausverkauft.
입장권이 이미 다 매진이었다. (상태수동 과거)
(die Eintrittskarte, _n 입장권 / ausverkaufen (남김없이) 다 팔다, ausverkauft 매진된)

연습문제 Lektion 20

다음 문장들을 시제에 맞게 수동태로 바꿔 써보세요.

① Der Professor lobt immer die Studentin. 교수님이 항상 그 여대생을 칭찬한다.
　(loben 칭찬하다)

→ _____

② Man kontrollierte meinen Koffer. 사람들이 내 트렁크를 검사했다.
　(kontrollieren 검사하다, 통제하다 / der Koffer 트렁크)

→ _____

③ Die Menschen haben die Umwelt zerstört. 사람들이 환경을 파괴했다.
　(der Mensch, _en 인간 / die Umwelt 환경 / zerstören 파괴하다)

→ _____

④ Hier wird man ein Stadion bauen. 이곳에 사람들이 경기장을 지을 것이다.
　(das Stadion 경기장 / bauen 짓다, 건축하다)

→ _____

Übungen

⑤ Er hat mir nicht gedankt. 그는 내게 감사 인사를 하지 않았다.

→ _____

⑥ Meine Mutter kann mir das Buch schicken. 어머니께서 내게 그 책을 보내주실 수 있다.

→ _____

⑦ Man musste die Verletzten ins Krankenhaus bringen.
사람들이 부상자들을 병원으로 데려가야 했다.
(der Verletzte, ein Verletzter 부상자 (형용사의 명사화) / bringen 가져가다, 나르다, 데려다주다 - brachte - gebracht)

→ _____

Lektion 21 접속법

접속법은 I식과 II식 두 가지가 있다. 접속법 I식은 동사의 부정형을 기본으로 만들고, II식은 과거형을 기본으로 만든다. I식은 주로 간접화법에서 사용하는 형태이고, II식은 비현실화법, 공손한 표현 등에서 사용된다. (초급에서는 간접화법은 생략하고, 좀 더 많이 사용되는 II식을 이번 과에서 다룰 것이다.)

1 접속법 II식의 형태

(1) 접속법 동사의 어미

접속법에서는 인칭에 따라 다음과 같이 동사의 어미가 변화한다. (직설법 현재형 어미변화와 다른 부분들을 특히 주의해야 한다.)

> ich _e   du _est   er _e
> wir _en   ihr _et   sie _en

(2) II식 동사의 형태

접속법 2식은 동사의 과거형 어간에 위의 어미를 붙이면 된다. 과거형이 불규칙 동사이면서 어간에 a, o, u가 있을 때는 Umlaut(¨)를 붙여 ä, ö, ü로 변화한다. 2식 형태와 과거형이 구분되지 않는 경우는 'würde ... Inf.' 형태로 바꿔 사용한다.

부정형	과거형	접속법2식
sein	war	wäre
haben	hatte	hätte
werden	wurde	würde
müssen	musste	müsste
können	konnte	könnte
mögen	mochte	möchte
dürfen	durfte	dürfte
kommen	kam	käme
wissen	wusste	wüsste
geben	gab	gäbe
gehen	ging	ginge

sein, haben, werden을 예로 들어보자면 접속법 2식 형태가 인칭에 따라 다음과 같이 변화하는 것이다.

	sein(wäre)	haben(hätte)	werden(würde)
ich	wäre	hätte	würde
du	wärest	hättest	würdest
er	wäre	hätte	würde
wir	wären	hätten	würden
ihr	wäret	hättet	würdet
sie	wären	hätten	würden

II. 접속법의 용법

비현실 조건문, 희망문 등을 쓸 때 접속법 2식 형태를 사용한다. 현재형은 2식 형태를 쓰거나 'würde … Inf.'가 되고, 과거형은 주어의 지배를 받는 haben이나 sein이 2식이 되어 'hätte … p.p.', 'wäre … p.p.'가 된다.

1 비현실 조건문

종속접속사 'wenn'을 사용하여 '만일 ~라면 ~일 것이다'라는 비현실 조건문을 만든다.

(1) 현재 사실의 반대

동사를 접속법 2식 형태로 쓴다. 접속법 2식 형태가 과거형과 구분되지 않는 동사들은 동사 자체의 2식 형태를 쓰지 않고 'würde … Inf.' 형태를 사용한다. 예를 들어 kaufen의 접속법 2식이 'kaufte'로서 과거형과 구분되지 않기 때문에 'würde … kaufen' 형태를 사용해야 한다.

➡ Ich habe keine Zeit. Ich kann zu dir nicht kommen.
나는 시간이 없다. 내가 네게 올 수가 없다.

→ Wenn ich Zeit hätte, könnte ich zu dir kommen.
만일 내가 시간이 있다면 네게 올 수 있을 텐데.

➡ Sie kann kein Deutsch sprechen. Sie bekommt keine Arbeit.
그녀는 독일어를 할 수 없다. 그녀는 일을 얻지 못한다.

→ Wenn sie Deutsch sprechen könnte, würde sie eine Arbeit bekommen. 만일 그녀가 독일어를 할 수 있다면 일을 얻을 것이다.

➡ Ich kenne ihn nicht. Ich grüße ihn nicht.
나는 그를 모른다. 나는 그에게 인사하지 않는다.

→ Wenn ich ihn kennen würde, würde ich ihn grüßen.
만일 내가 그를 안다면 그에게 인사할 것이다.

(2) 과거 사실의 반대: 'hätte ... p.p.', 'wäre ... p.p.'

➡ Der Bus ist nicht pünktlich gekommen. Wir haben den Zug verpasst.
버스가 정시에 오지 않았다. 우리는 기차를 놓쳤다. (verpassen 놓치다)

→ Wenn der Bus pünktlich gekommen wäre, hätten wir den Zug nicht verpasst. 만일 버스가 정각에 왔었다면 우리가 기차를 놓치지 않았을 것이다.

➡ Die Miete war zu hoch. Ich habe das Zimmer nicht gemietet.
방세가 너무 비쌌다. 나는 그 방을 빌리지 않았다. (die Miete 집세, 방세 / mieten 세를 얻다)

→ Wenn die Miete nicht zu hoch gewesen wäre, hätte ich das Zimmer gemietet. 방세가 너무 비싸지 않았다면 내가 그 방을 얻었을 것이다.

2 비현실 희망문

'~라면 (얼마나 좋을까)!'라는 희망문은 'wenn + 주어 + ... 동사!'로 쓰거나 wenn을 생략하고 '동사 + 주어 .... !'로 쓴다. 비현실 희망문에는 부사 doch나 nur를 넣는다.

(1) 현재

➡ Wir haben keine Zeit. 우리는 시간이 없다.

→ Wenn wir doch viel Zeit hätten!

= Hätten wir doch viel Zeit! 우리가 시간이 좀 많다면 (좋겠는데...)!

(2) 과거

➡ Ich habe das vorher nicht gewusst.
나는 그것을 이전에 알지 못했다. (vorher 사전에, 미리)

→ Wenn ich das vorher gewusst hätte!

= Hätte ich das vorher gewusst! 내가 그것을 미리 알았더라면 (좋았을 텐데)!

3 충고, 조언

➡ Es wäre besser, wenn Sie im Bett bleiben würden.
당신이 침대에 누워계시면 그것이 더 좋을 것입니다.

➡ An deiner Stelle käme ich nicht so spät.
내가 너라면 그렇게 늦게 오지 않을 것이다. (an deiner Stelle 너의 입장이라면)

➡ An deiner Stelle wäre ich nicht so spät gekommen.
내가 너라면 그렇게 늦게 오지 않았을 것이다.

➡ Du solltest sofort zum Arzt gehen. 즉시 의사에게 가보는 것이 좋을 것이다.
('~해야 할 것이다'라는 조언에는 조동사 sollen의 2식 형태인 sollte를 자주 사용한다.)

➡ Das hättest du nicht tun sollen. 네가 그것을 하지 말아야 했을 것이다.

4 als ob 마치 ~인 것처럼

➡ Er hat mich getadelt, als ob er nicht schuld daran wäre.
그는 자기가 그 일에 책임이 없는 것처럼 나를 탓했다.
(tadeln 비난하다 / schuld an~ ~에 책임있는)

→ Er verhält sich, als ob er alles verstehen könnte.
그는 모든 것을 이해할 수 있다는 것처럼 행동한다.
(verhalten sich 행동하다 - verhielt - verhalten)

→ Er hat so verhalten, als ob er nichts davon gewusst hätte.
그는 마치 그것에 대해 아무것도 몰랐다는 것처럼 행동했다.

5 조동사의 접속법 2식

조동사의 접속법 2식은 추측이나 겸손한 화법으로 사용된다.

→ Dürfte ich Sie bitten, das Fenster zu schließen?
창문 좀 닫아달라고 부탁해도 될까요?
('Darf ich ~?'로 물을 수도 있지만 'Dürfte ich ~?'가 좀 더 공손한 화법이다.)

→ Vielleicht könnte uns der Polizist Auskunft geben.
아마 그 경찰관이 우리에게 안내를 해줄 수 있을 것이다. (die Auskunft 정보, 안내)

→ Möchten Sie noch Kaffee? 커피 좀 더 드시겠습니까?

→ Würden Sie mir bitte einen Gefallen tun? 저를 좀 도와주시겠습니까?
(einen Gefallen tun ~에게 호의, 친절을 베풀다)

6 일인칭의 소망 표현: 접속법 2식 + gern

(1) Ich hätte gern 목적어: 나는 ~을 갖고 싶다. ~있으면 좋겠다.
Ich wäre gern in ~.: 나는 (어디)에 있고 싶다.

→ Was möchten Sie? - Ich hätte gern eine Tasse Kaffee.
무엇을 드시겠습니까? – 저는 커피 한 잔 마시겠습니다. (음식점에서 주문할 때 쓰는 표현)

→ Ich hätte jetzt gern Urlaub und wäre gern in Italien.
나는 지금 휴가를 받아서 이탈리아에 있다면 좋겠다.

(2) Ich würde gern ... Inf. = Ich möchte (gern) ... Inf.
   나는 ~하고 싶다 (현재)
   Ich hätte/wäre gern ... p.p. 나는 ~하고 싶었는데... (하지 못했다) (과거)

➡ Ich würde gern in München studieren. 나는 뮌헨에서 공부하고 싶다.

➡ Ich würde gern kommen, wenn ich Zeit hätte.
   내가 시간만 있다면 오고 싶은데.

➡ Ich wäre gern zu dir gekommen. 너에게로 오고 싶었는데 (오지 못했다).

연습문제 Lektion 21

1 다음 동사의 접속법 2식 형태를 써보세요.

① haben - du _____

② haben - wir _____

③ sein - du _____

④ sein - wir _____

⑤ werden - ich _____

⑥ werden - sie(Pl.) _____

⑦ dürfen - wir _____

⑧ geben - es _____

⑨ gehen - er _____

⑩ kommen - ihr _____

⑪ mögen - ich _____

⑫ müssen - du _____

⑬ können - er _____

⑭ wissen - ich _____

Übungen

2 다음 문장을 독일어로 작문해보세요.

① 만일 내가 돈이 많다면 그 집을 살 것이다. (viel Geld)

→ Wenn ich _____

② 그가 만일 너를 보았다면 너에게 인사했을 것이다. (sehen 보다 - sah - gesehen / grüßen + 4격)

→ Wenn er _____

③ 그가 늦지 않게 온다면 (좋을 텐데)!

→ _____

④ 내가 그것을 미리 알았더라면 (좋았을 텐데)!

→ _____

⑤ 내가 너라면 무조건 그것을 할 것이다. (unbedingt 무조건, 반드시)

→ An deiner Stelle _____

정답

♥ 회화편 연습문제 정답
♥ 문법편 연습문제 정답

회화편 연습문제 정답

Lektion 01~05 정답

<1>

1. Ich heiße <u>Boram Kim</u>. (본인 이름)
2. Danke, sehr gut. Und Ihnen?
3. Ich komme aus Korea.
4. Nein, ich bin Koreanerin.
5. Ich wohne in Seoul.
6. Ja, er wohnt in Berlin. (Nein, er wohnt in Seoul.)
7. Ja, ich arbeite hier. (Nein, ich arbeite nicht. Ich studiere.)
8. Ja, ich bin Student(in). (Nein, ich bin nicht Student(in).)

<2>

1. Ja, ich habe einen Bruder. (또는 ~ eine Schwester. / ~ zwei Brüder. / zwei Schwestern.) / Nein, ich habe keine Geschwister.
2. Ja, ich bin verheiratet. Ich habe eine Tochter. (또는 ~ einen Sohn) / Nein, ich bin nicht verheiratet. Ich bin ledig. Ich habe keine Kinder.
3. Ich bin 20 Jahre alt.
4. Es gefällt mir gut in Berlin.
5. Ja, ich spreche gut Englisch. / Nein, ich spreche nicht so gut Englisch.
6. In meinem Zimmer gibt es einen Tisch, einen Stuhl, eine Uhr, ein Bett und ein Regal.
7. Die habe ich im Kaufhaus gekauft.
8. Den möchte ich ans Fenster stellen.

Lektion 06~10 정답

<1>

1. Ich möchte eine Tasse Kaffee.
2. Ich hätte gern ein Stück Apfelkuchen
3. Wir möchten zahlen. - Zusammen, bitte. (또는 Getrennt, bitte!)
4. Die schmeckt gut.
5. Ich trinke gern Saft, besonders Orangensaft.

<2>

1. Was kostet ein Kilo Äpfel?
2. Was macht das zusammen?
3. Kann ich (또는 Kann man) mit einer Kreditkarte bezahlen?
4. Gehen wir morgen ins Kino.
5. Treffen wir uns am Donnerstagabend?
6. Willst du nicht mitkommen?
7. Wie komme ich zum Hauptbahnhof?
8. Wo ist die nächste U-Bahn Station?
9. Gibt es in der Nähe eine Bank?
10. Wo ist die Bushaltestelle?

Lektion 11~15 정답

<1>

1. Ich suche ein Geschenk für meine Mutter. Können Sie mir eins empfehlen?
2. Haben Sie den Rock auch noch in einer anderen Farbe da?

3. Entschuldigen Sie bitte, wo bekomme ich Fahrkarten?
4. Wann gibt es einen Zug nach Berlin?
5. Nach Frankfurt am Main zweimal hin und zurück, bitte.
6. Hoffentlich ist das Wetter am Wochenende schön.
7. Letzten Sommer war es sehr heiß.
8. Im Sommer regnet es viel und oft.
9. Ich habe ein Buch gelesen und Musik gehört.
10. Ich treibe gern Sport und gehe oft schwimmen.

<2>

1. Normalerweise stehe ich um sechs Uhr auf.
2. Ja, ich räume mein Zimmer gern auf. / Nein, ich räume mein Zimmer nicht so gern auf.
3. Ja, dieses Wochenende gehe ich aus. / Nein, dieses Wochenende gehe ich nicht aus.
4. Jetzt ist es elf Uhr.
5. Ich frühstücke gegen sieben Uhr.
6. Mein Hobby ist Lesen. / Meine Hobbys sind Musik hören und tanzen.
7. In der Freizeit bleibe ich zu Hause und sehe fern. / In der Freizeit gehe ich spazieren.
8. Ja, ich sehe abends gern fern. / Nein, ich sehe nicht so gern fern.

Lektion 16~20 정답

<1>

1. Ich hoffe, dass ich so bald wie möglich ein Zimmer bekommen kann.
2. Ich war als Austauschstudent in Deutschland.
3. Man kann in der Bibliothek von 9 bis 17 Uhr Bücher ausleihen.
4. Kann ich bitte Herrn Schmidt sprechen?
5. Ich rufe nachher wieder an.

6. Sagen Sie ihm bitte, er möchte mich so bald wie möglich anrufen.
7. Sprechen Sie bitte langsamer!
8. Ich möchte vom zweiten bis zum fünften Dezember ein Doppelzimmer reservieren.
9. Was kostet das Zimmer für eine Nacht (pro Nacht)?
10. Ich möchte einen Tisch für zwei Personen reservieren. Wenn es möglich ist, hätte ich gern einen Tisch am Fenster.
11. Kannst du am Freitagabend gegen sechs bei mir sein?
12. Ich gratuliere dir zum Geburtstag, Leo. (또는 Alles Gute zum Geburtstag!) Danke für die Einladung.
13. Ich fühle mich nicht wohl.
14. Der Kopf tut mir weh.
15. Meine Familie ist mir am wichtigsten.

문법편 연습문제 정답

Lektion 01

1. ① das ② die ③ das ④ der ⑤ das
   ⑥ die ⑦ die ⑧ der ⑨ das ⑩ der
   ⑪ der ⑫ die ⑬ der ⑭ die ⑮ das

2. ① die Häuser   ② die Hunde
   ③ die Schülerinnen   ④ die Koreaner
   ⑤ die Mädchen   ⑥ die Schwestern
   ⑦ die Briefe   ⑧ die Ärzte
   ⑨ die Blumen   ⑩ die Länder

Lektion 02

1. ① bist ② hat ③ wird ④ bin ⑤ hast
   ⑥ sind ⑦ habt ⑧ wirst ⑨ seid ⑩ sind

2. ① ist ② ist ③ habe ④ Ist ⑤ Ist
   ⑥ hat ⑦ Haben

3. ① hört ② schreiben ③ liegt ④ öffnet
   ⑤ Schließt ⑥ regnet ⑦ Reist ⑧ antwortet

Lektion 03

① fährst ② wäschst ③ wirft ④ Nimmst
⑤ Siehst ⑥ trifft ⑦ liest ⑧ gibt
⑨ hält ⑩ spricht ⑪ isst ⑫ schläft
⑬ läufst ⑭ weiß ⑮ verlässt

Lektion 04

1. ① dem ② der ③ des ④ den ⑤ der, dem
   ⑥ dem, den ⑦ dem, die

2. ① Ich kaufe einen Rock.
   ② Renate macht einen Fehler.
   ③ Herr Müller öffnet das Fenster.
   ④ Sie fragt den Lehrer.
   ⑤ Er wiederholt die Frage.
   ⑥ Wir rufen das Kind.
   ⑦ Sie kaufen ein Auto.
   ⑧ Wir besuchen die Freundin.
   ⑨ Ich lerne die Wörter.
   ⑩ Er grüßt einen Mann.

Lektion 05

1. ① ihn ② dich ③ Ja, ich kenne sie.
   ④ Ja, er lernt sie. ⑤ Ja, ich frage sie oft.
   ⑥ gehört mir. ⑦ schmeckt uns gut.
   ⑧ gehören ihm. ⑨ Ja, es gefällt mir (gut).

2. ① Wo wohnen Ihre Großeltern?
   ② Hier wohnt ihr Bruder.

③ Ich kenne ihren Bruder.

④ Wir fragen unseren Lehrer.

⑤ Kennen Sie meine Mutter nicht?

⑥ Ich suche meine Katze.

Lektion 06

1 ① angerufen   ② ausgezogen
   ③ eingestiegen ④ zugemacht
   ⑤ gefallen   ⑥ verkauft
   ⑦ gehört   ⑧ bekommen

2 ① Meine Mutter steht um 6 Uhr auf.
   ② Stefan ruft seine Freundin an.
   ③ Anna kommt zur Party mit.
   ④ Anna bringt Wein mit.
   ⑤ Mein Vater kommt heute nach Haus zurück.
   ⑥ Wir sehen ihn morgen wieder.

3 ① Ja, ich kaufe gern ein. (Nein, ich kaufe nicht so gern ein.)
   ② Ich komme um 4 Uhr von der Uni zurück.
   ③ Der Film fängt um 2 Uhr an. (= Der Film beginnt um 2 Uhr.)
   ④ Ja, ich verstehe dich. (Nein, ich verstehe dich nicht.)
   ⑤ Ich lade Jochen und Sumi ein.

Lektion 07

1 ① kleiner ② schöne ③ jungen ④ neue
   ⑤ neues ⑥ viele gute ⑦ netten

2 ① Deutschen ② Neues ③ Bekannte
   ④ Deutsche ⑤ Verletzten

3 ① Guten Appetit!
   ② Er zeigt mir ein altes Foto.
   ③ Ich kaufe die schöne Jacke.
   ④ Ich habe viel Zeit.

Lektion 08

1 ① jung - jünger - jüngst
   ② groß - größer - größt
   ③ hoch - höher - höchst
   ④ nah - näher - nächst
   ⑤ kurz - kürzer - kürzest
   ⑥ lang - länger - längst
   ⑦ gern - lieber - am liebsten
   ⑧ stark - stärker - stärkst
   ⑨ warm - wärmer - wärmst
   ⑩ kalt - kälter - kältest

2 ① fleißiger ② teurer, am teuersten
   ③ der Beste ④ Die schönste ⑤ lauter
   ⑥ mehr ⑦ viele, mehr ⑧ langsam
   ⑨ dünnere ⑩ der höchste

문법편 연습문제 정답

Lektion 09

1 ① Nein, ich komme nicht aus Japan. (Ich komme aus Korea.)
   ② Nein, ich bin nicht verheiratet. (Ich bin ledig.)
   ③ Doch, ich bin müde.
   ④ Nein, ich habe keine Kinder.
   ⑤ Doch, ich habe Durst.

2 ① kein ② nicht ③ keinen ④ nicht ⑤ keine

3 ① Brauchst du einen Computer?
   ② Wann kommt Jochen?
   ③ Geht ihr ins Kino?
   ④ Wie viel kosten die Äpfel?
   ⑤ Wen siehst du?
   ⑥ Warum trinkst du keinen Kaffee?

Lektion 10

1 ① zwölf ② siebzehn ③ einundzwanzig
   ④ fünfunddreißig
   ⑤ achtundsechzig
   ⑥ einhundertneunundvierzig
   ⑦ achthunderteinundfünfzig
   ⑧ dreitausendsiebenhundertneun
   ⑨ achtzehnhundertachtundvierzig
   ⑩ zweitausendelf
   ⑪ zwanzigsten

2 ① Viertel nach zwei   ② halb zwei
   ③ fünf vor halb sechs
   ④ fünf nach halb zehn
   ⑤ zwanzig vor eins / zehn nach halb eins

3 ① Heute ist Mittwoch.
   ② Heute ist der 10. (zehnte) September.
   ③ Am siebzehnten Januar habe ich Geburtstag.
   ④ Um halb acht fängt der Film an.
   ⑤ Meine Telefonnummer ist neun acht sieben sechs fünf vier drei zwei (또는 achtundneunzig sechsundsiebzig vierundfünfzig zweiunddreißig) (98765432)

Lektion 11

1 ① zu Hause   ② nach
   ③ Wegen der Krankheit
   ④ Gegenüber der Post
       (= Der Post gegenüber)
   ⑤ nach dem Unterricht
   ⑥ zur Bäckerei
   ⑦ bei mir
   ⑧ für seine Großmutter
   ⑨ seit drei Jahren
   ⑩ mit ihren Kindern

Lektion 12

1. ① ins ② in den ③ über dem ④ am, ins ⑤ ans ⑥ auf den ⑦ der, dem ⑧ vor dem ⑨ hinter dem ⑩ nach dem

2. ① dafür ② mit ihm ③ an ihn ④ danach ⑤ auf sie

Lektion 13

1. ① war ② wurde ③ hatten ④ gab ⑤ warst ⑥ Hattet ⑦ stand

2. ① haben - bestellt ② ist - abgefahren ③ Hast - gewusst ④ bist - aufgestanden ⑤ Habt - getrunken ⑥ sind - eingestiegen ⑦ hat - gefallen ⑧ hat - begonnen

3. ① Er wird seine Aufgaben nicht machen.
   ② Wirst du auch mitfahren?

Lektion 14

1. ① kannst ② muss ③ soll ④ dürfen ⑤ muss ⑥ will ⑦ magst ⑧ können ⑨ will ⑩ muss

2. ① Ich kann ein bisschen Deutsch sprechen.
   ② Er will seinen Lehrer besuchen.
   ③ Darf ich (또는 Darf man) hier parken?
   ④ Ich muss morgen um 5 Uhr aufstehen.
   ⑤ Möchtest du jetzt frühstücken?
   ⑥ Können Sie mir helfen?
   ⑦ Wir müssen fleißig lernen.

Lektion 15

1. ① mir ② mich ③ mir ④ mich ⑤ dir ⑥ uns ⑦ sich ⑧ sich ⑨ dich ⑩ euch

2. ① Im Sommer regnet es viel.
   ② Es wird schon dunkel.
   ③ Gefällt es Ihnen in Berlin?
   ④ Ich habe mich erkältet.
   ⑤ Ich interessiere mich für Deutschland.
   ⑥ Sie kümmert sich um ihre kranke Mutter.

Lektion 16

1. ① Warte ② Leb ③ Gib ④ Sieh ⑤ Werde ⑥ Öffne ⑦ Tritt .... ein! ⑧ Lade .... ein!

2. ① Herr Fischer, sprechen Sie bitte lauter!
   ② Rauchen Sie bitte nicht so viel!
   ③ Vergiss den Regenschirm nicht, Rita!
   ④ Kinder, steigt (ins Auto) ein!
   ⑤ Martin, trink nicht so viel Bier!\

문법편 연습문제 정답

Lektion 17

1 ① Ich gehe zu ihm oder rufe ihn an.
   ② Er hat den Schlafanzug angezogen und sich ins Bett gelegt.
   ③ Ich habe nicht gefrühstückt, sondern ich habe nur eine Tasse Kaffee getrunken.
   ④ Ich habe davon gehört, aber (ich habe) bald vergessen.
   ⑤ Wir können nicht zur Party gehen, denn wir haben morgen die Prüfung.
   ⑥ Er hatte Hunger, deshalb ist er in ein Restaurant gegangen.
   ⑦ Das Zimmer war sehr klein, trotzdem war die Miete hoch.
   ⑧ Ich weiß nicht, ob er heute kommt oder nicht.

2 ① Ich weiß, dass er keinen Kaffee mehr trinkt.
   ② Er kann das Auto nicht kaufen, weil es sehr teuer ist.
   ③ Wenn morgen schönes Wetter ist, machen wir Spaziergang.
   ④ Nachdem wir das Museum besucht hatte, gingen wir zu unserem Vater.
   ⑤ Obwohl er viel gelernt hat, hat er die Prüfung nicht bestanden.

Lektion 18

1 ① Ich sehe die Kinder laufen.
   ② Er blieb lange dort stehen.
   ③ Wir haben weiter zu lernen.
   ④ Er hat keine Lust auszugehen.
   ⑤ Er hat vergessen anzurufen.

2 ① brauchen nicht ② um, zu ③ ohne, zu
   ④ Deutsch zu lernen ⑤ zu verstehen
   ⑥ Es, zu finden   ⑦ zu besuchen

Lektion 19

1 ① der ② dessen ③ die ④ die ⑤ auf den
   ⑥ in der (= wo) ⑦ was

2 ① Die Kinder, denen ich Spielzeuge geschenkt habe, haben sich gefreut.
   ② Ich treffe heute den deutschen Freund, bei dem ich letztes Jahr Urlaub verbracht habe.
   ③ Waren Sie schon einmal in Italien, wo Ihr Sohn studiert?

Lektion 20

1. ① Die Studentin wird immer von dem Professor gelobt.
② Mein Koffer wurde kontrolliert.
③ Die Umwelt ist von den Menschen zerstört worden.
④ Hier wird ein Stadion gebaut werden.
⑤ Es ist mir von ihm nicht gedankt worden.
= Von ihm ist mir nicht gedankt worden.
⑥ Das Buch kann mir von meiner Mutter geschickt werden.
⑦ Die Verletzten mussten ins Krankenhaus gebracht werden.

Lektion 21

1. ① hättest ② hätten ③ wärest
④ wären ⑤ würde ⑥ würden
⑦ dürften ⑧ gäbe ⑨ ginge ⑩ kämet
⑪ möchte ⑫ müsstest ⑬ könnte
⑭ wüsste

2. ① Wenn ich viel Geld hätte, würde ich das Haus kaufen.
② Wenn er dich gesehen hätte, hätte er dich gegrüßt.
③ Wenn er doch nicht spät käme! = Käme er doch nicht spät!
④ Wenn ich das doch vorher gewusst hätte!
= Hätte ich das doch vorher gewusst!
⑤ An deiner Stelle würde ich das unbedingt tun.

Memo

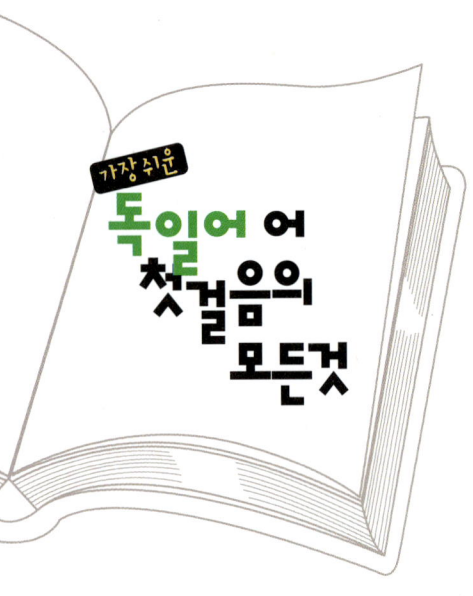

동양북스 채널에서 더 많은 도서 더 많은 이야기를 만나보세요!

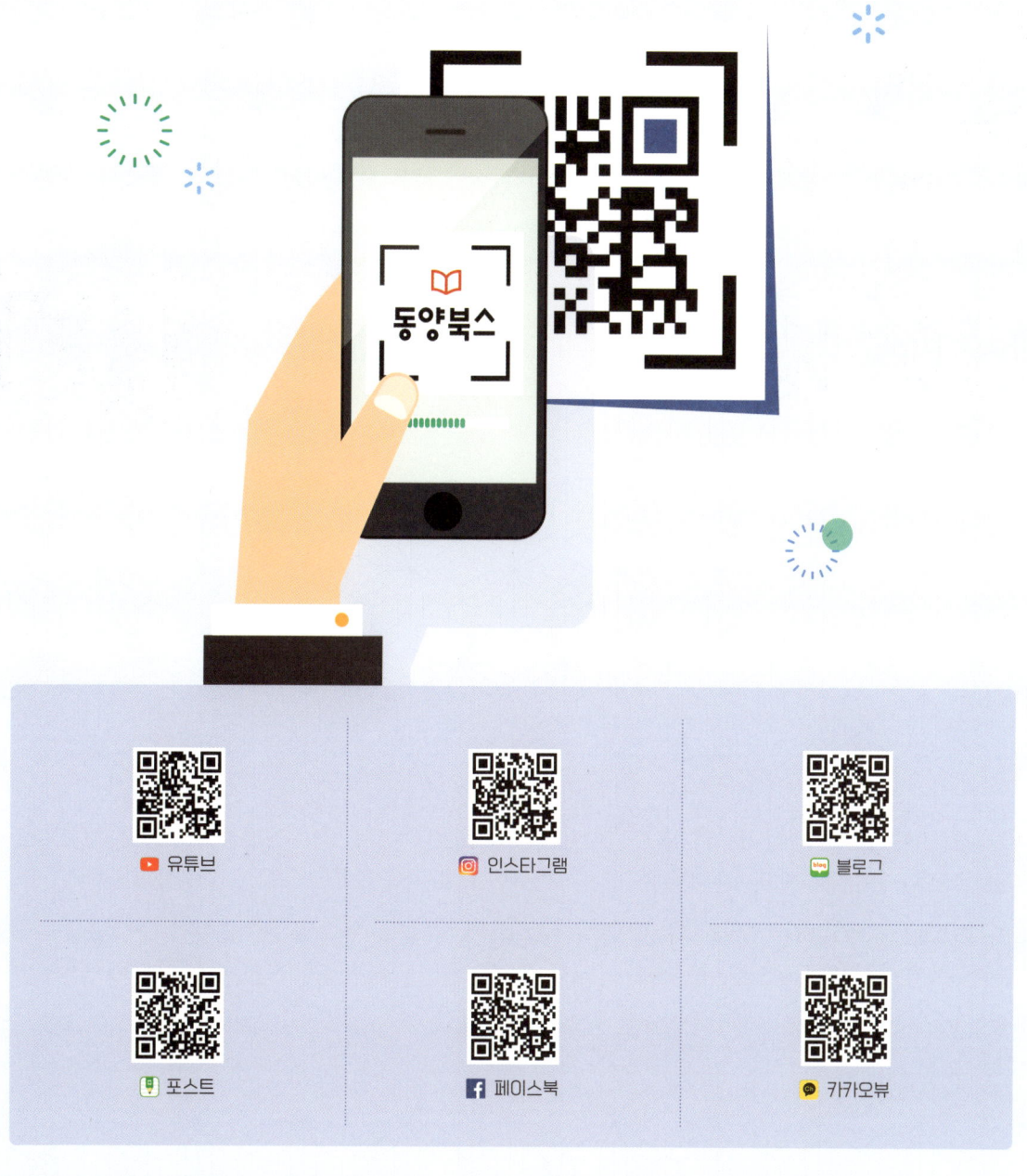

외국어 출판 45년의 신뢰
외국어 전문 출판 그룹
동양북스가 만드는 책은 다릅니다.

45년의 쉼 없는 노력과 도전으로 책 만들기에 최선을 다해온
동양북스는 오늘도 미래의 가치에 투자하고 있습니다.
대한민국의 내일을 생각하는 도전 정신과 믿음으로 최선을 다하겠습니다.